本书出版得到国家文物局
"中华文明探源工程成果转化与普及"
项目经费资助

"十一五"国家科技支撑计划项目《石质文物保护关键技术》之七

南京报恩寺遗址地宫
文物保护研究

南京市博物馆
中国文化遗产研究院
敦煌研究院　编
上海博物馆
中国丝绸博物馆

文物出版社

封面设计　周小玮
责任印制　梁秋卉
责任编辑　陈　峰

图书在版编目(CIP)数据

南京报恩寺遗址地宫文物保护研究／南京市博物馆等编.
—北京：文物出版社,2014.2
ISBN 978 – 7 – 5010 – 3880 – 0

Ⅰ.①南…　Ⅱ.①南…　Ⅲ.①佛教 – 寺庙 – 文化遗址 –
文物保护 – 研究 – 南京市　Ⅳ.①K878.64

中国版本图书馆 CIP 数据核字(2013)第 252972 号

南京报恩寺遗址地宫文物保护研究

南京市博物馆

中国文化遗产研究院

敦煌研究院　编

上海博物馆

中国丝绸博物馆

*

文 物 出 版 社 出 版 发 行

(北京市东直门内北小街 2 号楼)

http://www.wenwu.com

E-mail：web@wenwu.com

北京京都六环印刷厂印刷

新 华 书 店 经 销

787×1092　1/16　印张：19.5

2014 年 2 月第 1 版　2014 年 2 月第 1 次印刷

ISBN 978 – 7 – 5010 – 3880 – 0　　定价：180.00 元

七宝阿育王塔

金棺

鎏金银椁

鎏金银椁分解

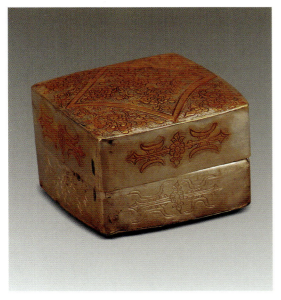
方形鎏金小银函

鎏金银香匙

鎏金银净瓶

球形镂空鎏金银香薰

鎏金银莲花宝子香炉

金珠琥珀饰件

鎏金银鸟饰件

佛手拈花花钱

八曲玻璃长杯

水晶珠

水晶蕉叶形杯

玛瑙手镯

丁香

玻璃净瓶

沉香

盛乳香碧玉碗

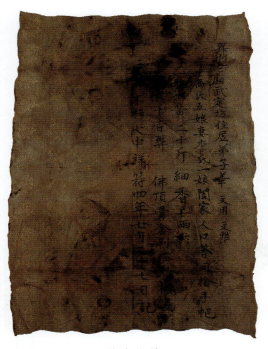

花卉纹纱

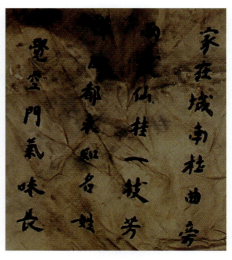

绢帕刺绣局部

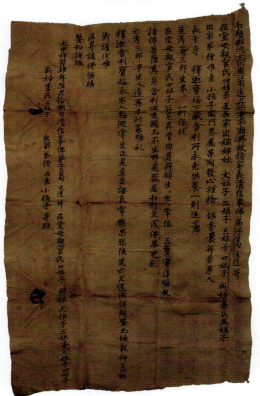

墨书罗巾

南瞻部洲大宋国江南道升州右南厢兴政坊家长清信奉佛弟子葛元达并
在堂母親官氏四娘子 及在家出嫁姊妹 大娘子 二娘子 三娘子 四娘子
出家弟僧惟素 小孩子闍門眷属等同登心謹捨 銀香囊并香等入
長干寺 释迦寶塔下藏舍利所永充供養一則追荐
先考葛三郎生界 一則保扶
在堂母親官氏四娘子并見存骨肉等所願生生世世常值 三寶常得瞻礼
亡考三郎早生人道再来此処瞻礼
諸佛菩薩真身舍利所生國土不生邪見眷属和穆至成佛果更願
释迦舍利寶塔永不入輪迴常生正見直至證真常樂果然後先亡久遠咸得超登土地龍神長相
卫护伏惟
法界諸佛俯賜
鑒知謹疏
大中祥符肆年陸月拾捌日清信奉佛弟子葛 元達 并 在堂母親官氏四娘子 姊妹 大娘子 二娘子 三娘子 四娘子
新婦李氏 五娘子 出家弟僧 惟素 小孩子等疏

墨书文字

目　录

插图目录

插表目录

写在前面

　　2007 年 2 月，为配合南京明代大报恩寺遗址公园暨琉璃塔复建工程的规划和建设，经国家文物局批准，南京市博物馆在南京古长干里地区的明代大报恩寺遗址进行考古发掘，发现了明代报恩寺塔沿用的宋代金陵长干寺真身塔地宫，出土了以七宝阿育王塔为代表的 170 多件出土文物和佛顶骨舍利。这是继陕西法门寺、杭州雷峰塔地宫考古后又一次重要发现，举世瞩目。

　　2008 年 8 月和 11 月，中央电视台、香港凤凰卫视分别对地宫铁函的开启和阿育王塔从铁函取出，做了现场直播。当铁函盖打开，考古人员小心地解开丝绸上的结时，全场都震惊了，一座金光灿灿的佛塔展现在人们面前。经过几个月的努力，阿育王塔成功地从铁函中取出，铁函内的文物整理工作也告一段落。但是，文物面世后，文物的保存环境发生了明显的变化，由原深藏于 6.72 米深的密闭地宫环境变为展厅库房的环境，环境参数的变化直接影响到这批文物的保存，近 1.2 米高的七宝阿育王塔和地宫出土的丝织品、玻璃器、香料等一批珍贵的文物的抢救性保护成为当务之急。

　　科技部、国家文物局对保护工作十分重视和支持，召集全国文物保护专家赶赴南京现场考察，研究保护问题，并将这批文物的抢救性保护工作列入了"十一五"国家科技支撑计划，设立了"南京报恩寺遗址地宫及出土文物保护关键技术研究"课题（课题编号：2009BAK53B07）。课题由南京市博物馆牵头，联合中国文化遗产研究院、敦煌研究院、上海博物馆、中国丝绸博物馆等单位的文物保护科技人员，共同承担多种出土文物保护技术研究的重任。

　　本课题分三个方面开展研究工作：一是阿育王塔及出土文物保护技术研究，主要是利用现代分析测试技术，对地宫出土鎏金银器、固结纺织品和印绘纺织品、香料、舍利、玻璃器等主要出土文物的病害进行分析、调查，并开展了保护技术研究，制定了保护方案，开展了示范保护。首先，在七宝阿育王塔为代表的鎏金银器成分和腐蚀产物研究的基础上，筛选和研发了硫脲为主剂的鎏金银器表面除锈材料，研发月桂酸咪唑啉季铵盐缓蚀剂和纳米二氧化钛改性丙烯酸乳液封护剂，用于地宫鎏金银制品的保护，防止银鎏金层进一步腐蚀氧化，并完成了阿育王塔、鎏金银香薰、莲花宝子香炉、银净瓶等文物的示范保护。同时根据阿育王塔内木胎变形情况，研发了针对阿育王塔干缩变形檀香木胎的"活性碱"润胀复原工艺，还运用微米级三维激光扫描点云技术，对阿育王塔非接触测量，获得基础科学数据。其次，开展了固结纺织品固结成分、固结因素、固结机理研究，研发了安全适用的揭展材料和揭展工艺，完成了 7 件固结纺织品的示范揭展保护；开展了印绘纺织品胶粘剂成分研究，筛选了适用的加固材料和加固工艺，完成了 3 件印绘纺织品的示范保护；完成 1 项纺织品织染工艺复原研究。第三，开展了香料成分和种类研究，建立和完善了古代树脂香料分析技术数据库，提出了保存环境建议，开展了示范保护。第四，开展了玻璃制品成分与腐蚀产物分析，完成了腐蚀与环境相关研究，通过筛选古代玻璃器粘接、加固材料，完成了1件破损玻璃器的示范保护。

二是报恩寺遗址地宫、塔基保护技术方面，通过对报恩寺遗址区地形地貌、气候特征、水文及水文地质条件、地层岩性、地质构造、地震与不良地质现象、区域社会环境等的资料收集，现场测绘与勘查，查明了报恩寺遗址地宫的赋存环境和土体工程地质特征。通过建立气象监测点、地下水位监测点，布置土壤含水率监测仪、温湿度监测仪以及开挖模拟地宫，掌握了报恩寺遗址地宫的保存环境的数据并总结出其特征，在此基础上，查明了遗址地宫的病害类型及发育的原因。通过实验室试验，有针对性筛选了具有水硬和气硬两项特征的烧料礓石材料，在报恩寺遗址的模拟地宫进行加固试验，初步解决了潮湿环境土遗址的加固保护技术。根据对获得的试验数据的研究，编制了《南京报恩寺地宫遗址抢险加固工程勘察报告》和《南京报恩寺地宫遗址抢险加固工程方案设计》。

三是脆弱易损出土文物预防性保护方面，针对以丝织品为代表的脆弱易损文物，建立了一套实验室模拟老化评估方法，在文献调研的基础上对环境主控因素进行了初步筛选；针对脆弱易损文物的保存展示，解决了保存展示设施的密封形式、开启机构、藏展材料筛选、功能集成优化等关键技术问题，建立了示踪气体法评价展柜密封度的方法，开发了基于被动采样的博物馆藏展材料中挥发性酸快速检测方法；基于洁净概念的文物预防性保护理念，结合这批文物的保存展示情况，有针对性地开发研究了带有环境调控功能的保存展示柜，示范应用于这批出土文物；根据监测、评估和研究，编制了《南京报恩寺遗址地宫出土文物预防性保护方案》。

经过三年努力，"南京报恩寺遗址地宫及出土文物保护关键技术研究"课题形成的成果为总研究报告1套；在国内外期刊和会议发表研究文章22篇，申请技术专利6项；培养博士3名，硕士11名，完成了预期任务。课题不仅保护了一批珍贵的文物，也为南京市博物馆的文物保护工作建立了平台，培养了队伍。《中国文物报》以《一个课题，多个成果》为题，介绍了整个课题保护工作与成果。在地宫土遗址加固材料的筛选和模拟试验基础上，制定了可行的保护方案，为南方潮湿环境土遗址的保护积累了经验。七宝阿育王塔等鎏金银器、佛顶骨舍利、丝绸制品、香料、玻璃等保护难度较高的文物得到了及时的病害控制和保护。针对脆弱易损文物的预防性保护研究，为文物提供了"洁净、稳定"的微环境，使之在适宜的环境中处于安全的状态。如今，这些文物长期在南京市博物馆"圣塔佛光"展厅展出，与公众见面；2011年佛顶骨舍利赴香港、澳门供奉，课题组成员携带微环境调节控制的监控设备，全程监测，保证了活动的圆满完成；2012年七宝阿育王塔在日本的博物馆巡回展出，引起轰动，这些充分体现了科学技术对文化遗产保护的有力支撑。

南京市博物馆馆长　白　宁

第一章　阿育王塔及出土
文物保护技术研究

第一节　研究目的与意义

2007 年 2 月，为配合江苏省及南京市重大文化建设项目——南京明代大报恩寺遗址公园暨琉璃塔复建工程的规划和建设，经国家文物局批准，南京市博物馆对位于南京古长干里地区的大报恩寺遗址进行了考古发掘，清理出规模宏大的明代大报恩寺皇家建筑基址，并在明代大报恩寺遗址中发现了建于北宋时期的地宫。2008 年 7 月至 2009 年 4 月，南京市博物馆对该地宫进行了考古发掘，发现地宫内埋藏有石函一套，石函内安置铁函，铁函内安放有丝绸包裹的木胎银质鎏金七宝阿育王塔、金棺银椁、佛骨舍利，以及丝绸制品、玻璃、香料等 170 余件套珍贵文物。七宝阿育王塔的出土是继陕西法门寺、杭州雷峰塔地宫考古后又一次重要发现，引起社会广泛关注，也引起中央领导的高度重视。

阿育王塔等鎏金银器、玻璃、香料等文物出土后，面临的科技保护问题十分突出，故设立本课题，课题的主要研究内容包括：开展以阿育王塔为代表的鎏金银器、固结纺织品和印绘纺织品、出土香料、玻璃制品等文物保护技术研究，制定保护方案，并开展示范保护，从而使这批珍贵文物得以长久保存。

第二节　阿育王塔等鎏金银器保护技术研究

唐代金银器是我国金银器艺术最为辉煌的时代，其器形、纹样、工艺均达到前所未有的水平，西安何家村窖藏[1]和法门寺塔基地宫内均发现了大量金银器[2]，出土器物数量之多、品种之全、等级之高当属考古之罕见。宋元明清时期，也出土了数量很多的银器与鎏金银器。

银器变色，大大影响了其感观效果和艺术价值，故而银器防变色是银器保护的主要内容。对于鎏金银器，除了鎏金层中所混杂其他金属引起的腐蚀外，主要是银器胎体的锈蚀。另外，在潮湿环境下，鎏金银器中金—银合金结构会产生腐蚀电池作用，银成为牺牲阳极而腐蚀。因此，鎏金银器中银器腐蚀速率一般会大于普通银器，其保护研究更值得关注。

银器保护，主要是维持其原貌，将有损于器物形貌、遮盖器物花纹图案和重要考古标记的锈垢清除，如有必要，经符合文物保护原则的保护材料处理后，置于适宜温湿度条件的环境中存放，避免产生新的病害。针对银器变色的各种因素，一般通过清洗除锈、缓蚀封护、调控保存环境等措施，最大限度降低外界不利因素的影响。

一　银器与鎏金银器保存现状与分析

如表 1 – 2 – 1 中统计，南京大报恩寺遗址出土鎏金银器 18 件（组）。

表 1 – 2 – 1　　　南京大报恩寺地宫出土金银器和鎏金银器列表

编号	文物编号	文物名称	位置	数量	备注
1	TH50	七宝阿育王塔	铁函	1	内支撑为木胎，外层为鎏金银板
2	SH16	凤凰	石函	1	
3	TH15	瓶	铁函	1	东面山花蕉叶之间，未清理
4	TH22 – 3	莲花宝子	铁函	1	西面
5	TN1	净瓶	塔内	1	
6	TN15 – 4	盒	塔内	1	
7	TN16	印章状物	塔内	1	
8	TN18	钩	塔内	1	变形
9	TN19 – 2	镂空香盒	塔内	1	
10	TN19 – 2 – 1	匙	塔内	1	
11	TN19 – 2 – 3 – 1	香盒	塔内	1	内有香料
12	TN22	指环	塔内	1	
13	TN23 – 4	银椁	塔内	1	

编号	文物编号	文物名称	位置	数量	备注
14	TN23 – 4 – 1、2	丝	塔内	2	
15	TN29 – 7	外层银函	塔内	1	
16	TN29 – 8	内层小银函	塔内	1	
17	TN30、TN32、TN34	钗	塔内	4	
18	TN31	莲蓬	塔内	1	

　　阿育王塔等鎏金银器保护技术研究的主要内容包括：筛选或研发符合文物保护原则且适合于鎏金银器的除锈材料与缓蚀封护材料，选择 1 ~ 2 件鎏金银器，进行示范保护，并对阿育王塔内支撑木胎进行复原研究。

（一）阿育王塔鎏金银板的材质与腐蚀产物分析

　　携带便携拉曼光谱仪、便携红外光谱仪、便携荧光光谱仪、三维视频显微镜等仪器赴南京市博物馆开展阿育王塔等银质或银鎏金文物现场无损检测。

　　分别对阿育王塔塔座四面银板的内外表面进行了无损元素成分分析，分析结果列于表 1 – 2 – 2。

表 1 – 2 – 2　　　　阿育王塔银板 XRF 元素成分分析结果（wt%）

样品编号	测试部位	Fe	Cu	Zn	Ag	Sn	Au	Pb	主要材质
皇 – 1	外表面	1.4		0.4	58.4	1.0	37.5	0.6	银鎏金
皇 – 2	外表面	0.6	0.1	0.4	49.3	1.2	47.0	0.6	银鎏金
凤 – 1	外表面	10.7	0.6	0.2	57.9	0.8	28.9	0.6	银鎏金，表层有铁锈
凤 – 2	外表面	0.7	0.2	0.2	56.8		40.2	0.7	银鎏金
天 – 1	内表面	2.3	0.4		94.4		1.9	0.8	银
皇 – 3	内表面	0.3	0.4		96.6		1.6	0.4	银
皇 – 5	铆钉表面	6.1	0.9		68.4	5.6	17.7		银鎏金，表层有铁锈

　　XRF 无损分析结果表明，塔座银板只在外表面做了鎏金处理，为单层鎏金；银板外表面部分区域受到铁函上铁锈的污染。

　　对取自阿育王塔东面脱落下的两件菱形银鎏金残片样品进行金相显微镜与扫描电

镜分析，这两件残片样品出土时位于铁函的东内壁下，分别编号为 NJ1a 和 NJ1b。其金相和扫描电镜图像如图 1-2-1 和图 1-2-2 所示：

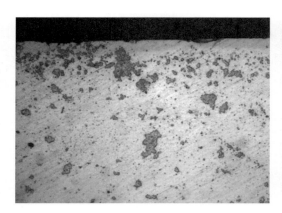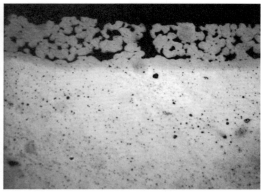

图 1-2-1　阿育王塔银鎏金样品金相照片

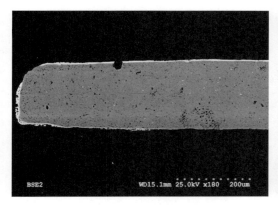

图 1-2-2　阿育王塔银鎏金样品扫描电镜图

　　金相和扫描电子显微镜清晰地显示了鎏金层与银胎之间的关系（图 1-2-1 和 1-2-2），可知所分析的两件阿育王塔银鎏金样品均为双面鎏金，跟样品所取自的器物可能是阿育王塔上某饰件有关，阿育王塔的银板是否为双面鎏金有待进一步分析研究。鎏金层较薄，对于较完整的鎏金层进行了测量，其中 NJ1a 样品鎏金层约为 4.5μm，NJ1b 样品鎏金层约为 6.4μm。

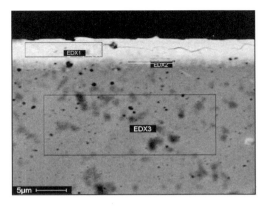 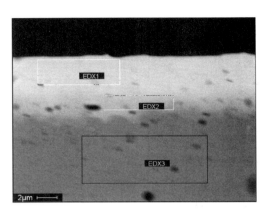

图 1 - 2 - 3　阿育王塔银鎏金样品扫描电镜图

表 1 - 2 - 3　　阿育王塔银鎏金样品扫描电镜区域成分分析结果（wt%）

元素 编号	Mg	Al	Cu	Fe	Ag	Au	Hg	备注
NJ1a - EDX1	—	—	—	—	9.94	70.35	19.71	鎏金层
NJ1a - EDX2	—	—	1.31	—	70.32	7.07	21.30	过渡层
NJ1a - EDX3	1.25	1.04	1.15	—	94.08	2.47	—	银胎
NJ1b - EDX1	—	—	—	—	11.60	75.83	12.57	鎏金层
NJ1b - EDX2	—	—	—	—	39.02	34.23	26.76	过渡层
NJ1b - EDX3	—	—	1.07	—	95.38	3.54	—	银胎

扫描电镜分别分析了鎏金层、过渡层与银胎的元素成分（图 1 - 2 - 3，表 1 - 2 - 3），在鎏金层和过渡层中都发现了较高含量的汞（12.57% ~ 26.76%），说明鎏金过程采用了金汞齐，系中国传统火法鎏金工艺制作；两件样品的银胎均为金银合金，含金量分别为 2.47% 和 3.54%。

将阿育王塔银板表面黑色污染物进行扫描电镜分析，由分析结果可知，该黑色污染物中的无机物主要为以氧化物或水合氧化物形式存在的铁锈，可能来自铁函锈蚀物的污染。对阿育王塔残片截面的扫描电镜分析结果也表明，鎏金层表面有铁锈附着。

（二）其他鎏金银器的材质与腐蚀产物分析

采用便携式荧光光谱仪和三维视频显微镜对其他鎏金银器进行了分析检测。其中在 6# 银莲蓬表面刮取少量黑色锈蚀物，置于扫描电镜下分析，结果见图 1 - 2 - 4 和表 1 - 2 - 4。分析结果表明，黑色锈蚀的可能物相主要为 Ag_2S、CuS 和少量 $AgCl$、铁锈、铅锈。

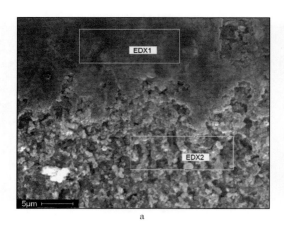

图1-2-4　银莲蓬表层黑色锈蚀扫描电镜二次电子像

表1-2-4　　银鎏金莲蓬表面锈蚀样品扫描电镜区域成分分析结果（wt%）

	Al	Si	S	Cl	Ag	Ca	Fe	Cu	Pb	可能物相
6#a-EDX1	0.94	1.04	17.61	1.15	43.82	—	1.90	21.24	12.31	Ag_2S、CuS，少量 AgCl
6#a-EDX2	1.09	1.13	16.88	0.72	42.49	—	2.25	21.69	13.74	Ag_2S、CuS，少量 AgCl
6#b-EDX1	2.57	10.64	16.75	1.30	4.79	0.37	8.94	29.95	24.68	Ag_2S、CuS，少量 AgCl、铁锈、铅锈
6#b-EDX2	0.83	4.43	19.34	0.75	19.95	—	3.58	39.45	11.67	Ag_2S、CuS，少量 AgCl、铁锈、铅锈

采用便携式荧光光谱仪和三维视频显微镜对19#鎏金银香盒进行了分析检测。可以看出，银器大面积呈现灰黑色，灰黑色区域与银白色区域在三维视频显微镜下呈现明显差别，银白色区域应为银器原始状态，而灰黑色区域则是银器腐蚀后形成的。

表1-2-5　　　　鎏金银香盒元素成分分析结果（wt%）

样品编号	测试部位	Fe	Cu	Ag	Au	Pb	Bi	主要材质
19#	银白色区域	0.3	1.4	95.2	1.6	0.2	0.1	银

在银香盒内壁发现一处呈大片浅蓝绿色锈蚀，疑似铜锈，取少量样品，如图1-2-7，在光学显微镜下可见锈蚀呈绿色，主要为石绿铜锈。

图 1 - 2 - 5　鎏金银函照片（右为盖子内表面）

 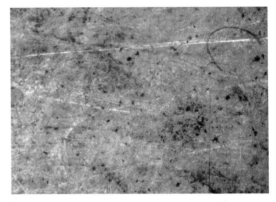

图 1 - 2 - 6　鎏金银函三维视频照片

（50X，左为灰黑色区域，右为银白色区域）

图 1 - 2 - 7　鎏金银函内绿锈样品光学显微照片

（三）腐蚀产物与环境因素的关系探讨

杨忙忙等[3]分析论证了法门寺博物馆自1988年开馆以来金银器的腐蚀因素，认为银器或鎏金银器的主要病害为硫化银和氯化银引起表面发晦、焊接部位绿锈继续生长并蔓延，主要影响因素包括银器纯度、制作工艺等，前期保护中金属工具划痕、化学药品残留、保护膜涂刷厚薄不匀，展柜内粉尘影响，以及人手接触和巡回展览搬运等。法门寺塔地宫出土银器在1988年保护后，至2000年左右又出现了表面发黑（有黑色硫化银和少量褐色或灰色氯化银锈斑），银器焊接部位长出新绿锈，直接影响展出效果。

为探讨环境对银器腐蚀产物的影响因素，采用离子色谱对地宫内水样、土壤样品以及铁函内水样进行离子成分分析。

所用离子色谱仪型号为美国戴安（DIONEX）公司 DX-600 型，GP50 梯度泵，ED50 电化学检测器。

无机阴离子分析条件：采用 IonPac·AS11（4x250mm）色谱分离柱分析无机阴离子；淋洗液：50.0mmol/LNaOH 梯度淋洗；淋洗液流速：1.5ml/min；进样体积：200μl；检测器：自动抑制型电导。

无机阴离子分析条件：采用 IonPac·CS12A（4x250mm）色谱分离柱分析阳离子；淋洗液：20mmol/LMSA（Methanesulfonic Acid）；淋洗液流速：1.0ml/min；进样体积：200μl；检测器：自动抑制型电导。

表 1-2-6 水样离子色谱分析结果（mg/L）

分析参数	Na^+	NH_4^+	K^+	Mg^{2+}	Ca^{2+}	Cl^-	NO_3^-	SO_4^{2-}	PO_4^{3-}	名称
20	78.558	137.832	72.636	14.515	19.409	204.68	2.49	35.23	n.a.	银椁内水样
21	88.449	1.703	8.857	35.464	48.845	62.30	0.60	83.52	n.a.	距地宫圈台面55cm处水样
22	97.273	n.a.	2.179	46.753	70.045	77.80	63.83	129.75	n.a.	地宫地下水样（底部）
23	71.503	145.477	73.976	17.684	22.788	176.72	2.10	4.42	n.a.	铁函内积液样本
24	3.3073	0.0815	0.2729	0.6237	5.0573	0.99	n.a.	1.03	n.a.	铁函下青瓷壶内水样

表 1 – 2 – 7　　　　　　　　土样离子色谱分析结果（mg/kg）

分析 参数	Na^+	NH_4^+	K^+	Mg^{2+}	Ca^{2+}	Cl^-	NO_3^-	SO_4^{2-}	PO_4^{3-}	名称
21 土	68.31	3.43	7.57	16.87	36.09	20.27	1.19	64.43	n.a.	距地宫圈台面 55cm 处土样
27 土	122.53	4.51	11.10	33.09	76.10	27.38	276.85	106.29	n.a.	地宫底部土壤 样品

注：n.a. 表示未检出。

鎏金银器大多出土于阿育王塔内，只有 1 件出土于石函内，3 件出土于铁函内。经离子色谱测试，地宫地下水样中 SO_4^{2-} 含量为 129.75mg/L，Cl^- 含量为 77.80mg/L；铁函内积液样本 SO_4^{2-} 含量为 4.42，Cl^- 含量为 176.72mg/L，总体来看，SO_4^{2-} 和 Cl^- 含量较高，与鎏金银器表面黑色锈层中 AgCl、Ag_2S 锈蚀物的形成有直接关系。因此，长干寺地宫出土鎏金银器腐蚀产物主要与埋藏环境中 SO_4^{2-} 和 Cl^- 含量较高有关。

（四）小结

对南京大报恩寺地宫出土 14 件（组）金银器或鎏金银器表面进行便携荧光元素成分分析、三维视频显微镜等分析，结合实验室开展的光学显微镜、能量散射型荧光及扫描电镜分析，以及鎏金银器埋藏环境的土样与水样离子色谱分析，可以得到初步结论如下：

（1）银器皆为鎏金银器，基体均为银铜合金；

（2）只有极个别鎏金银器的银质部分保持光亮的银白色，绝大部分银器表面呈现黑色或灰黑色，黑色或灰黑色锈蚀物主要为 Ag_2S、AgCl、Ag_2O 等银的锈蚀物，以及少量 CuS、铁锈和铅锈；

（3）部分鎏金银器上出现的浅蓝绿色锈蚀物主要是银胎中少量的铜腐蚀后形成的；

（4）普遍存在的黑色或灰黑色银锈蚀物致使银器失去原有的银白色光亮，或部分掩盖了鎏金层形貌，甚至导致银器表面局部鎏金层脱落，严重影响了这些文物的艺术价值，属于文物病害，应予以去除；

（5）阿育王塔等部分鎏金银器表面受到铁锈污染，应予以去除；

（6）长干寺地宫出土鎏金银器腐蚀产物主要与埋藏环境中 SO_4^{2-} 和 Cl^- 含量较高有关。

二 银器与鎏金银器除锈技术研究

（一）古代银器除锈材料复配与筛选研究

据文献报道（表1-2-8），银的三种锈蚀物 Ag_2S、$AgCl$ 和 Ag_2O 均为溶解度极小的化合物，一旦在银器表面形成后，不易除去。

表1-2-8　　　　　　　　　银锈化合物的溶解度[4]

阴离子	O^{2-}	S^{2-}	Cl^-
Ag^+	0.0013	ss	ss

注：上表所列溶解度数值是在20℃下每100g溶剂（水）中能够溶解物质的克数，其中 vs 表示非常易溶；s 表示易溶；ss 表示微溶；dec. 表示分解。

要使这三种难溶化合物溶解，从而在银器表面除去，除锈试剂与银离子形成配合物的稳定常数越大越好。表1-2-9中列举了常见离子配合物的稳定常数，其中，氰络合物的稳定常数最大，即 $AgCl$、Ag_2S、Ag_2O 等银的锈蚀物在氰化物溶液中溶解度最大。但氰化物系剧毒物质，舍弃。在其他络合物中络合能力较高的有硫代硫酸络合物、硫脲络合物、硫氰酸络合物，其次是乙二胺络合物、氨络合物、柠檬酸络合物和 ED-TA。因此，下面将对这些常见络合物进行筛选和复配试验，以寻求性能良好且符合文物保护原则的银锈清洗剂。

表1-2-9　　　　　　　常见银离子配合物稳定常数[5]

络合物	n	$lg\beta_n$	络合物	n	$lg\beta_n$
氨络合物	1，2	3.24，7.05	碘络合物	1~3	6.58，11.74，13.68
溴络合物	1~4	4.38，7.33，8.00，8.73	硫氰酸络合物	1~3	7.57，9.08，10.08
氯络合物	1~4	3.04，5.04，5.04，5.30	硫代硫酸络合物	1~3	8.82，13.46，14.15
氰络合物	1~4	21.1，21.7，20.6	柠檬酸络合物（Ag^+，HL^{3-}）	1	7.1
乙二胺络合物	1，2	4.70，7.70	硫脲络合物	1，2	7.4，13.1
EDTA 络合物	1	7.32	EGTA	1	6.88
HEDTA	1	6.71	NTA	1	5.16

注1：（1）n 为离解级数；（2）β_n 为络合物的累积稳定常数。

注2：EDTA——乙二胺四乙酸；EGTA——乙二醇二乙醚二胺四乙酸；HEDTA——N-β-羟基乙基乙二胺三乙酸；NTA——次氨基三乙酸。

1. 实验方法

称取化学品 Ag_2O，Ag_2S，$AgCl$ 各 0.5g，分别置于培养皿中，再分别加入所筛选的除锈试剂，观察 2 小时内的反应速度及溶解情况，24 小时后水洗过滤，80℃下烘干，称重。以失重数据作为除锈材料筛选的参考数据。

2. 银器除锈试验

进行筛选试验的 7 个除锈配方列于表 1-2-10，其余 Z1-Z7 用于 Ag_2S 的去除试验，Z1-Z6 分别用于 AgCl 和 Ag_2O 的去除试验。

表 1-2-10　　　　　　　　　除锈配方的配比及主要作用

配方编号	试剂名称		浓度	作用	pH
Z1	硫代硫酸钠	$Na_2S_2O_3 \cdot 5H_2O$	0.5mol/l	除银锈	9
		无水 Na_2SO_3	0.2mol/l	稳定硫代硫酸钠	
Z2	硫代硫酸钠	$Na_2S_2O_3 \cdot 5H_2O$	0.5mol/l	除银锈	9
		无水 Na_2SO_3	0.2mol/l	稳定硫代硫酸钠	
		$Na_2B_4O_7 \cdot 10H_2O$	0.01mol/l	皂化剂	
Z3	硫代硫酸钠	$Na_2S_2O_3 \cdot 5H_2O$	0.5mol/l	除银锈	10
		无水 Na_2SO_3	0.2mol/l	稳定硫代硫酸钠	
		$CuSO4 \cdot 5H_2O$	0.02mol/l	氧化剂	
		$NH_3 \cdot H_2O$	23-28% v/v	除银锈协同作用，调整 pH 值	
Z4	硫脲	$CS（NH_2）_2$	2mol/l	除银锈	3
		稀硫酸	1% v/v	调整 pH 值	
Z5	硫脲	$CS（NH_2）_2$	1mol/l	除银锈	2~3
		$Fe_2（SO_4）_3$	0.0125mol/l	氧化剂	
Z6	硫脲	$CS（NH_2）_2$	1mol/l	除银锈	12~13
		无水 Na_2SO_3	0.25mol/l	稳定硫脲	
		$Na_2SiO_3 \cdot 10H_2O$	0.15mol/l	显著降低硫脲的分解率，促进银锈的溶解	
Z7	硫脲	$CS（NH_2）_2$	1mol/l	除银锈	1
		$Fe_2（SO_4）_3$	0.0125mol/l	氧化剂	
		稀硫酸	1% v/v	调整 pH 值	

（1）Ag_2S 的除锈实验结果

不同除锈配方中 Ag_2S 的失重率大小依次为：Z7（78.18%）＞Z4（59.95%）＞Z5（47.52%）＞Z6（11.71%）＞Z1（5.08%）＞Z3（4.24%）＞Z2（3.68%）。

可以看出，以硫代硫酸钠为主剂的三个配方对 Ag_2S 的溶解效果不佳。以硫脲为主剂的四个除锈配方效果有所差别，其中碱性的 Z6 除锈效果一般，酸性的 Z4、Z5 和 Z7 对 Ag_2S 的溶解效果较好，其中 Z7 的效果最好。硫脲对 Ag_2S 的溶解作用机理如下式所示：

$$2CS（NH_2）_2 + Ag_2S \longrightarrow 2AgCSNH_3 + H_2S \uparrow$$

硫脲的稳定性主要取决于介质的 pH、硫脲浓度和温度。在适宜的温度下，当硫脲浓度一定时，随着介质 pH 的下降，硫脲趋向于更稳定。因此，较低 pH 的 Z7 配方更为稳定，对 Ag_2S 的溶解效果也最佳。

（2）AgCl 的除锈实验结果

在 24 小时内，Z1 – Z5 等五种除锈配方均能使 AgCl 完全溶解，但溶解速率有所差异，配方 Z1、Z2、Z4 能使 AgCl 在 2 – 2.5 个小时内全部溶解，Z3 和 Z5 能够在 24 小时内将 AgCl 全部溶解，Z6 在 24 小时内则未能完全溶解完 AgCl。

根据实验现象和结果可知，各配方对 AgCl 的溶解速率大小依次为：Z2＞Z4＞Z1＞Z3＞Z5＞Z6。总体而言，配方 Z2，即硫代硫酸钠、亚硫酸钠和硼砂的复配对 AgCl 的溶解效果最好。硫代硫酸钠对 AgCl 的溶解作用机理如下式所示：

$$AgCl + 2S_2O_3^{2-} = Ag（S_2O_3）_2^{3-} + Cl^-$$

（3）Ag_2O 的浸泡除锈实验

Ag_2O 在不同除锈配方中的失重率大小依次为：Z2（98.23%）＞Z1（94.58%）＞Z3（89.68%）＞Z4（25.20%）＞Z5（25.01%）＞Z6（0.45%）。

总体而言，硫代硫酸钠为主剂的系列配方对于 Ag_2O 的溶解效果远优于硫脲；复配后的硫代硫酸钠的溶解效果变化不明显，用 Na_2SO_3 和 $Na_2SiO_3 \cdot 10H_2O$ 复配的硫脲大大减小了硫脲对 Ag_2O 的溶解速率。由图 1.40 可知，配方 Z2，即硫代硫酸钠、亚硫酸钠和硼砂的复配对 Ag_2O 的溶解效果最好。硫代硫酸钠对 Ag_2O 的溶解作用机理如下式所示：

$$Ag_2O + 4S_2O_3^{2-} + H_2O = 2Ag（S_2O_3）_2^{3-} + 2OH^-$$

（二）银器除锈材料对银基体的腐蚀作用

将三块银板作为平行样，分别称重后放入 Z7 除锈配方中，浸泡 10 分钟后取出，分别清洗、烘干、称重，失重数据列于表 1 – 2 – 11。失重率平均为 0.0372%，极低，说明 Z7 除锈配方对银基体的腐蚀作用极小。

表 1 - 2 - 11　　　　　　银板在 Z7 配方中浸泡 10 分钟后的失重数据

编号	质量		失重（g）	失重率（%）
	浸泡前	浸泡后		
1	5.3608	5.3588	0.0020	0.0373
2	5.3349	5.3328	0.0021	0.0394
3	5.4456	5.4437	0.0019	0.0349
平均值			0.0020	0.0372

将浸泡前后的银板同一区域在扫描电镜下观察显微结构，浸泡前后银板没有受到明显的腐蚀作用，而且从能谱元素成分谱图上可以看出，浸泡前后氧含量没有明显的变化，可见除锈配方对银基体的腐蚀作用极小。

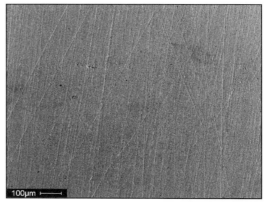

图 1 - 2 - 8　银板在 Z7 除锈配方中浸泡 10 分钟前后扫描电镜二次电子像对比

（三）硫脲复配除锈膏的研制

硫脲复配除锈膏的配置：在 Z7 配方溶液中，添加适量明胶与硅藻土，混合均匀，制成除锈膏，配合除锈液使用，除锈效果更佳。具体配方为：每 10mlZ7 溶液中添加 1.7g 明胶和 9.4g 硅藻土，除锈膏 pH 约为 2~3。

除银锈效果及对银器基体的影响评估：用棉签蘸取锈膏，在模拟 Ag_2S 锈蚀试样上擦拭，即可除去黑锈，露出银基体。用材料显微镜分别对去除银锈之前和之后的模拟银试样表面进行观察，发现除银锈后，银片表面没有产生新的腐蚀与划痕。证明除锈膏可以有效去除银锈，且对银基体没有损害。

图 1 - 2 - 9　模拟 Ag$_2$S 锈蚀试样经除锈膏处理前后对比

(四) 南京阿育王塔上鎏金银铆钉除锈试验

在对银器进行除锈试验并取得理想效果后，对阿育王塔上的鎏金银铆钉进行了除锈试验。

阿育王塔上有 300 多枚鎏金银铆钉，经分析与观察，钉帽为银鎏金，钉子为银质。钉帽直径约 6mm，钉子长约 7～9mm。由于铆钉数量较多，化学除锈法相较物理除锈法更为快捷，且不易产生划伤。

选取其中一枚进行除锈试验，该铆钉通体黑色锈蚀，鎏金层近乎完全被遮盖，因此，除去锈蚀，尽量还原其原始面貌非常必要。

将该铆钉直接置于扫描电镜中观察与分析，可见其表面覆盖的锈蚀主要为 Ag$_2$S，还有一些铁锈。

将该铆钉置于 Z7 除锈配方（硫脲和硫酸铁复配，稀硫酸调 pH 为 1）中浸泡 10 分钟，取出后发现大部分锈蚀被去除，经棉签擦拭后，效果更佳。铆钉 MD1 除锈前后的照片如图 1 - 2 - 10 所示。

由铆钉除锈试验可见，Z7 除锈配方对于鎏金银铆钉具有良好的除锈效果。

图 1 - 2 - 10　鎏金银铆钉 MD1 除锈前后照片

（五）小结

经筛选，Z7 除锈配方（硫脲、硫酸铁，稀硫酸调 pH 至 1）对于硫化银的除锈效果最佳，以硫脲或硫代硫酸钠为主剂的除锈配方均可除去氯化银锈蚀，Z2 除锈配方（硫代硫酸钠、亚硫酸钠、硼砂复配）对氧化银的除锈效果最佳。对模拟银试样的浸泡失重试验和表面形貌观察分析结果表明，Z7 除锈配方对银器本体的腐蚀作用极小；对银币和鎏金银铆钉的除锈试验表明，Z7 除锈材料及在其基础上研制的除锈膏对于银器与鎏金银器表面的银锈与铁锈均有良好的去除效果，且不产生物理系损伤。

三　银器与鎏金银器保护材料研究

目前，银器缓蚀剂主要有苯骈三氮唑（BTA）、1 - 苯基 - 5 - 巯基四氮唑（PM-TA）、2 - 巯基苯骈恶唑（MBO）、2 - 巯基苯骈咪唑（MBI）、长链烷基硫醇等，除了BTA 外，银器缓蚀剂主要是以含硫化合物为主。但是银对硫比较敏感，当涂覆在 Ag 表面的含硫缓蚀剂老化、分解后，很可能对 Ag 的腐蚀提供硫源，从而加速其腐蚀。基于此原因，考虑合成新型的、不含硫的银器缓蚀剂。

（一）缓蚀材料研究

1. 月桂基咪唑啉缓蚀剂的缓蚀性能研究

咪唑啉分子一般由两部分构成：一部分是极性的头部（咪唑环和氨乙基官能团），可通过电子转移与金属表面发生反应吸附；另一部分是非极性的憎水基团月桂基，能够有效阻碍腐蚀介质向金属表面扩散。此外，由于咪唑啉分子含有电负性较大的 O、N 等原子，具有一定的供电子能力，而许多金属具有未占据的空 d 轨道，易于接受电子，二者形成配位键而发生化学吸附，化合物可以牢固地吸附在金属表面。另外，咪唑啉类缓蚀剂突出特点是当金属与酸性介质接触时，可在金属表面形成单分子吸附膜，以改变 H^+ 的氧化还原电位，也可络合溶液中的某些氧化剂，降低其电极电位来达到缓蚀的目的。

月桂基咪唑啉的合成参见文献[6]。

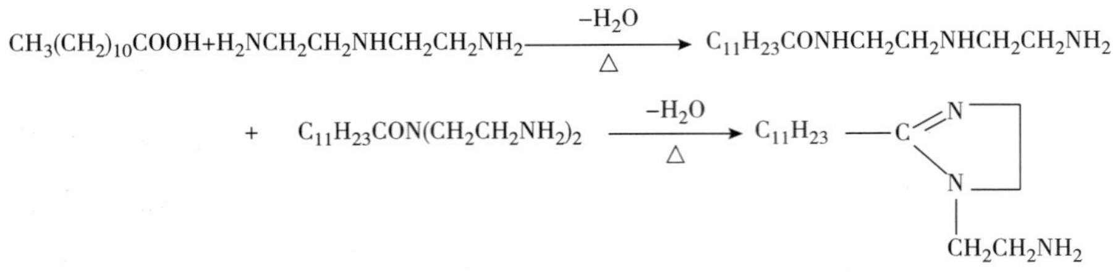

$$CH_3(CH_2)_{10}COOH + H_2NCH_2CH_2NHCH_2CH_2NH_2 \xrightarrow[\triangle]{-H_2O} C_{11}H_{23}CONHCH_2CH_2NHCH_2CH_2NH_2$$

$$+ \quad C_{11}H_{23}CON(CH_2CH_2NH_2)_2 \xrightarrow[\triangle]{-H_2O} C_{11}H_{23} - C \begin{array}{c} N \\ \| \\ N \\ | \\ CH_2CH_2NH_2 \end{array}$$

图 1 - 2 - 11　　月桂基咪唑啉的合成反应式

　　月桂酸中的羧基 – COOH 与二乙烯三胺中的 – NH₂ 发生酰胺化反应，脱去一个 H_2O，得到 $C_{11}H_{23}CONHCH_2CH_2NHCH_2CH_2NH_2$ 初级产物，然后 H 原子在 $C_{11}H_{23}CON$-$HCH_2CH_2NHCH_2CH_2NH_2$ 中发生重排现象，形成 $C_{11}H_{23}CON$（$CH_2CH_2NH_2$）₂ 中间产物，这个中间产物在加热的情况下，发生脱水反应，形成了具有 C = N 双键共轭体系的月桂基咪唑啉（LM）。

　　合成产物采用 Nicolet Nexus670 型 FT – IR 进行测试，配有 Continus 系列红外显微镜。采用 KBr 粉末压片法制样，采集 400 ~ 4000cm⁻¹ 波长范围的显微中红外透射图谱。UV – 2450 型紫外—可见分光光度计对合成产物进行结构检测和表征，证明了合成产物就是月桂基咪唑啉（LM）。

　　（1）静态挂片法

　　试样尺寸为 20mm×10mm×0.5mm，使用前经 2000#水砂纸打磨后，依次用去离子水、丙酮清洗。室温中干燥，室温下，试样分别用 1% LM、1% BTA、1% PMTA 乙醇溶液预膜后，烘干后称重，其值为 W_0。预膜后的试样在腐蚀介质 5mg/L Na_2S 溶液中浸泡 96h 取出，烘干后称重，其值为 W_1，由于腐蚀产物牢固地附着在银试样表面，故采用增重法表示，即用腐蚀后带有腐蚀产物的质量与腐蚀前的质量差值来计算腐蚀速率和缓蚀性能，计算银试样的腐蚀速度 v^+、缓蚀率 η [7]。

　　室温下，采用静态重量法考察不同缓蚀剂在 5mg/L Na_2S 溶液中对银的缓蚀率，并进行空白银试样对比试验，重复 3 次试验取平均值。实验结果见表 1 – 2 – 12。

表 1 – 2 – 12　　　　　　　　银样品在三种缓蚀剂中的平均缓蚀率

缓蚀剂	η/%
Blank	——
BTA	50.0
LM	59.1
PMTA	72.7

由表 1 – 2 – 12 可见，在 5mg/L Na₂S 溶液中，BTA、LM、PMTA 对银都有不同程度的缓蚀效果。且对于含氮的缓蚀剂而言，LM 对银的缓蚀率大于 BTA 对银的缓蚀率。而含氮的缓蚀剂 BTA、LM 对银的缓蚀率均小于含硫的缓蚀剂 PMTA 对银的缓蚀率。

（2）动电位扫描

为了测试自腐蚀电流密度、验证缓蚀率测试结果以及缓蚀剂的缓蚀类型，进行了极化曲线测试。电化学测试时试样直径 0.786cm，使用前经 2000#水砂纸打磨后，依次用去离子水、丙酮清洗，室温中干燥。分别用 1% LM、1% BTA、1% PMTA 乙醇溶液预膜后，室温中干燥 24h。采用三电极体系，银试样为工作电极，铂片为辅助电极，饱和甘汞电极（SCE）为参比电极，饱和氯化钾溶液为盐桥，腐蚀介质为 5mg/L Na₂S 水溶液，测试温度为室温。待工作电极在电解池中的开路电位稳定后用 CS350 电化学工作站进行动电位扫描，扫描范围为 0 ~ 0.1V（相对于开路电位 φ_c），扫描速率为 0.33mV/s。

图 1 – 2 – 12 是银电极在无缓蚀剂、有缓蚀剂情况下在 5mg/L Na₂S 溶液中的极化曲线，不同缓蚀剂的极化曲线数据经 Cview2 分析软件拟合得出 φ_c、i_c，列于表 1 – 2 – 13。缓蚀率 I 按下式[8]计算：

$$I = \frac{i_c^0 - i_c}{i_c^0} \times 100\%$$

式中，i_c 和 i_c^0 分别为添加缓蚀剂和无缓蚀剂情况下银试样在 5mg/L Na₂S 溶液中的腐蚀电流密度。

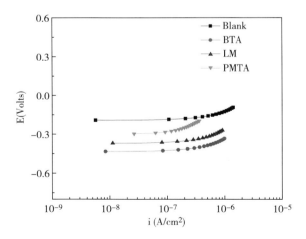

图 1 – 2 – 12　银样品在 5mg/L Na₂S 溶液中的极化曲线

表 1-2-13 银样品在 5mg/L Na₂S 溶液中的极化曲线数据

缓蚀剂	φ_c/V	$i_c/\mu A \cdot cm^{-2}$	$V_c^L/mm \cdot a^{-1}$	$I/\%$
Blank	-0.1923	0.179	0.0060	——
BTA	-0.4315	0.095	0.0031	48.3
LM	-0.3682	0.068	0.0022	63.3
PMTA	-0.2967	0.052	0.0017	71.6

从表 1-2-13 可知，添加缓蚀剂后，i_c 明显减小，说明缓蚀剂对银腐蚀具有较好的抑制作用；预膜 BTA、PMTA 后银试样在 Na₂S 溶液中 φ_c 负移，和文献[9]相符，属于阴极型作用过程。而咪唑啉类缓蚀特点：随着缓蚀剂浓度的增加，缓蚀剂的 φ_c 先负移再正移，作用机理从阴极型转变为阳极型[10]。LM 预膜后，电极 φ_c 负移，表明用 1% LM 预膜，LM 对 Ag 缓蚀类型为阴极型。LM 对银的缓蚀率为 63.3%，大于 BTA 对银的缓蚀率，稍逊于含硫的缓蚀剂 PMTA 对银的缓蚀率，这与由平均腐蚀速率计算出的平均缓蚀率排序是一致的。

（3）EIS 测试

交流阻抗测量在室温、敞开体系、自腐蚀电位下进行，阻抗测量频率为 $0.01 \sim 10^5$ Hz，交流激励信号振幅为 5mV，数据由 ZSimpWin 分析软件采集和处理。

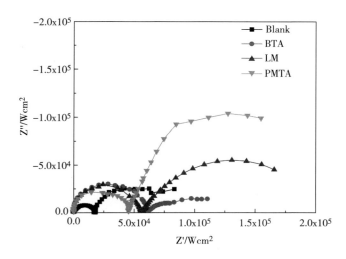

图 1-2-13 银样品在 5mg/L Na₂S 溶液中的 EIS 图谱

表 1 - 2 - 14 空白银样品和预膜银样品在 5mg/L Na₂S 溶液中交流阻抗拟合数据

	$C_f/F \cdot cm^{-2}$	$R_f/ \cdot cm^2$	$Q_d/F \cdot cm^{-2}$	$R_t/ \cdot cm^2$
Blank	1. 19E - 9	1. 74E4	6. 01E - 5	3. 65E4
BTA	1. 06E - 9	6. 32E4	1. 73E - 5	5. 87E4
LM	1. 08E - 9	5. 81E4	8. 71E - 6	1. 10E5
PMTA	1. 00E - 9	4. 63E4	6. 18E - 6	2. 06 E5

交流阻抗参数用 ZSimpWin 软件进行拟合，拟合数据见表 1 - 2 - 14。在 Na₂S 溶液中，空白银试样 EIS 图中有明显的 2 个时间参数，由于银表面生成了腐蚀产物 Ag₂S 所致，预膜后银电极 EIS 图的高频区出现两个明显的半圆，可能是受表面缓蚀膜的破坏与 Ag₂S 的生成两个速率步骤控制。其中 R_s 是工作电极与参比电极之间的电阻即溶液电阻，Q_d 是常相角元件，以此模拟双电层电容 C_d 以便获得更准确的拟合数据。C_f 是 Ag 试样表面膜电容。R_f 是银 Ag 试样表面膜电阻，R_t 是电荷转移电阻。

R_t、C_d 大小反映了电极体系的电化学反应阻力大小，R_t 越大、C_d 越小表明电极上的电化学反应越难进行，用 BTA、LM、PMTA 预膜后，增大了 Ag 在 5mg/L Na₂S 溶液中发生腐蚀时的电化学反应电阻 R_t，减小了双膜层电容 C_d，增大了电极表面膜电阻 R_f，改善了 Ag 电极的抗腐蚀能力。在 Na₂S 溶液中，三种缓蚀剂的保护作用从大到小顺序排列为：PMTA ＞ LM ＞ BTA，与挂片法及动电位扫描得到的结果相符。

2. LM 与 BTA 复配后的缓蚀效果评价

Blank、LM、BTA、LM + BTA 预膜后在 5mg/L Na₂S 溶液中对银试样的缓蚀效果，目的是研究 LM + BTA 复配后的效果。

由动电位扫描分析结果可以看出，LM 与 BTA 复配后，在 5mg/L Na₂S 溶液中对 Ag 的缓蚀率为 66.9%，而 LM、BTA 单独使用时的缓蚀率分别为 48.3%、63.3%；可见两者复配后，比单独使用的效果好。

图 1 - 2 - 14 为银样品在 5mg/L Na2S 溶液中的电化学阻抗谱图谱（EIS）。

表 1 - 2 - 15 预膜后银样品在 5mg/L Na₂S 溶液中交流阻抗拟合数据

缓蚀剂	$C_f/F \cdot m^{-2}$	$R_f/ \cdot cm^2$	$C_d/F \cdot cm^{-2}$	$R_t/ \cdot cm^2$
BTA	1. 06E - 9	6. 32E4	1. 73E - 5	5. 87E4
LM	1. 08E - 9	5. 81E4	8. 71E - 6	1. 10E5
LM + BTA	1. 01E - 9	6. 25E4	8. 02E - 6	1. 58E5

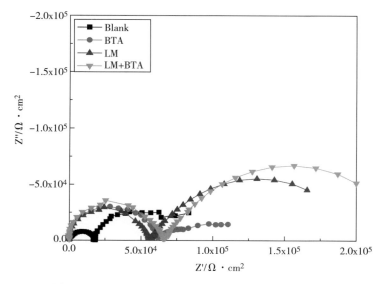

图 1 - 2 - 14　银样品在 5mg/L Na_2S 溶液中的 EIS 图谱

从表 1 - 2 - 15 可见，和单独使用 LM、BTA 相比，LM 和 BTA 复配后的 R_t 增大，C_d 减小；R_t、C_d 大小反映了电极体系的电化学反应阻力大小，R_t 越大、C_d 越小表明电极上的电化学反应越难进行，LM 和 BTA 复配后，增大了银在 5mg/L Na_2S 溶液中发生腐蚀时的电化学反应电阻 R_t，减小了双膜层电容 C_d，增大了电极表面膜电阻 R_f，改善了银电极的抗腐蚀能力，LM 和 BTA 复配后对银的抗腐蚀能力优于单独 LM、BTA 使用。

3. Na_2MoO_4 + BTA 水溶性缓蚀剂对 Ag 的缓蚀效果

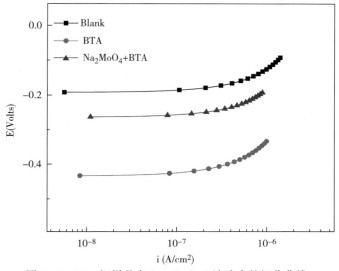

图 1 - 2 - 15　银样品在 5mg/L Na_2S 溶液中的极化曲线

表 1 - 2 - 16　　银样品在 5mg/L Na₂S 溶液中的极化曲线数据

缓蚀剂	φ_c/V	i_c/μA·m⁻²	V_c^L/mm·a⁻¹	I/%
Blank	-0.1923	0.179	0.0060	——
BTA	-0.4315	0.095	0.0031	48.3
Na₂MoO₄ + BTA	-0.2620	0.070	0.0023	61.6

有文物保护工作者，将 Na_2MoO_4 + BTA 用于青铜、铁质文物保护中，起到良好的保护效果，现将 Na_2MoO_4 + BTA 复配缓蚀剂用于 Ag 上，从图 1 - 2 - 15 及表 1 - 2 - 16 可知，Na_2MoO_4 + BTA 对 Ag 也起到一定的保护作用。

（二）封护材料研究

本课题在封护材料筛选基础上，研发了纳米 TiO_2 改性的弹性丙烯酸乳液封护材料，并对其进行了评价。

1. 改性纳米 TiO_2/TX 乳液制备

以四氯化钛为主要原料，氨水、醇类化合物、盐酸等为主要反应助剂，采用亚稳态氯化法制备工艺，用相应的溶胶反应形成溶胶液体，低于 100℃加热该液体，除去多余的水分，得到溶胶—凝胶体，过滤所得溶胶—凝胶体，并用蒸馏水反复洗涤数次，使其 pH 呈中性，将洗涤后的溶胶—凝胶体进行真空干燥，得到白色微粉，1000℃高温煅烧，将煅烧后得到的纳米 TiO_2 基体进行研磨，分散到含有少量表面活性剂的液体中，加入一定比例的硅盐、铝盐等表面包覆材料，充分混匀、并在一定温度条件反应、陈化、洗涤、干燥，再研磨，得到无机包覆层的纳米 TiO_2，再根据复合材料基体极性相容的要求，筛选一定反应温度、选取有机表面包覆剂修饰 TiO_2 表面，获得分散稳定的纳米 TiO_2 成品[11]。

烧杯中加去离子水，乳化剂，分散剂，用氨水调 pH = 9，向其中加入纳米 TiO_2，超声分散 15min，将超声分散液转移到四口烧瓶中，搅拌，室温下向烧瓶中加入弹性丙烯酸乳液（TX）。

通过透射电镜（TEM）分析，可见所制备的 TiO_2 为纳米级，TiO_2 尺寸小于 10nm。

2. 纳米 TiO_2 改性 TX 对 Ag 的保护性能评价

动电位扫描分析结果可知，5mg/L Na₂S 溶液中，和 TX 相比，纳米 TiO_2 改性 TX 的 φ_c 值略有负移，负移值约 70mV，但是 i_c 减小约 10 倍，保护效率也从 65.7% 增加到 96.3%，由极化曲线得出，纳米 TiO_2 改性 TX 比单独使用 TX 对 Ag 的保护效果好。

交流阻抗谱分析结果可知，5mg/L Na$_2$S 溶液中，和 TX 相比，纳米 TiO$_2$改性 TX 后，R$_t$增大，C$_d$减小，R$_t$、C$_d$大小反映了电极体系的电化学反应阻力大小，R$_t$越大、C$_d$越小表明电极上的电化学反应越难进行。纳米 TiO$_2$改性 TX 比单独使用 TX 对 Ag 的保护效果好，这与动电位扫描结果相一致。

（三）缓蚀剂与封护剂配合使用的性能评价

在金属文物缓蚀剂和封护剂的使用方法：采用预膜法将缓蚀剂、封护剂涂抹在金属文物表面，这种使用方法是使得缓蚀剂、防护剂的使用效果较差，因此实际使用中，往往把缓蚀剂与封护剂配合使用，对银的保护性能进行综合评价，筛选出缓蚀、封护综合性能最好的配方。

通过之前缓蚀效果研究，筛选出缓蚀效果较好的缓蚀剂配方为：LM + BTA；通过前面封护效果研究，筛选出封护效果较好的封护剂配方为：TX + TiO$_2$；因此在前面研究的基础上，研究了 LM + BTA 与 TX + TiO$_2$综合使用时对 Ag 的综合保护效果。

交流阻抗谱分析结果可知，5mg/L Na$_2$S 溶液中，LM + BTA 作复配缓蚀剂，封护剂 TX + TiO$_2$体系 R$_t$最大，C$_d$最小，R$_t$、C$_d$大小反映了电极体系的电化学反应阻力大小，R$_t$越大、C$_d$越小表明电极上的电化学反应越难进行，LM + BTA + TX + TiO$_2$对 Ag 的保护效果最好，即在对 Ag 作缓蚀封护综合保护时，选择 LM + BTA 做缓蚀剂，复配后，涂抹在 Ag 样品表面，缓蚀膜干燥后，然后将配制的 TX + TiO$_2$涂抹在 Ag 样品表面。

以上实验中 TX 的质量分数均为 2%，为了对比研究之前做的 LM + HA（六次甲基四胺）+ 5% TX，做了组如下 TX 质量分数为 5% 的实验。由该试验的交流阻抗谱分析结果可知，LM + BTA，LM + HA，PMTA 和 TX 共同作用在银试样上的阻抗值都比单独使用 TX 的阻抗值大，说明 LM + BTA，LM + HA，PMTA 和 TX 共同作用的银试样上效果比单独使用 TX 效果好；且 LM + BTA + TX，LM + HA + TX，PMTA + TX 三个配方中，LM + BTA + TX，PMTA + TX 的阻抗值大于 LM + HA + TX 的阻抗值，说明 LM + BTA + TX 比 LM + HA + TX 对银的防护效果好。

（四）鎏金银器保护材料实施工艺研究

对于出土的珍贵的鎏金银器，通常将缓蚀剂、封护剂分别涂在鎏金面上，但是有些学者提出了质疑，认为缓蚀剂、封护剂涂覆在鎏金面上，不仅起不到保护银基体的作用，反而会加速银基体中银的腐蚀，因此对于缓蚀剂、封护剂在鎏金银器物上涂覆位置的选择，进行了如下实验：

鎏金银试样，试样尺寸为 20mm×20mm×0.5mm；银面用水砂纸打磨至 2000#，去离子水冲洗，丙酮除油，鎏金面直接用离子水冲洗，丙酮除油后，试样于干燥器中放置 24h；用分析天平称重，m_1；用洁净的软毛刷分别蘸配置好的 1% PMTA、1% B-72、1% LM、1% BTA 溶液，分别涂抹在鎏金试样的鎏金面、银面、两面，晾干后再次涂刷，反复操作 6 遍，于干燥器中放置 24h 后称重，m_2；分别将预膜试样浸泡在 5% Na_2S 腐蚀介质中，浸泡 90d 后，取出干燥后，称重，m_3。并进行空白鎏金试样对比试验，重复 4 次试验取平均值，计算其缓蚀率，实验结果见表 1-2-17。

表 1-2-17　　　　　　　　鎏金样品在 5% Na_2S 溶液中的缓蚀率

缓蚀剂	涂抹位置	腐蚀率 R/$\mu g \cdot m^{-2} \cdot d^{-1}$	I/%
PMTA	鎏金面	7.84	32.8
	银面	7.29	37.5
	两面	6.68	43.5
B-72	鎏金面	8.18	30.1
	银面	6.19	46.9
	两面	5.95	48.9
LM	鎏金面	6.75	42.1
	银面	5.28	54.7
	两面	5.01	57.1
BTA	鎏金面	8.69	25.5
	银面	7.65	34.4
	两面	6.65	43.2

将 PMTA、B-72、LM、BTA 涂抹在鎏金样品上，不论涂在鎏金面或银面，对鎏金样品都有一定的保护效果；对于同种缓蚀剂、封护剂，将其同时涂抹在鎏金面和银面上的保护效果最好，仅涂在银面上的保护效果次之，而仅涂在鎏金面上的效果最差，所以在银鎏金文物缓蚀剂、封护剂涂抹位置上，选择银面、鎏金面都施加保护材料为好。

因此，在南京阿育王塔的示范保护中，采用缓蚀剂 Na_2MoO_4 + BTA、LM + BTA 两种缓蚀体系，而封护剂采用 B-72 和 TX + TiO_2 两种体系，且在鎏金面和银基体上都涂刷缓蚀剂和封护剂，而非仅涂鎏金面上。

（五）小结

课题制备的月桂基咪唑啉缓蚀剂（LM）对银器的缓蚀性能优于苯并三氮唑（BTA），略逊于含硫的 1 - 苯基 - 5 - 巯基四氮唑（PMTA）。LM 和 BTA 复配后的缓蚀性能均优于 LM、BTA 单独使用时的缓蚀性能。纳米 TiO_2 改性的弹性丙烯酸乳液（TX）比单独使用 TX 的保护效果好。对于单面鎏金的鎏金银器，双面涂刷保护材料，保护效果优于仅涂刷于鎏金层上。

四　鎏金银器示范保护

（一）鎏金银莲蓬和鎏金银香盒的示范保护

选择两件鎏金银器进行示范保护，分别为鎏金银莲蓬和鎏金银香盒（内有丝绢包裹香料）。

图 1 - 2 - 16　示范保护的鎏金银莲蓬与鎏金银香盒

鎏金银莲蓬和银香盒的主要病害体现为：银器变黑，大大影响了其感观效果和艺术价值；此外，局部区域还有少量绿色铜锈，这些铜锈来自于银胎中铜的腐蚀。这些银锈和铜锈应去除。

1. 除锈处理

采用 Z7 除锈剂和除锈膏对这两件鎏金银器进行了除锈处理，效果明显。

2. 缓蚀处理

（1）缓蚀剂主要成分

月桂基咪唑啉（LM）、钼酸钠、苯并三氮唑（BTA）复配体系。

（2）配比

a：1mmol/L LM + 5 mmol/L BTA，溶剂为无水乙醇；

b：3mmol/L Na_2MoO_4 + 5 mmol/L BTA，水溶液。

（3）缓蚀工艺

用天平及量筒称量缓蚀剂和无水乙醇，室温下（20℃左右），置于一定体积洁净的容器中，搅拌使充分溶解。

香盒上半部的缓蚀：将香盒的上半部浸泡在缓蚀剂 a 中 30min 取出吹干后，再浸泡在缓蚀剂 b 中 30min，取出后吹干，然后再次浸泡在缓蚀剂 b 中 30min 后取出空气中晾干。

香盒下半部的缓蚀：由于香盒的下半部内部放有纸（纸上有文字）、丝绢、香料，不能采用浸泡法。所以香盒的下半部采用涂抹法，用洁净的软毛刷或棉签蘸配置好的缓蚀剂 a 涂刷在香盒的外表面，吹干后再次涂刷，反复操作至少6遍；然后再用洁净的软毛刷或棉签蘸缓蚀剂 b 涂刷在香盒的外表面，吹干后再次涂刷，反复操作至少6遍。

银莲蓬头的缓蚀：将银莲蓬头浸泡在缓蚀剂 a 中 30min；取出晾干后，继续浸泡在缓蚀剂 b 中，15h 后取出，吹干。

3. 封护

（1）封护剂主要成分

a：B - 72；b：丙烯酸乳液 + 纳米 TiO_2

（2）配比

a：B - 72 丙酮溶液，浓度 1%，b：丙烯酸乳液 2% + 纳米 TiO_2 1% 水溶液

（3）封护工艺

在室温（20℃）下，用天平和量筒分别称量封护材料、溶剂的质量和体积，充分溶解后，置于一定体积的洁净容器中，封护剂 b 用超声波分散 30min，并用纱布过滤。

银莲蓬头的封护：用洁净的软毛刷蘸配制好的封护剂 a 溶液涂刷经缓蚀后的银莲蓬头内、外表面，用 50℃ ~60℃ 热风吹干后再涂刷两遍。封护后银莲蓬头表面没有出现发白或者炫光现象。

香盒上半部、香盒下半部的封护：用洁净的软毛刷蘸配制好的封护剂 b 溶液涂刷香盒上半部内、外表面及香盒下半部的外表面，用 50℃ ~60℃ 热风吹干后再涂刷两遍。封护后银莲蓬头表面没有出现发白或者炫光现象。

图 1 – 2 – 17　鎏金银莲蓬和银香盒保护后

（二）阿育王塔鎏金银板保护

将拆卸下来的阿育王塔鎏金银板拍照留作资料，测量每块银板的尺寸，采用便携式 X 射线荧光光谱仪对每块银板进行无损元素成分分析，然后进行保护处理。

1. 除锈清洗

阿育王鎏金银板外表面通体鎏金，大部分被黑色银锈和铁锈覆盖，锈层厚薄不一；内表面未鎏金，也普遍被黑色银锈和铁锈覆盖。黑色锈蚀覆盖严重影响了阿育王塔金碧辉煌外观，降低了它的艺术价值，而且疏松锈蚀层易吸收空气中的水分和氧气，会对银板腐蚀起到加速作用，因此需去除这些黑色锈蚀覆盖。

但是，按照修旧如旧的文物保护原则，不易将锈蚀全部去除，因此，除锈以除去大部分黑色银锈和铁锈为原则，尤其注意要清除银板背面凹槽内块状铁锈。

对于银板基体来说，锈层很薄，而银本身质地较软，因此轻易不要采用金属类机械工具，除非在剔除银板背面凹槽内铁锈块时可以采用。经综合考虑，采用化学法为主，机械法为辅的除锈方法。化学除锈材料采用硫脲复配除锈剂，其 pH 值约为 1～2，在 20 分钟之内的短期浸泡时间内，不会对银板本身和鎏金层造成腐蚀和损害，处理方法为浸泡法。机械方法主要采用硅藻土膏状材料、牙膏等细磨料，在棉签和牙刷等工具配合下使用。

在大批量处理阿育王塔鎏金银板之前，用小件进行了试验，这种化学法为主，机械法为辅的除锈方法效果良好，在除锈后的文物外观得到保护人员和博物馆考古人员的一致认后可，开始对鎏金银板进行批量处理。

由于除锈溶液处理一段时间后浓度会降低，因此鎏金银板在硫脲复配除锈剂中的浸泡时间控制在 2～20 分钟，时间的选择主要看鎏金银板浸泡后的除锈效果，严格控制时间，一方面保证除锈效果比较均匀一致，另一方面减少除锈材料对鎏金银板可能造成的不利影响。

2. 缓蚀封护

为缓解阿育王塔鎏金银板在展出或保存过程中的腐蚀，对其进行了缓蚀封护处理。

由于常用封护材料 B72 在浓度较大时容易在鎏金银板表面形成眩光，因此试验了不同浓度的 B72。将小件鎏金银板浸入 1% B72 的丙酮溶液，随即取出，晾干后观察外观，经选择，选定 1% 的 B72 丙酮溶液作为封护材料。

为提高 B−72 溶液的封护能力，在其中加入 0.1% BTA 作为缓蚀材料，对小件鎏金银板试验后发现成膜均匀，外观理想，没有眩光产生，因此采用 0.1% BTA 和 1% B72 复配溶液作为保护材料，浸泡时间大约控制在 5 秒，对阿育王塔鎏金银板进行保护处理。丙酮挥发后，鎏金银板上残余锈蚀物较多的区域会出现小面积的白色析出物，应为少量 BTA 晶体析出，用棉签蘸取无水乙醇轻轻擦去即可。

处理后的鎏金银板外观较为一致，除锈效果良好。

五　阿育王塔内支撑木胎复原试验

自 2008 年 11 月底阿育王塔被发掘出来至 2009 年 10 月，在近一年的展览时间里，阿育王塔出现较多病害，主要有以下几点：

（1）由于阿育王塔内檀香木胎自然干燥，四壁和底部木板出现明显的收缩变形，以其中一壁为例，缩缝 3.3cm，原宽 35cm，收缩率近 10%；

如图 1−2−18 所示，刚出土时，四周两银板已脱卯起翘，内容器物清理后，四周和底板的饱水檀香木基本未发生收缩变形和开裂，底部木板结合紧密。

为配合展览，南京市博物馆修复人员对木胎进行了简单的修复，主要修复措施为：

其一，用新木材（未经处理的三合板）对木胎的内壁和底部进行内支撑（图 1−2−19），并用铁钉将其固定在木胎上（如图 1−2−20）；

其二，用玻璃胶在银板背面临时固定塔上的珠宝。

（2）临时支撑木材出现霉菌，霉菌已蔓延到原有檀香木木胎上；

（3）固定临时支撑木材用的铁钉已锈蚀；

（4）固定银板用的铁铆钉有部分脱落，导致银板起翘；

（5）由于原有胶结材料老化，塔身装饰珠宝大多出现开胶脱落现象。

图 1 - 2 - 18　刚出土时，阿育王塔内器物清理后

图 1 - 2 - 19　阿育王塔木胎内现状

（原有木胎由于自然干燥收缩出现不同程度变形；临时支撑木材出现霉菌）

从含水率数据可以看出，自然干燥的木胎构件含水率为 5% ~ 9% ，已完全干燥失水；一直置于低温保湿冰箱中的潮湿构件的含水率为 17% ~ 32% ，低温保湿保存对保持木胎水分有一定帮助。

阿育王塔木胎复原试验的思路为：①对替换下来的原檀香木胎进行回软塑性研究和处理，然后再替换掉临时的支撑木胎，完成阿育王塔木胎保护处理。②形稳后木胎与鎏金银板的再组合。复原试验对象为干缩相轮及山花蕉叶，存在着严重的开裂、扭曲变形病害。其中圆形相轮干缩后其不同部位直径分别为：9.46cm 和 10.48cm，成为近椭圆形；同时相轮也存在一定的扭曲。山花蕉叶因自然收缩造成的纵向开裂缝的宽

图 1 - 2 - 20　出土后支撑用的新木材产生新的病害

度在 0.2 ~ 0.46cm；下部翘曲严重，偏离水平基线约为 1.5cm。

（一）木胎复原基本原理

饱水木材的干缩主要是由木材细胞的塌陷造成的，细胞塌陷的原因主要是由于木材纤维组织及细胞腔中水分的丧失造成的。饱水木材的失水过程可分为两个阶段，首先是存在于细胞腔中的水分的丧失，之后随着水分丧失的进展，会导致纤维素中吸附水分的丧失。研究认为：饱水木材在失水过程的任何阶段都会造成外形尺寸的减小，因为在饱水木材中，由于组成细胞壁的纤维素的降解，会导致细胞壁的力学强度降低，饱水木材只能依靠细胞腔中的水分起到的支撑作用，才能够保持原有形状，而随着细胞腔中水分的失去，支撑细胞腔的因素将不复存在，结果会导致细胞腔的逐渐塌陷；同时随着水分的进一步丧失，其结构发生了一定的变化，随着水分的散失引起纤维素、木质素的再聚合或重结晶，在纤维素干燥时产生的收缩应力的作用下，细胞腔将会完全塌陷。

因此，在对干缩木材进行复原时，就首先应当使纤维素产生润胀，以便使纤维素在润胀时恢复原有弹性，进而带动塌陷的细胞腔的恢复。同时，由于在饱水木材中，纤维素、半纤维素的降解程度远远大于木质素，使得木质素含量的比例大于正常木材，这在一定程度上增强了木质素对纤维素的包裹作用。因而在对干缩木材进行复原时，要使得纤维素能够充分润胀，就必须首先去除部分木质素，使得纤维素有润胀的空间，并且在去除木质素的同时也不会对纤维素造成降解，这样就可在纤维素润胀的过程中通过干缩应力的逐渐减弱而恢复原有弹性，进而恢复细胞腔的原有形态，使得干缩变形木质文物能够恢复原有外观尺寸。

（二）实施要点和方法步骤

1. 实施要点

（1）信息采集；

（2）测试分析；

（3）浸润脱盐；用于润胀复原前干缩木胎中所含的可溶盐分及杂质的去除。

（4）恒温浸渍；用于木胎的润胀复原及其复原后的溶剂置换处理。

（5）脱水定型；用于再饱水复原后木胎的脱水定型处理。

2. 脱盐清洗处理

脱盐处理主要采用去离子水循环置换方法进行，把干缩木胎置于容器中，采用循环水不断地注入容器中，通过置换作用，逐渐减小木胎中的盐分含量，并根据测定的水溶液中离子的含量变化，确定脱盐清洗的效果，以达到最终去除盐分的目的。

3. 润胀复原处理

（1）配制出不同浓度的系列润胀液；已有研究表明：复原效果同"活性碱"浓度有很大关系，浓度低渗透速度快，对纤维素的降解程度小，但复原效果相对较差；浓度高渗透速度慢，对纤维素的降解程度大，但复原效果好。因此如何选择"活性碱"浓度是保证润胀效果的重要因素之一，一般情况下可根据木胎的干缩状态进行浓度确定。针对阿育王塔木质文物的保存状态，最终确定的"活性碱"浓度为25%。

（2）处理温度是影响润胀效果的关键因素之一；碱液对纤维素的润胀作用和其浓度及处理温度密切相关，相关研究表明碱液在同一浓度下，处理温度越低对纤维素的润胀作用越明显。把经脱盐处理后的阿育王塔干缩相轮文物放入25%"活性碱"溶液中，加热到67℃后保持恒温，直至干缩木胎的状态恢复到一定程度不再变化为止。

（3）复原后润胀液的置换处理。把复原后的木材试块放入去离子水中反复清洗，直至水溶液的pH值接近7为止。

4. 脱水定型加固处理

由于润胀后的木胎的组成结构发生了变化，主要表现在：在润胀过程中碱性物质对细胞壁纤维素有一定的剥离作用，这种作用使得纤维素的结晶度变小，细胞壁的结构变薄、强度变小，复原后的形状主要还是依靠溶剂（水分）的支撑作用，应通过填充物的补强作用达到定型和提高器物的强度。因此，复原后的木胎需进行定型加固处理。

鉴于阿育王塔复原后仍存在一定的变形现象，为有利于定型处理，采取PEG热浸法对润胀复原后的木胎进行脱水定型加固。基本步骤如下：

（1）配置10%、20%、30%、40%、50%、60%、70%（w/w）的PEG溶液，器

物从 10% 浓度开始浸起，并保持 65℃ 恒温，至器物重量不再变化时再进行高一级浓度浸渗，最终使得浸渗溶液达到 70% 时结束浸渗处理。

（2）取出器物，清理器物表面的残余 PEG，之后将器物置于通风橱中干燥，脱水加固定型处理结束。

（三）润胀复原试验效果

圆形干缩相轮复原后，其不同部位直径分别由干缩前的 9.46cm 和 10.48cm 变化为复原后的 10.46cm 和 10.65cm，最大润胀度为 12.68%，相轮也由近椭圆形改变为近圆形；同时相轮扭曲现象基本消失。

山花蕉叶因自然收缩造成的纵向开裂缝，在润胀处理后裂缝的宽度缩小明显，部分部位裂缝消失；润胀复原前后宽度变化分别为：干缩前上部最宽处由 8.13cm 润胀为 8.77cm；下部最宽处由 7.92cm 润胀为 8.49cm；润胀度分别为：7.87% 和 7.2%。山花蕉叶下部翘曲部位，由复原前的偏离水平基线约为 1.5cm，减小为润胀后的 0.28cm 左右。复原效果如下。

圆形干缩相轮复原前后效果对比

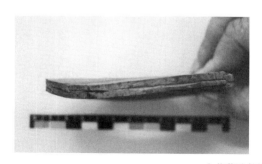 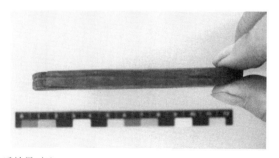

山花蕉叶复原前后效果对比

图 1 - 2 - 21 阿育王塔干缩木胎润胀复原效果图

六 小结

对银器和鎏金银器保护技术进行了文献综述，对南京长干寺地宫出土鎏金银器及其埋藏环境进行分析检测，大多数鎏金银器表面覆盖黑色银锈和铁锈，应予以去除，长干寺地宫出土鎏金银器腐蚀产物主要与埋藏环境中 SO_4^{2-} 和 Cl^- 含量较高有关。根据南京大报恩寺遗址长干寺地宫出土鎏金银器的成分与鎏金层厚度分析数据，模拟制作了银板试样，采用传统金汞剂方法进行了局部鎏金，并通过电化学加速腐蚀形成了 Ag_2S、$AgCl$ 和 Ag_2O 腐蚀产物。

经筛选，硫脲为主剂的 Z7 除锈剂和除锈膏对于银器与鎏金银器表面的银锈与铁锈均有良好的去除效果，不产生物系损伤，且对银器本体的腐蚀作用极小。课题制备的月桂基咪唑啉缓蚀剂（LM）对银器的缓蚀性能优于苯并三氮唑（BTA），略逊于含硫的 1 - 苯基 - 5 - 巯基四氮唑（PMTA）。LM 和 BTA 复配后的缓蚀性能均优于 LM、BTA 单独使用时的缓蚀性能。纳米 TiO_2 改性的弹性丙烯酸乳液（TX）比单独使用 TX 的保护效果好。对于单面鎏金的鎏金银器，双面涂刷保护材料，保护效果优于仅涂刷于鎏金层上。

在研究基础上，对两件鎏金银器进行了病害调查与示范保护，清洗除锈效果良好，能快速除去鎏金银器表面黑色锈蚀，且不对银器和鎏金层造成不良影响。

对两块阿育王塔内支撑木胎进行了复原试验研究，相轮由近椭圆形复原为近圆形，且扭曲基本消失；山花蕉叶裂缝宽度明显缩小，部分裂缝消失，翘曲部位偏离水平基线程度明显降低。从复原试验总体情况来看，将阿育王塔内支撑木胎分别进行润涨复原处理，进行重新组装，具有一定可操作性。

第三节 出土固结纺织品与印绘纺织品保护技术研究

从出土固结纺织品保护研究、出土印绘纺织品保护研究、出土印绘纺织品工艺复原等三方面研发针对南京报恩寺遗址地宫出土固结纺织品和印绘纺织品的综合保护关键技术，开展科技示范，并进行丝织工艺复原。

一 出土固结纺织品保护研究

通过物相分析可知固结物主要由常见土壤成分、铁锈、蚕茧蜡状残留物以及纺织品所包裹香料的成分组成；从固结因素及固结过程两个方面解释固结机理，可知固结过程可大致分为矿物成核结晶固结过程及微生物矿化成核结晶固结过程；根据固结物成分和固结机理推测，针对性地进行固结模拟、揭展工艺及揭展剂的研究。从结构性能表征参数来看，研发的揭展材料和揭展条件对南京报恩寺遗址地宫出土的固结纺织品安全有效；采用自行研发的揭展材料对四件南京报恩寺遗址地宫出土固结纺织品（25、29、36、TH21）进行示范保护。

（一）固结因素研究和固结机理分析

1. 固结成分

此次检测固结物样品共 7 个，主要采用 SEM、EDS、XRD 和 FTIR 等方法进行固结成分分析检测。以№1 为例，其为取自绶袱（TH21）的少量织物残片及颗粒状固结物的混合物，具体分析如下：

（1）SEM

图 1 - 3 - 1　不同放大倍数的 SEM 照片

从电镜照片来看，固结物主要为覆盖在纺织品残片上呈块状或颗粒状的附着物，而且覆盖层较厚，把纤维胶结起来，几乎难以看清纺织品上纤维与纤维之间的间隙（图 1 - 3 - 1）。

（2）SEM/EDS

在进行 SEM/EDS 检测时分别取了三个测试点，结果表明：№1 中除了含有大量主要构成碳酸钙和二氧化硅（石英的成分）的 C 和 O 外，其他主要含有 Si（二氧化硅）及少量的 Al（三氧化二铝，长石的成分）、Ca（硅钙石）、Fe（硫化铁）、Mg（氧化镁，长石的成分）、S（硫化铁）、K（长石的成分）和 Pb（硫化铅）等元素。具体如表 1 - 3 - 1 及图 1 - 3 - 2 所示：

表 1 - 3 - 1　　　　　　　　　　元素分析结果

Element	样点 1		样点 2		样点 3	
	/wt%	/at%	/wt%	/at%	/wt%	/at%
C	46.25	62.71	94.38	95.75	13.68	20.08
O	25.50	25.96	5.52	4.20	56.75	62.53
Al	1.78	1.07	–	–	4.85	3.17
Si	10.61	6.15	0.10	0.04	18.47	11.59
Ca	3.98	1.62	–	–	–	–
Fe	1.96	0.57	–	–	2.76	0.87
Mg	0.45	0.30	–	–	0.68	0.49
S	0.91	0.46	–	–	–	–
K	1.42	0.59	–	–	2.82	1.27
Pb	7.14	0.56	–	–	–	–
Totals	100.00	100.00	100.00	100.00	100.00	100.00

注："–"表示含量检测为 0，以下同

（3）FTIR

红外光谱分析表明：3300～3290cm^{-1}处有 – NH 伸缩振动所产生的特征吸收，主要代表没有形成氢键的自由的 – NH 的振动；1690～1600cm^{-1}处有 – C＝O 伸缩振动所产生的特征吸收谱带，即酰胺Ⅰ峰；1575～1480cm^{-1}处有 – NH 变形振动所产生的特征吸收谱带，主要代表形成氢键的 – NH 振动，即酰胺Ⅱ峰；1301～1229cm^{-1}处有 – CN 和 – NH 的伸缩、弯曲振动所产生的吸收谱带，即酰胺Ⅲ峰；700 cm^{-1}处为酰胺的Ⅴ峰，以上是蚕丝的典型红外吸收峰。1376.9cm^{-1}和1452.7cm^{-1}分别是甲基和亚甲基的面内弯曲振动，通常长链的烷烃结晶态化合物在720cm^{-1}附近的吸收峰分裂成双峰，在本测试中分别位于762.3cm^{-1}和739cm^{-1}，说明纺织品表面有结晶的长链烷烃化合物。在794.5cm^{-1}和774cm^{-1}附近有吸收，属于 Si – O – Si 的对称伸缩振动，这是石英双峰的典型吸收。1031.9cm^{-1}是 Si – O 非对称伸缩振动，更进一步证明了石英的存在。另外在713.9 cm^{-1}、870.8 cm^{-1}、1425 cm^{-1}处有碳酸钙的典型吸收峰（图 1 - 3 - 3）。

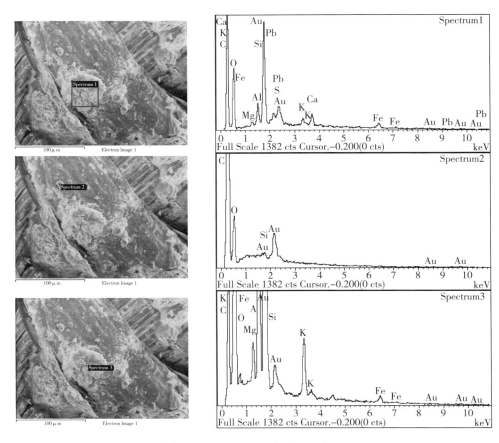

图 1 - 3 - 2　SEM 照片及 EDS 能谱

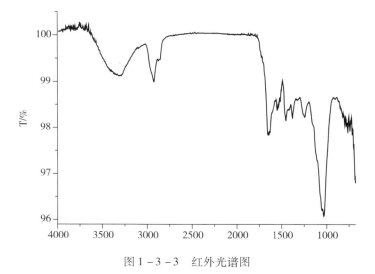

图 1 - 3 - 3　红外光谱图

（4）XRD

XRD 检测结果表明：$2\theta = 20.98°$存在丝素 II 型的结晶特征峰；在 $2\theta = 28.96°$、$34.96°$、$39.74°$处有碳酸钙的典型结晶峰出现，说明样品中存在碳酸钙（图 1 – 3 – 4）。

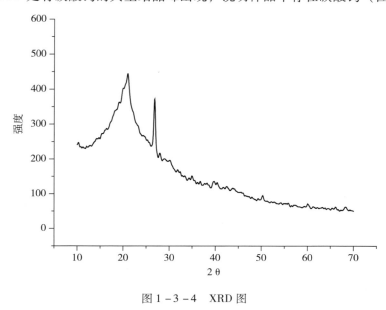

图 1 – 3 – 4　XRD 图

（5）测试结果

表 1 – 3 – 2　　　　　　　　　　固结成分分析结果

样品号	结果
No1	碳酸钙、石英、硫化铅、结晶态长链烷烃化合物、黏土、芳香族醚类化合物
No2	黏土、铁锈、碳酸钙
No3	黏土、铁锈、碳酸钙、多取代酚类化合物
No4	黏土、芳香族醚类化合物、硫化铅
No5	黏土、石英、硫化铅、结晶态长链烷烃化合物
No6	黏土、石英、结晶态长链烷烃化合物、硫化铅、铁锈
No7	石英、碳酸钙（硅钙石）、高岭石、铁锈、硫化铅、三氧化二铝、铜锈

综上可知（表 1 – 3 – 2），固结成分主要包括高岭石、蒙脱土、石英、碳酸钙、长石类、硅钙石、氯化钾类盐等常见土壤成分、铁锈、蚕茧蜡状残留物以及纺织品所包裹香料，各种成分的含量及结构在不同的样品上有所差异。

2. 固结因素

固结是一个复杂过程，导致出土纺织品固结的因素很多，现从物理、化学、生物三个方面逐一阐述。

（1）物理因素

从物理因素分析固结物的形成，可简单归结于晶桥理论。由于纺织品在出土前受埋藏环境的影响（主要包括埋藏环境下的湿度、温度，埋藏所受压力以及时间），使其表面或层间存在的一些结晶盐发生反复离解、溶解和重结晶，从而在晶粒的相互接触点上形成晶桥，使颗粒固结在一起，形成了较大的块状聚集体，这些聚集体固结在纺织品表面、折叠层间或纤维间隙，加剧固结。

（2）化学因素

化学因素作用体现在物质分子间作用力和化学键作用力。物质分子间作用力包括范德华力和氢键作用力，在一定程度上会增大纺织品层间的固结力，加剧层与层之间的黏结。如图 1 - 3 - 5 所示，①②均表示物质间分子作用力。化学键作用力是原子（或离子）之间的作用力，主要有离子键（盐键）、共价键、金属键三种形式。纺织品经过上千年的埋藏，已经严重降解，蛋白质降解而成的小分子氨基酸、多肽等，在有水存在的条件下电离成带正负电荷的离子，这些离子之间会产生离子键，如图 1 - 3 - 5 所示的③形成的盐键。构成丝织品的蛋白质是一种高分子聚合物，而组成蛋白质的主要元素有 C、H、O、N、S、P 等，这些原子之间可以构成共价键，如图 1 - 3 - 5 所示的④二硫键，半胱氨酸的侧链上有巯基，巯基的稳定性较差，当埋藏环境呈现出碱性条件时易氧化成二硫键；金属键只存在于金属中，对于大部分丝织品来说，金属键作用力几乎不存在，加金织物内可能存在金属键作用力。

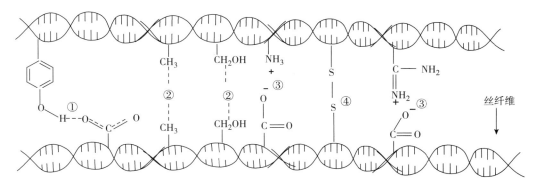

图 1 - 3 - 5　埋藏环境下丝织品纤维间可能存在的作用力
①氢键　②范德华力　③盐键　④二硫键

（3）生物因素

从出土纺织品来看，有的已整体或局部发黑且固结严重，这可能是微生物滋生及繁衍的结果，纤维降解产物及微生物代谢产物可使纺织品腐化变色并引起板结。丝织品作为养分被微生物分解利用，代谢过程中产生的有机酸腐蚀纺织品，造成破坏；微生物菌落产生的色素污染纺织品表面，并因菌体本身堆积或自身产生的黏性物质，致使丝织品腐烂部位高度吸湿、发潮，最终发黏；代谢过程中产生的热量，也加速了纺织品的进一步老化分解。

3. 固结过程

从固结因素的分析可以看出，南京报恩寺遗址地宫纺织品固结的过程非常复杂。根据固结成分分析的结果，可将固结过程简要分为两种：

（1）矿物成核结晶固结过程

土壤矿物成分（包括其风化产物如各种阴阳离子、酸根离子等）在埋藏条件发生变化时发生的矿物成核重结晶固结（有时仅为原有矿物的沉积固结），在分析检测时主要表现为出土纺织品纤维形貌受损不严重、纤维表面或之间有矿物成分固结。矿物成核结晶固结过程如图 1 - 3 - 6 所示：

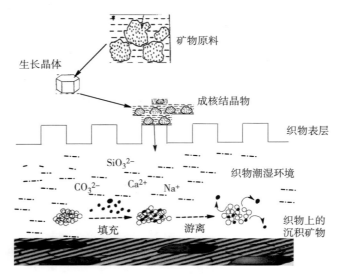

图 1 - 3 - 6　矿物成核结晶固结过程示意图

矿物原料如高岭土、蒙脱土、二氧化硅、氧化铝、氧化铁、各种酸根、阳离子等，由于渗漏等原因进入纺织品埋藏空间，在一定的温度、压力和 PH 条件下，成核结晶生成固结物。如硅酸盐、碳酸盐矿物中的硅酸盐、碳酸盐水解产物硅酸根、碳酸根阴离子和 Ca^{2+}、Na^+ 等进行水化反应，形成聚合度高的并具有胶凝性的物质和其他水化产物（如碳酸钙、长石、硅钙石等矿物）。随着反应的进行，后生成的水化产物填充于先生成矿物的空隙内，有些矿物有可能还会发生再沉积。南京报恩寺遗址地宫属潮湿环境，在水的作用下，部分固结物可能从紧密粘连在一起的整体固结物中游离出来，产生一些疏松状的固结物。总之，各种胶凝体相互交织形成的胶凝矿物容易构成固结物，将纤维胶结起来。

（2）微生物矿化成核结晶固结过程

微生物（如霉菌）矿化成核结晶固结，在分析检测时主要表现为出土纺织品纤维明显发黑腐损，部分表面粘有片状固结物并出现白色球文石堆积矿物。从电镜照片来看（图1-3-7），固结物中白色物质主要由直径约为几百纳米至2微米大小较为均匀的球状颗粒状物质组成，结合EDS成分分析知其主要为结核状球文石碳酸钙微球，属于典型生物矿化产物。

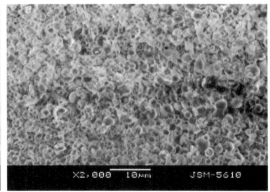

图1-3-7　固结物中白色物质的SEM照片

微生物矿化成核结晶固结过程如图1-3-8所示：

微生物（如霉菌、细菌等）通过细胞内及细胞外矿化进行成核结晶控制，将形成的分泌物（包括分析检测出来的球文石碳酸钙微球、硫化铅等无机物及酶类等有机物）排泄出来抑或是直接堆积在纤维表面或镶嵌在纤维之间，堆积在纺织品表面的矿物沉淀经过时间的积累，逐渐向内部渗透；另一方面，这些微生物的代谢产物（如特殊酶类）能造成纤维变性或腐蚀成孔洞，引发出土纺织品的严重糟朽。

4. 结论

根据固结机理的探讨结果，可以有针对性地进行固结模拟以及揭展工艺及揭展剂的研究。例如，对于一般程度的固结（矿物成核结晶固结结果），可以采用类似矿物成分在老化纺织品上沉积固结（甚至胶结）的模拟，并以润湿剂、渗透剂等揭展助剂进行揭展；对于微生物矿化作用结果的固结，因为纺织品基本已经发生严重糟朽，需要

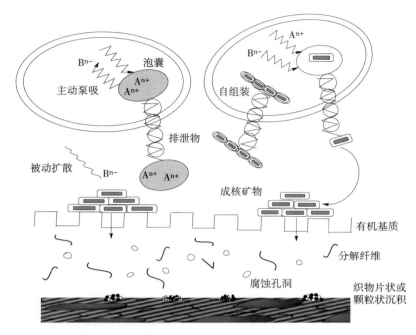

图 1 - 3 - 8　微生物矿化成核结晶固结过程示意图

在模拟固结时考虑老化糟朽样的制备，并在进行一定程度加固的基础上进行揭展。

（二）揭展材料和揭展工艺研发

近年来古代纺织品文物的揭展研究主要集中在研发安全适用的揭展剂[12]或通过水蒸气的作用使固结的纺织品回潮，然后利用一些揭展技巧来实现。例如陕西省考古研究院利用低压吸力操作台和回潮箱等设备，通过控制调节纺织品包块的适当湿度，成功揭展出多件法门寺出土的唐代丝织品[13]；针对干燥地区出土的以丝胶为主要固结因素的固结纺织品，西安文物保护与修复中心和陕西科技大学共同研制出 JZ - 1 揭展剂[14]；荆州文物保护中心发明出一种针对高含水低强度文物丝绸的分离揭取方法[15]。另外，荆州文物保护中心对机械强度差、黏结严重、叠压关系复杂的出土纺织品采取临时加固措施，然后再用揭展剂揭展[16]。

1. 固结模拟

（1）老化样的制备

碱老化试样的制备：将市售的真丝电力纺裁剪成长 20cm、宽 5cm 的大小，在温度 35℃、相对湿度 50% 下浸渍于 5% 的 NaOH 溶液中，9hr 后取出，用去离子水充分清洗，直至清洗液呈中性为止。将样品阴干，得到碱老化试样（S1），置于装有硅胶的干燥器中避光保存。

光老化试样的制备：采用紫外加臭氧双重老化方式，试验区总辐射强度为 4000～4600μw/cm²，多功能活氧机的臭氧输出量为 400mg/hr。将真丝电力纺裁剪成长 20 cm、宽 5 cm 的样条，利用紫外线处理箱照射，启动照射的同时向箱内输送臭氧 30min，后每间隔一小时向处理箱内输送臭氧 30min。每间隔一小时停止处理，给试样翻面，再隔一小时将试样平行移动位置，以保证各试样得到均匀照射和臭氧处理，处理 120hr 得到光老化试样（S2）。

糟朽老化试样的制备：通过碱老化和光老化双重老化方式，将碱老化试样（S1）接受光老化处理 60 小时，得到糟朽老化试样（S3）。

（2）固结样的制备

根据南京报恩寺遗址地宫出土纺织品污染物的测试结果，可知污染物主要成分为高岭土、蒙脱土、石英、碳酸钙、硅钙石、脂肪酸钙盐等。

为了保证试验的准确性和可重复性，减少试验的误差，因此用定量的固结物对老化样进行固结。固结物的组成为 1g 高岭土、1g 蒙脱土、1g 石英、1g 碳酸钙、0.5g 硅钙石、1g 脂肪酸钙盐、5% 丝胶 15ml。

将固结物按上述定量混合于烧杯，然后再加入 5% 的丝胶 15ml，用玻璃棒搅拌形成混合固结物，用刷子将制备的固结物涂抹于 S3 上，阴干放置 24hr，固结物基本上已经固结在了老化样上，得到固结样（S4）。

2. 揭展材料及揭展工艺研究

（1）揭展材料

揭展剂的主要成分为柠檬酸、EDTA、乙醇、亲水性氨基硅油、SDBS、去离子水，配制成透明的溶液，pH 值在 6.2 左右。将配制的揭展剂小心滴于 S4 上，展平后用去离子水冲洗，阴干后进行性能与结构的测试。

（2）揭展工艺

主要研究温度、相对湿度及时间对固结丝织品固结力的影响，因此设计正交试验 L9（33），正交试验设计因素与水平见表 1－3－3。

在对固结丝织品揭展效果进行评价时，我们用固结力的大小作为衡量指标，不同工艺条件下喷涂揭展剂后固结力降低得越多，揭展过程对固结丝织品造成的破坏就越小。在此揭展试验中，我们采用定制的固结力测量系统（图 1－3－9），根据力臂等矩原理，依据定滑轮传导力，通过等价力测定固结丝织品的固结力。

表 1 − 3 − 3   **正交试验中的因素和水平设计**

水平 Level	因素 Factor		
	A	B	C
	温度/℃ Temperature	相对湿度/% Relative humidity	时间/min Time
1	20	50	10
2	25	60	20
3	30	70	30

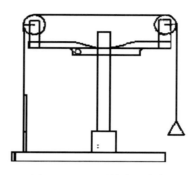

图 1 − 3 − 9   固结力测定仪

    经过喷涂揭展剂后固结丝织品的固结力都有降低（表 1 − 3 − 4）。通过极差分析各因素选取的水平变动对固结丝织品固结力的影响，由表 1 − 3 − 5 可见各因素对固结力影响的大小顺序为 A > C > B，从中我们选出的较优组合是 A3B3C1，即揭展时温度控制在 30℃、相对湿度为 70%、时间为 10 min 揭展效果较好。按此工艺进行试验，揭展时固结力为 160 mN。

表 1 − 3 − 4   **不同工艺条件对固结丝织品固结力的影响**

试验编号	因素组合	温度/℃	相对湿度/%	时间/min	固结力/mN
1	$A_1B_1C_1$	20	50	10	247
2	$A_1B_2C_2$	20	60	20	236
3	$A_1B_3C_3$	20	70	30	262
4	$A_2B_1C_2$	25	50	20	242
5	$A_2B_2C_3$	25	60	30	247
6	$A_2B_3C_1$	25	70	10	184
7	$A_3B_1C_3$	30	50	30	244
8	$A_3B_2C_1$	30	60	10	163
9	$A_3B_3C_2$	30	70	20	167

表 1 – 3 – 5　　　不同工艺条件对固结丝织品固结力影响的极差分析（单位：mN）

性能 Performance	因素　Factor		
	A	B	C
k_1	248	244	198
k_2	224	215	215
k_3	191	204	251
R	57	40	53

对于 S4，先进行加固，再进行揭展。加固方法采用在浓度为 1.5 % 的丝素蛋白溶液中浸渍 40 min 后，然后再浸渍在浓度为 2.5 % 的 EGDE 溶液中 40 min，室温下阴干；然后再将其在温度 30℃、相对湿度为 70 %、时间为 10 min 条件下揭展，揭展后用去离子水冲洗，置于室温下阴干。

3. 揭展前后的性能与结构表征

断裂强力和断裂伸长率的测定：参照 GB/T3923.1 – 1997《织物拉伸性能第 1 部分：断裂强力和断裂伸长率的测定 条样法》，测量试样被拉伸至断裂时所承受的拉力和伸长率。

丝织品色差的测定：参照 GB/T 8424.2 – 2001《纺织品色牢度试验 相对白度的仪器评定方法》，测量试样的色差值（ΔE），精确至 0.01。

丝织品硬挺度的测定：参照 GB/T 7689.4 – 2001《增强材料 弯曲硬挺度的测定》，测量试样的弯曲硬挺度。

红外光谱分析：将丝织品磨成粉末样品，在热灯光下与一定量的 KBr 充分混合，先研磨，后压片，用傅立叶红外变换光谱仪（Multiscope）进行 Transmittance 测定，扫描范围 4000 ~ 500 cm^{-1}，分辨率 4 cm^{-1}。

氨基酸分析：将 50 ~ 60 mg 的丝织品样品移入水解管中，加 5 ml 6mol HCl，真空封管。在 110 ±1℃烘箱内水解 24 hr。开管将样品全部移入蒸发皿中，在水浴上蒸发除去浓盐酸。样品过滤，定容，再用日立 L – 8800 高速氨基酸分析仪进行分离及检测。根据色谱图中各个氨基酸的峰面积计算出各个氨基酸的百分含量。

热重分析：采用美国柏金 – 埃尔默公司的 Pyris Diamond TGA 仪测定丝织品的热失重曲线，样品质量约 1mg。采用 N2 保护，通气速率 20mL/min，升温范围和速率分别为 20℃ ~ 750℃、20℃/min。

（1）揭展工艺对糟朽老化样丝织品物理性能的影响

S4 经丝素蛋白和 EGDE 溶液浸渍加固，断裂强力、断裂伸长率、色差、硬挺度较加固前均有改善，经自行配制的揭展剂揭展后，断裂强力、断裂伸长率有所提高，硬挺度变小，色差无明显变化。具体的影响见表1-3-6所示：

表1-3-6   **揭展前后糟朽固结丝织品试样的性能测试结果**

	测试项目			
	断裂强力（N）	断裂伸长率（%）	色差	硬挺度×10⁻²mN. m
揭展前	/	/	/	0.89
加固后	2.3	2.0	0.36	0.78
揭展后	3.4	2.3	0.48	0.62

（2）红外光谱分析

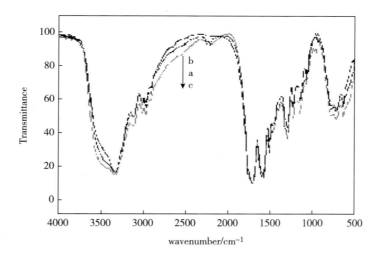

图1-3-10　揭展前糟朽样（a）、加固样（b）和揭展样（c）的红外光谱图

图1-3-10是揭展前糟朽样（a）、加固样（b）和揭展样（c）的红外光谱图。对照蚕丝的红外特征峰，糟朽样、加固样和揭展后的丝织品均存在蚕丝的几个特征峰，蚕丝约在3295cm⁻¹处有-NH伸缩振动所产生的特征峰，主要代表没有形成氢键的自由的-NH振动；1575~1480cm⁻¹是-NH变形振动产生的特征峰，代表形成氢键的-NH的振动。此外，1640cm⁻¹处代表C＝O伸缩振动产生的特征峰，即酰胺Ⅰ峰；1540~1520cm⁻¹处有N-H的变形振动和C-N的伸缩振动，即酰胺Ⅱ峰；1280cm⁻¹和1230cm⁻¹处分别是N-H的面内变形振动和C-N的伸缩振动，即酰胺Ⅲ峰；725cm⁻¹是N-H的面外变形振动，即酰胺Ⅴ峰。对照加固样（b）和糟朽样（a）的红外光谱

图，加固样（b）的红外光谱图中多了 856.1cm^{-1} 为环醚的不对称伸缩特征吸收，910.9cm^{-1} 为环醚的骨架振动吸收，加固样（b）在 1105cm^{-1} 处出现吸收峰，此峰为烷醚键 $-CH_2-O-CH_2-$ 不对称伸缩振动所产生吸收峰，此结果说明乙二醇二缩水甘油醚两端开环与丝素蛋白发生了化学反应，并且 EGDE 还有残余，但是其为水溶性环氧化合物，最后还会被洗掉，不会对丝织品造成影响。揭展样（c）的光谱图中，910.9cm^{-1} 和 1105cm^{-1} 处的红外峰消失了，而 1105cm^{-1} 处的红外峰依然存在于红外图谱中，说明揭展剂的喷涂对丝织品的结构不会造成破坏，此揭展剂对丝织品不会造成影响。

（3）热重分析

图 1 - 3 - 11 为糟朽样（a）、加固样（b）和揭展样（c）的 TG 和 DTG 图，从图中可以看出，在 0℃～100℃ 以内存在一个轻微的失重，糟朽样失重约 8%，加固样失重约 5%，揭展样失重约 7%，这是析出蚕丝纤维吸附水分所致。蚕丝纤维的热分解反应分为两个阶段：第一阶段的起始温度在 300℃～450℃ 的区域，在起始温度附近热分解速率较小；当温度大于 300℃ 以后，其分解速率加快。糟朽样在 332℃ 附近热裂解速率达到最大，发生严重的热失重，在 DTG 曲线中出现了极其明显的热分解反应的吸收峰；而加固样在 336℃ 附近时热裂解速率达到最大，比糟朽样提高了 4℃，有利于丝织品热稳定性的提高；揭展样也在 336℃ 时热裂解速率达到最大，与加固样相比，没有明显的变化。第一阶段的热分解反应约在 450℃ 时结束，此时热失重率约为 60% 左右。这一阶段，蚕丝纤维主要是多肽键中肽键的断裂，尤其是 C-N 键断裂几率最大，这是由于肽键中 C-N 键能较低的缘故。

当温度超过 450℃ 以后，蚕丝纤维热分解速率又开始缓慢增加，此时，热分解反应进入第二阶段。第二阶段热分解失重率糟朽样达到极大值对应的温度是 600℃ 左右，而加固样对应的温度是 650℃ 左右，与糟朽样相比，提高了 50℃ 左右，而揭展样到 750℃ 时尚未完成热分解，失重小高峰温度应该大于 750℃，这一阶段蚕丝纤维的多肽键中几乎所有的化学键都发生了断裂。

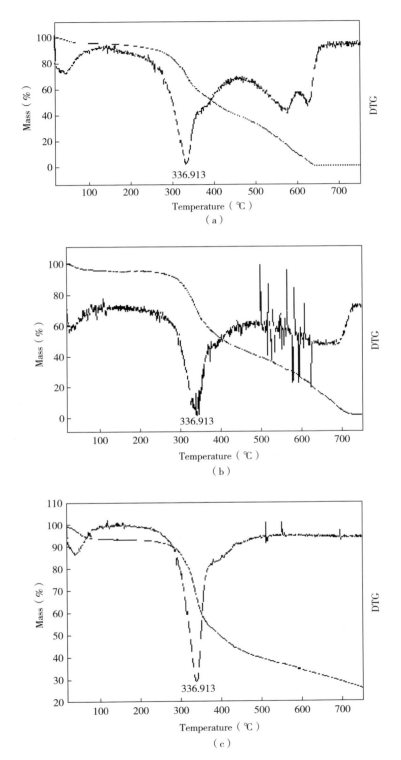

图 1 - 3 - 11　揭展前糟朽样（a）、加固样（b）和揭展样（c）的热重曲线

（4）氨基酸分析

表 1 - 3 - 7 是揭展前后试样的氨基酸成分分析。比较电力纺和糟朽样，酪氨酸和苯丙氨酸的量都有明显的降低，原因是芳香族氨基酸对紫外线最敏感，这些氨基酸的侧链在紫外光照射下与主链切断，造成它们量的减少。另外，甲硫氨酸的量也有明显的减少，这是由于其易被氧化。总体来看，光老化前后氨基酸损失较多，非晶区酪氨酸、苯丙氨酸、甲硫氨酸等量的减少，造成了位于结晶区的甘氨酸、丙氨酸和丝氨酸的相对含量的增加。加固样和糟朽样相比较，从前面的测试中知其断裂强力有一定的提高，是因为蚕丝中的酪氨酸、组氨酸和赖氨酸都能和 EGDE 的环氧基团发生交联反应，从氨基酸的分析结果来看，只有组氨酸的量有所降低，说明经光老化的丝织品加固时起主要作用的是组氨酸，组氨酸中与咪唑基相连的亚氨基和 EGDE 发生了交联反应，才使得断裂强力有所提高。如果揭展前后氨基酸的种类和含量没有明显变化，说明揭展剂的喷涂对丝织品不会造成影响，比较揭展样和加固样的氨基酸百分含量，可以看出揭展前后氨基酸的种类和含量没有发生明显变化，说明此揭展剂的喷涂不会对丝织品的稳定性造成破坏。

表 1 - 3 - 7　　　　揭展前后糟朽丝织品试样的氨基酸成分分析

成　　分	电力纺含量（%）	糟朽样含量（%）	加固样含量（%）	揭展样含量（%）
天门冬氨酸（Asp）	2.39	1.21	1.05	1.20
苏氨酸（Thr）	1.21	0.74	0.70	0.74
丝氨酸（Ser）	12.39	12.51	12.53	12.53
谷氨酸（Glu）	2.01	0.66	0.59	0.71
甘氨酸（Gly）	34.62	38.91	39.71	39.80
丙氨酸（Ala）	28.31	35.17	34.87	34.19
胱氨酸（Cys）	0.16	0.17	0.11	0.20
缬氨酸（Val）	2.90	2.41	2.31	2.31
甲硫氨酸（Met）	0.17	0.08	0.08	0.04
异亮氨酸（Ile）	0.88	0.46	0.45	0.51
亮氨酸（Leu）	0.23	0.30	0.26	0.29
酪氨酸（Tyr）	11.24	3.41	4.40	4.57
苯丙氨酸（Phe）	1.01	0.70	0.69	0.75
赖氨酸（Lys）	0.45	0.06	0.06	0.10

续表

成　分	电力纺 含量（%）	糟朽样 含量（%）	加固样 含量（%）	揭展样 含量（%）
组氨酸（His）	0.31	0.09	0.05	0.07
精氨酸（Arg）	0.85	0.50	0.47	0.52
脯氨酸（Pro）	0.49	0.13	0.12	0.14
总　计	99.61	97.51	98.47	98.67

综上所述，揭展前后的丝织品分子结构经红外检测没有明显变化，热稳定性几乎没有变化，氨基酸种类和含量揭展也无明显变化，可知揭展剂不会对丝织品造成不利影响。

（三）固结纺织品示范保护

以南京报恩寺遗址地宫出土的 4 件固结纺织品为对象（图 1 - 3 - 12），实施揭展的示范性保护工作。其中 25 为绢衬罗面钱囊，29 为丝织品包块，36 为乳香绫袄，TH21为绫袄，均不同程度地存在固结。

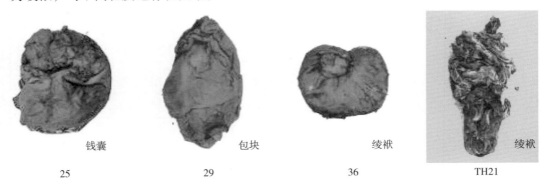

钱囊　　　　　　　包块　　　　　　　绫袄　　　　　　　绫袄

25　　　　　　　　29　　　　　　　　36　　　　　　　　TH21

图 1 - 3 - 12　四件示范保护的固结纺织品

1. CT 扫描

以绢衬罗面钱囊（25）为例，在揭展前进行六维扫描（图 1 - 3 - 13），获取包块内部信息。

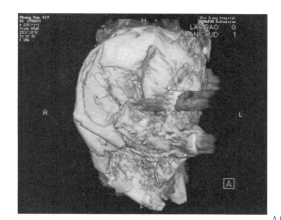
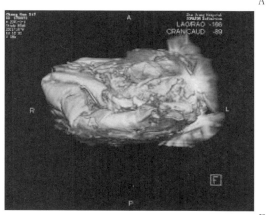

A向

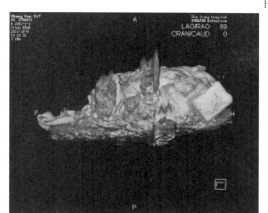

F向

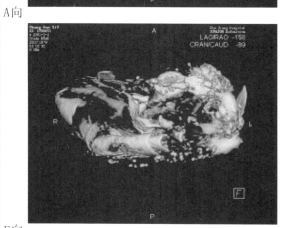
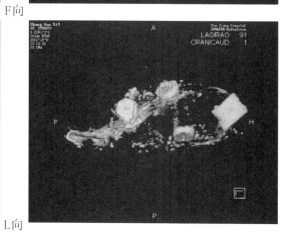

L向

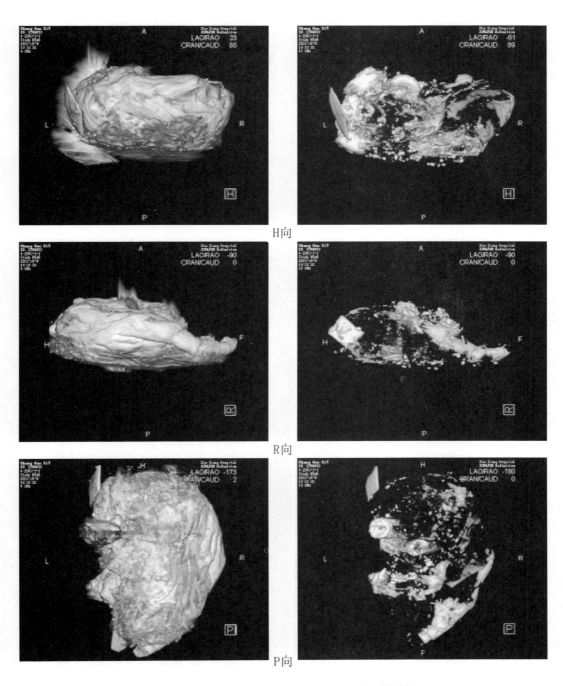

H向

R向

P向

图 1 – 3 – 13　绢衬罗面钱囊（25）的六维扫描结果

F 向逐层扫描（图 1 - 3 - 14）显示织物之间层次分明，并无明显的固结粘连，同时提示包块内有铜钱（图 1 - 3 - 15）。

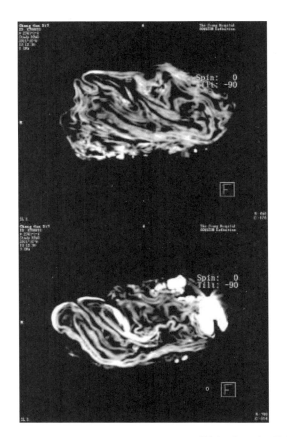
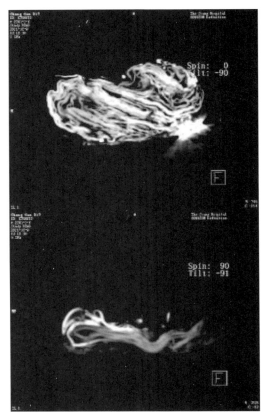

图 1 - 3 - 14　F 向逐层扫描结果

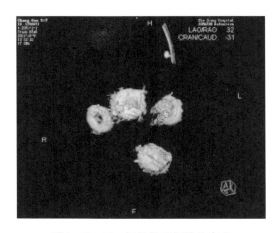

图 1 - 3 - 15　扫描提示铜钱的存在

2. 揭展结果

对于南京报恩寺遗址地宫出土的固结丝织品，采用自行研发的揭展工艺和揭展材料成功实施揭展（图 1 - 3 - 16），揭展结果印证了 CT 扫描的结论。

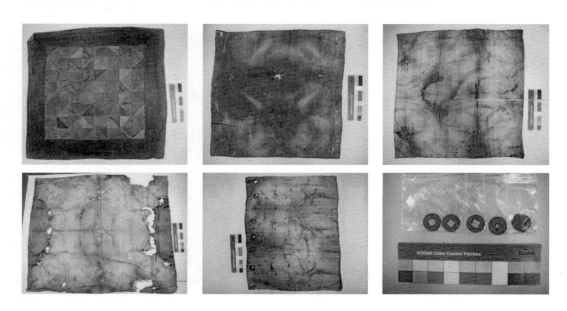

图 1 - 3 - 16　绢衬罗面钱囊（25）的揭展结果

二　出土印绘纺织品保护研究

南京报恩寺遗址地宫出土印绘纺织品中胶粘剂老化严重，有效成分极少，在常规的分析测试方法很难奏效的前提下，采用酶联免疫吸附法获得阳性结果，表明其中含有胶原蛋白成分。结合民间工艺调查，初步判明胶粘剂为动物胶类的明胶，加固材料可以确定为明胶。对 3 件报恩寺遗址地宫出土的印绘纺织品（TH8、TH37、TN37）进行示范保护。

（一）印绘成分分析

1. 印金成分分析

（1）SEM

在电镜下观察，可以看到细小的金箔颗粒结合在纤维表面（图 1 - 3 - 17）。

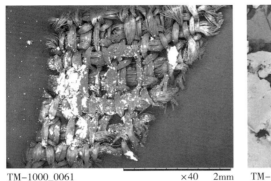

TM-1000_0061　　　　　×40　　2mm　　　TM-1000_0058　　　　　×1.2k　50μm

图 1 – 3 – 17　不同放大倍率的印金电镜照片

（左为 40 倍，右为 1200 倍）

（2）EDX

取两个位点进行能谱分析。

位点 1 能谱分析结果见图 1 – 3 – 18 和表 1 – 3 – 8：

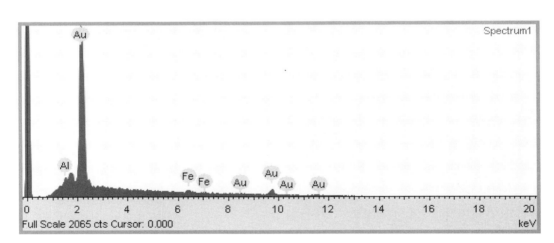

图 1 – 3 – 18　印金位点 1 的能谱图

表 1 – 3 – 8　　　　　　　　　　印金位点 1 的元素分布

Element	Weight %
Aluminum	1.4
Iron	2.7
Gold	95.9

位点 2 能谱分析结果见图 1-3-19 和表 1-3-9：

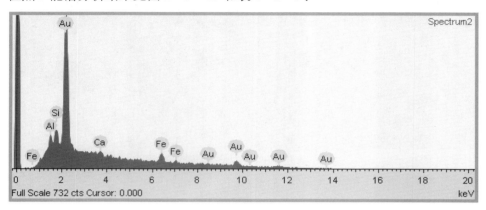

图 1-3-19 印金位点 2 的能谱图

表 1-3-9　　　　　　　　　　印金位点 2 的元素分布

Element	Weight %
Aluminum	2.2
Silicon	2.8
Calcium	2.2
Iron	9.0
Gold	83.7

综上可知，印金成分大多为金，同时伴有少量铁和铝。

2. 墨绘成分分析

由于无法取样，只能通过三维视频显微镜原位观察，采集不同放大倍率的图像，可以看到墨书字迹边缘清晰，与纤维结合紧密（图 1-3-20）。

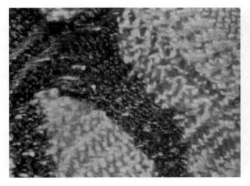

图 1-3-20 不同放大倍率的电镜照片

3. 胶粘剂成分分析

无论是印金还是墨绘都需要使用胶粘剂。用于胶粘剂分析的方法有扫描电子显微镜、X 射线衍射光谱、红外光谱[17]、拉曼光谱[18]、气相色谱质谱联用等。近年来，酶联免疫吸附试验[19]等免疫学技术成为胶粘剂测定的新方法。在此介绍酶联免疫吸附试验（ELISA）在南京报恩寺遗址地宫出土印金纺织品胶粘剂中的应用。

（1）实验材料

一抗：AbCam 兔抗 I 型胶原蛋白多克隆抗体（Biotin）（Cat：ab6577）；

二抗：碧云天 A0239 碱性磷酸酯酶标记山羊抗兔 IgG（H＋L）（Cat：A0239）；

实验标准品：卵蛋白（进口，纯度＞90%），罗拔臣进口鱼胶粉，牛胶（扬州粤丰磨料磨具有限公司），明胶；

洗脱液（EB）：5mL 1M Tris－HCl，1 mL 0.5 M EDTA，180g 尿素，25mL 20% SDS，加双蒸水溶解并定容至 500mL，用 NaOH 调节 pH 至 7.4，室温储存；

100 mM $NaHCO_3$ 溶液：0.42g $NaHCO_3$，加双蒸水溶解并定容至 50 mL，室温储存；

PBS 缓冲液（pH7.4）：KCl 0.2g，KH_2PO_4 0.2g，NaCl 8.0g，$NaH_2PO_4 \cdot 7H_2O$ 2.16g，用双蒸水溶解并定容至 1000 mL，121℃灭菌处理；

封闭及抗体稀释溶液：用 PBS 缓冲液配置的 1% BSA；

pNPP 反应液：将 pNPP 以 10 mmol/L 的浓度溶于含 1 mmol/L $MgCl$ 的 0.1mol/L 二乙醇胺缓冲液（pH 9.8）。

（2）ELISA 实验流程

将空白样品（阴性对照）、阳性对照样品（可根据需要设梯度浓度）、实验样品溶于适量的洗脱液（EB）中，室温下放置 2～4 天；

取上述阴性、阳性对照品及实验样品各 50μL，分别与 100μL 100 mM $NaHCO_3$ 溶液混合并放置 10 分钟；

加 65μL 100 mM $NaHCO_3$ 溶液至 ELISA 板的实验孔内；

加 15μL 第 2 步中溶液到 ELISA 板孔中；

用保鲜膜或石蜡膜封板，4 度冰箱内放置过夜或一天时间后继续实验；

将板放置室温下使其温度回升至室温，去除孔内样品；

用 PBS 清洗 ELISA 板孔，300μL/孔，3 次；

去除 PBS，每孔加 300μL 1% BSA；

室温下封闭 60 分钟；

去除封闭液，每孔添加 80μL 一抗，室温下孵育 2 小时；

去除抗体溶液，用 PBS 清洗 ELISA 板孔，300μL/孔，3 次；

去除 PBS，每孔添加 80μL 二抗，室温下孵育 2 小时；

去除抗体溶液，用 PBS 清洗 ELISA 板孔，300 μL/孔，3 次；

去除 PBS，每孔加 80 μL pNPP 溶液。待阳性对照反应完全而阴性对照仍呈透明时，每孔加 80μL 0.75 M NaOH 终止反应；

用酶标仪读取 405 nm 处的 OD 值；

比较对照组与实验组的 OD 值。

（3）实验结果

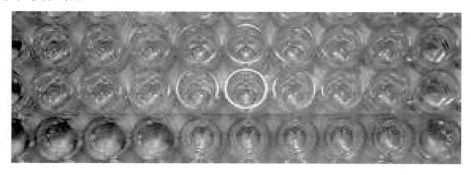

洗脱液量	0μL	5μL	26.7μL	80μL
OD值	0.575	0.807	0.783	0.8091

图 1 - 3 - 21　ELISA 测试结果

ELISA 的基本原理是抗原抗体的特异性识别，将印绘纺织品中的胶粘剂视作抗原，选择合适的一级抗体与之结合，再通过酶标记或荧光标记的二级抗体将之识别，从而获知胶粘剂成分信息。

采用 ELISA 对南京报恩寺遗址地宫出土印金纺织品进行胶粘剂成分分析。三个洗脱液样本的检测结果 OD 值均大于阴性对照（升高 21.9%～58.8%），基本可推断胶原蛋白实验呈阳性，提示南京报恩寺遗址地宫出土印金织物采用明胶为胶粘剂（图 1 - 3 -21）。

（二）加固材料和加固工艺研发

中国传统印染工艺中，印金技术是最为独特的一种。该技术是将金（银）粉末或金（银）箔粘覆到织物上，使之显现出金属特有的光泽，属于纺织装饰方法的一种[20]。由于贵金属同纺织纤维没有亲和力，因此在印金过程中必须使用胶粘剂。

南京报恩寺遗址地宫出土了不少印金织物，根据对纹样的简单分析可以推测当时使用的印金工艺可能包括贴金和描金。贴金采用金箔，首先用凸版或镂空版将胶粘剂涂铺于织物上，随后将金箔铺于印有胶粘剂的部位，覆以乌金纸，再以光滑的木棍碾之，晾干后轻掸，去除未粘覆的金箔。描金采用金粉，金粉制作的方法有几种，流传至今的主要是手工泥金。

手工泥金的原料简单，金箔、骨胶和清水即可。首先用清水浸泡骨胶，直至其发软，然后用电炉加热使骨胶溶于清水中。待骨胶完全溶解后，冷却至室温。

金箔是用黄金捶打而成的薄片（图1-3-22），金箔的成色可分为两类，一种含金量在99%以上，另一种含金量在70%左右。由于前者太软，而后者太硬，在实际使用中往往会根据金粉的要求而将两者按照一定的比例混合为泥金（通常是1:2）。

图1-3-22　金箔

图1-3-23　加胶

当金箔移入瓷盘后，加入少许骨胶溶液（图1-3-23），轻轻搅拌，接着用手指将金箔揉搓，逐渐使金箔成泥状。用手指顺着一个方向碾磨，半小时后文火加热瓷盘，移除多余水分，同时防止骨胶凝结。

图 1 – 3 – 24　碾磨泥金

　　然后，继续加入几滴骨胶溶液，碾磨。当金泥逐渐变为金沙时，用温水洗净手指，并使金沙沉淀。24 小时后滗去上层清液，加入骨胶溶液继续碾磨（图 1 – 3 – 24）。根据金粉细度要求不同，整个泥金的过程可能需要 5 ~ 7 天。泥金完成后，金粉和清水分层明显，滗去多余的清水，调入用温水泡软的明胶，细细混合后便成了金泥（图1 – 3 – 25）。纺织品上的描金就是采用了金泥，往往用作精细图案的勾勒（图 1 – 3 – 26）。

图 1 – 3 – 25　金泥

图 1 - 3 - 26 描金

印绘纺织品的加固材料和加固工艺相对简单，结合印绘成分检测结果和工艺调查结果，选用2%的明胶溶液作为加固材料，加固工艺为采用注射器在印绘区域局部注射加固。

（三）示范应用

以南京报恩寺遗址地宫出土的3件印绘纺织品为对象（图1 - 3 - 27），实施示范性保护工作。其中 TH8 为墨书绢巾，TH37 为罗缘绮地编绣龟背地团花钉金绣片，TN37 为墨书绢袱。

TH8局部   TH37局部   TN37局部

图 1 - 3 - 27 三件示范保护的印绘纺织品

三 丝织工艺复原

全面开展南京报恩寺遗址地宫出土纺织品的调查工作，包括组织结构、丝织纹样、印金纹样、墨书文字、刺绣等方面的信息，从中选择两件典型织物——异向绫（15 - 2）和花卉纹绞经纱（23 - 2 - 2）为复原对象，进行同单位异面异向绫和花卉纹绞经纱的复原研究，形成复原研究报告，包括复原对象信息提取、规格设计、意匠绘制、织机的选择与复制、挑结花本、穿综、上机挂综、踏板连接和织造等内容。

（一）丝织工艺研究

南京报恩寺遗址地宫出土的纺织品共计91件（表1-3-10），均为丝纤维制品，整体保存相对较好。其中常规类织品40件，因保存状况不佳而导致固结的织品15件，揭展后发现其中另内包有9件，此外具有重要研究价值的墨书类与泥金类织品分别为15件和7件，还有丝绵团块5件。这些丝织品多用作巾帕、袋囊、包袱布、带子，也有成品件塔罩2个以及女衣一件。这批北宋时期的丝绸文物大多产自民间，涉及品种繁多，包括绮、绫、绢、纱、绝等，其中以罗的数量为最，虽偶有病疵，但纹样饱满，意匠精细，仍然充分展示了当时高超的织染工艺技术。

表1-3-10　　　　　　　文物总表

序号	文物号	文物名称	组织结构	纹样	花部工艺
1	13-1	紫素罗袱	四经绞罗		
2	13-3	柿蒂口沿罗囊	四经绞罗		
3	13-5	沉香罗囊	四经绞罗		
4	15-2	异向绫袱	1/3Z 斜纹地上以 3/1S 斜纹显花	柿蒂花等	1/3Z 斜纹地上以 3/1S 斜纹显花等
5	15-3	四瓣朵花绫袱	1/3Z 斜纹地以纬浮显花、1/1 平纹	四瓣朵花	1/3Z 斜纹地以纬浮显花
6	16-3	素罗小囊	四经绞罗		
7	17-1	打结素罗丝带	四经绞罗		
8	17-2	素罗方帕	四经绞罗		
9	17-4	方格纹长绮帕	1/1 平纹地上以纬浮长显花	方格纹	1/1 平纹地上以纬浮长显花
10	19-2	绢帕	1/1 平纹		
11	19-2-4	沉香袋	四经绞罗		
12	22-1	方点纹绮	1/1 平纹地上以纬浮长显花	方点纹	1/1 平纹地上以纬浮长显花
13	22-2	方孔纱帕	绞纱组织		
14	22-4	菱形丝织碎片			
15	23	方格纹绮方帕	1/1 平纹地上以纬浮长显花	方格纹	1/1 平纹地上以纬浮长显花

续表

序号	文物号	文物名称	组织结构	纹样	花部工艺
16	23－3	菱纹罗帕	四经绞罗地上二经绞罗显菱形花	菱形花	四经绞罗地上以二经绞罗显菱形花
17	23－4－4	素罗帕	四经绞罗		
18	28	绢残片	1/1 平纹		
19	29－5	横纹罗夹帕	四经绞罗		
20	30－2	绢帕	1/1 平纹		
21	43	绛色绢地塔罩	1/1 平纹		
22	47	圆点纹绝巾	1/1 平纹、1/3S 斜纹	圆点纹	1/1 平纹地，一纬纬线粗一纬纬线细，其上以 1/3 斜纹显花
23	TH9	罗巾	四经绞罗		
24	TH10	方格飞鸾浮纹纱	一绞一对称绞纱地上以经浮长显花	方格飞鸾纹	一绞一对称绞纱地上以经浮长显花
25	TH38	绫囊	2/1Z 斜纹地上以 1/5Z 斜纹显花	不明	2/1Z 斜纹地上以 1/5Z 斜纹显花
26	TH2	绢带（串铜钱）	1/1 平纹		
27	TH6	罗带（串铜钱）	四经绞罗		
28	TH36	绢带（串铜钱）	1/1 平纹		
29		丝绳	合股 Z 捻		
30	13－4	盘长结盘金绣交颈鸳鸯饰品	四经绞罗	交颈鸳鸯	钉金绣
31	15－1	刺绣"永如松竹"绢袱	1/1 平纹	永、如、松、竹及小花	排针法绣
32	19－2－3	刺绣绢帕	1/1 平纹		
33	23－1－1	刺绣折枝花绢巾	1/1 平纹	折枝花	花、叶用排针法绣，枝用接针法绣，双面绣
34	17－3	浅红地彩绘折枝花绢帕	1/1 平纹	折枝花	印绘
35	30－1	彩绘折枝绢帕	1/1 平纹	折枝花	印绘

序号	文物号	文物名称	组织结构	纹样	花部工艺
36	30-3	彩绘折枝石榴朵花绢方帕	1/1 平纹	折枝石榴花	印绘
37	30-4	彩绘折枝小花绢方帕	1/1 平纹	折枝小花	印绘
38	30-5	彩绘散点朵花绢方帕	1/1 平纹	散点朵花	印绘
39	30-6	彩绘朵云折枝红绢方巾（袱）	1/1 平纹	朵云折枝花	印绘
40	13-6	墨书罗片	四经绞罗		
41	16-1	散点绮帕	平纹地上以浮纹显花	井字纹	平纹地上以浮纹显花
42	16-2-1	墨书绢帕	1/1 平纹		
43	16-5	方点绮长巾	1/1 平纹地上以纬浮长显花	方点纹	1/1 平纹地上以纬浮长显花
44	19-1	墨书发愿文方格纹绮长巾	1/1 平纹地上显3/1S 斜纹花	方格纹	1/1 平纹地上 3/1S 显斜纹花
45	19-2-2	墨书罗巾	四经绞罗		
46	23-1-2	墨书绢帕	1/1 平纹		
47	23-1-3	绢带	1/1 平纹		
48	23-2-2	花卉纹纱	一绞一对称绞纱地上以纬浮长显花	折枝花	一绞一对称绞纱地上以纬浮长显花
49	23-2	墨书罗巾	四经绞罗		
50	23-5-1	红罗袱	四经绞罗		
51	23-6	罗帕	四经绞罗		
52	TH26	墨书方格纹绮长巾	1/1 平纹地上以1/5S 斜纹显花	方格纹	1/1 平纹地上以 1/5S 斜纹显花
53	14	泥金花卉飞鸟纹罗长袖对襟女衣	四经绞罗、1/1 平纹	花卉飞鸟纹	泥金
54	23-1	泥金罗巾	四经绞罗	花卉纹样不清	泥金

续表

序号	文物号	文物名称	组织结构	纹样	花部工艺
55	23 – 4 – 3	红罗地描金卷草纹夹袋	四经绞罗地上显花	卷草纹	泥金
56	27	泥金罗囊	四经绞罗	类卷草纹	泥金
57	TH19 – 1	泥金绛色罗	四经绞罗	龙凤适合纹样	泥金
58	TH20	红地千秋万岁盘龙泥金罗帕	四经绞罗	千秋万岁盘龙	泥金
59	21	罗囊	四经绞罗		
*60	25	绢衬罗面钱囊	四经绞罗	穿枝花	刺绣
		百衲布（囊内）	四经绞罗、斜纹	卷草纹	印金
		彩绘小梅花纹绢帕（囊内）	1/1 平纹	梅花	彩绘
		包裹绢（囊内）	1/1 平纹		
61	29 – 3	紫罗碎片	四经绞罗		
*62	29	墨书罗帕(囊内)	四经绞罗、斜纹		
		印金绫袱（囊内）	斜纹	花卉纹、椭圆纹等	印金、1/1 地上以 5/1S 显花、3/1 右斜纹上以纬浮长显花
		绢帕（囊内）	1/1 平纹		
		蝴蝶折枝花印绘绢帕（囊内）	1/1 平纹	蝴蝶、折枝花	印绘
63	35	素罗残片	四经绞罗		
*64	36	乳香绫袱	四枚异向绫		
*65	TH8	墨书绢巾、编织带	1/1 平纹		
66	TH11	刺绣蝴蝶花卉纹罗帕	四经绞罗、1/1 平纹	蝴蝶花卉纹	刺绣
67	TH18	素罗塔罩	四经绞罗		
*68	TH21	绫袱	3/1S 斜纹地上以 2/2 加强斜纹显花	不明	3/1S 斜纹地上以破斜纹显花
69	TH35	云纹泥金罗帕	四经绞罗	云纹	泥金

序号	文物号	文物名称	组织结构	纹样	花部工艺
*70	TH37	罗缘绮地编绣龟背地团花钉金绣片	1/1 平纹上起斜纹花、四经绞罗	编绣龟背等	编绣、钉金绣、提花
71	TH39	丝线（穿铜钱用）			
*72	TN37	墨书绢袱	1/1 平纹	团花	彩绘
		内包泥金墨书罗帕	四经绞罗	花卉纹	泥金
增补 1	29－1	罗袱	四经绞罗		
增补 2	总 5030	墨书纬浮纱囊	绞纱地上纬浮长显花	不明	绞纱地上纬浮显花
增补 3	TH23－2－3	描金折枝花球路流苏纹罗帕	四经绞罗	折枝花、球路流苏	描金
增补 4	29－6	罗袱（包金棺银椁）	四经绞罗		
增补 5	TN23－2－3	墨书发愿文绢帕	1/1 平纹		
73	11	绵团			
74	23－1－5	丝绵块			
75	29－4	紫色丝绵			
76	TH4	丝绵残片			
77	无号	丝绵块			

1. 品种

南京报恩寺遗址地宫出土的丝织品均为轻薄型的单层织物，从组织结构来看，可以分为绢、绝、绮、绫、罗、纱等六个大类，另外还有一些丝绵团块。

绢是对平纹类素织物的通称。汉代《说文解字》把绢说成是一种带有麦秆色的平纹织物，恐怕是指一般的未经染色而返黄的一种颜色。到魏唐时期的各家注疏中，把绢列为一种大类名。颜师古说"绢，生白缯，似缣而疏者也"，"纨素，今之绢也"。魏唐时期的赋税中均用绢作总名，也说明绢在当时已作为普通平纹织物的通称。南京报恩寺遗址地宫出土丝织品中绢占了很大的比例，但其变化并不很大，均为平纹组织。

　　绝是纬线有粗细变化的丝织物。通常情况下，绝只是平纹素织，但在宋代，绝也有平纹地上显花的，称为花绝。南京报恩寺遗址地宫出土有圆点纹绝巾（47）（图1-3-28），其织物为1/1平纹地，一根纬线粗、一根纬线细，上面再以1/3S斜纹显花，呈圆点纹，这就是一种花绝。

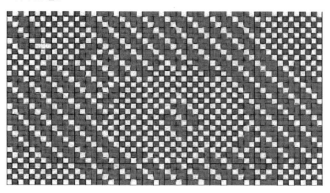

图1-3-28　圆点纹绝巾（47）组织结构图

　　在考古学中，绮一般是指平纹地上显花的单层暗花织物。这一称呼在汉代起特别流行，但到唐宋时期，绮的称呼渐渐少见，而同类织物却依然层出不穷。南京报恩寺遗址地宫出土实物中有方格纹长绮帕（17-4）、方点纹绮帕（22-1）（图1-3-29）、方格纹绮方帕（22-2）、散点绮帕（16-1）等多件，大多是平纹地上纬浮显花。

图1-3-29　方格纹绮方帕（22-2）组织结构图

　　绫一般认为是斜纹地上显花的暗花丝织物，但可以根据其斜纹的斜向、枚数和经纬面分成很多种不同的斜纹，而不同的斜纹分别作为地组织和纹组织时就可以产生组织的区别，从而产生暗花纹样。南京报恩寺遗址地宫出土的绫的数量不多，但各有不同，其中有 1/3Z 斜纹地上以 3/1S 斜纹显花的异向绫袱（15－2）（图 1－3－30）、有 2/1Z 斜纹地上 1/5Z 斜纹显花的绫囊（TH38），还有一件 3/1S 斜纹地上以 2/2 加强斜纹显花的绫质包袱（TH21）。

图 1－3－30　异向绫袱（15－2）组织结构图

　　南京报恩寺遗址地宫出土了大量的罗织物，其组织类型却只有四经绞罗一种，又称无固定绞组罗，其主要特点是地经与绞经之间虽有严格的比例，却没有明确的绞组。其中可根据是否提花分为素罗和纹罗两类。在四经绞素罗中，地经和绞经之比为 1:1，地经和绞经相间排列，但一根绞经可以和相邻的两根地经起绞，即一根地经可以由相邻的两根绞经纠绞。而四经绞纹罗是在四经绞素罗的基础上提花，花部组织为无固定绞组的二经绞。前者的实例有紫素罗袱（13－1）、柿蒂口沿罗囊（13－3）和沉香罗囊（13－5）等几十种，而后者出土相对较少，有菱纹罗帕（23－3）（图 1－3－31），其织物为四经绞罗地上二经绞罗显菱形花。

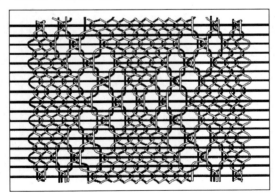

图 1－3－31　菱纹罗帕（23－3）组织结构图

　　纱也是一种绞经织物，但与罗不同的是，纱由一根绞经和一根地经对应而绞。南京报恩寺遗址地宫出土的纱也分素织和纹织两种。一种只是 1:1 的绞纱，称为方孔纱，又称单丝罗。另一种就是宋初出现的暗花纱，从组织结构来看，暗花纱可以分成亮地纱、实地纱、浮纹纱等，但南京报恩寺遗址地宫出土的暗花纱基本都是浮纹纱，其实例包括方格飞鸾浮纹纱（TH10）和花卉纹纱（23-2-2），两者都是在一绞一对称绞纱地上以经浮长或纬浮长显花（图1-3-32）。

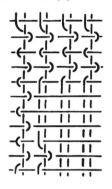

图1-3-32 纱组织结构图

北宋是中国社会史、文化史、科技史上的一个极为重要的时代，也是中国纺织发展史上的一个重要时期。南京报恩寺遗址地宫出土丝织品为北宋时期长干寺所有，基本涵盖了北宋时期典型丝织品种，具有重要价值。

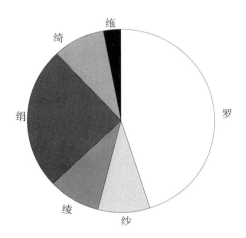

图1-3-33 各品种所占织物总数比例

2. 纹样

纹样多为折枝花纹、云纹、凤凰、鸳鸯等传统题材，以织造、刺绣、印绘等工艺展现。

南京报恩寺遗址地宫出土丝织品中有相当一部分采用了印绘工艺，主要是泥金，在罗地、绢地及绫地上均有运用。如红地千秋万岁盘龙泥金罗帕（TH20），计有横四纵四共十六个泥金团状纹样，排列整齐。其中靠近织物四角的为"千""秋""万""岁"四个字，其余为盘龙纹样。此龙纹为宋代常见龙纹，在辽代文物中也较为多见，纹样造型丰满，气势恢宏，此龙在尾巴尽头处出现了火焰状的装饰物，皆与同时期的玉器上的龙纹相似（图1-3-34）。

图1-3-34　红地千秋万岁盘龙泥金罗帕（TH20）及泥金团龙纹样细部

方格飞鸾浮纹纱（TH10），绞纱地上以纬浮长显花，幅边为1/1平纹。一个单位纹样由9个元素构成，中间是一个有内外两层的方格纹，环绕它的是4只姿态活泼、栩栩如生的鸾。鸾头回顾，展翅飞翔。相邻两只鸾尾之间是内层为四瓣朵花的小方格纹，相邻两只鸾翅之间有一六瓣朵花。纹样呈散点排列，疏密得当，虚实相宜（图1-3-35）。织物织造精细，纹样高贵大气，是一件质量上乘的丝织品。

3. 墨书

还有多块织物上保存有较好的墨书，字迹清晰，字体多变，或行或楷。书写内容主要是捐献者的名字及地宫内所藏物品的记录，从中可以了解到准确的历史信息，对于研究地宫的各方面情况都有重要的帮

图1-3-35　方格飞鸾浮纹纱（TH10）

助。墨书内容多为发愿文，以善男信女率其家眷向三宝表明愿力为旨，亦有僧官、僧人等的虔诚供奉条目（图1-3-36）。

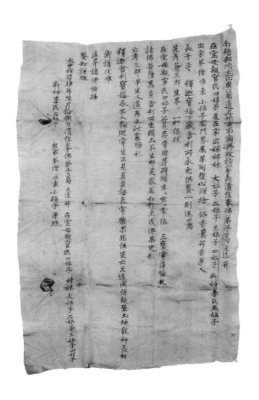

南贍部洲大宋國江南道昇州右南廂興政坊家長清信奉佛弟子葛元達并

在堂母親官氏四娘子及在家出嫁姊妹 大娘子 二娘子 三娘子 四娘子 新婦李氏五娘子

出家弟僧惟素 小孩子闍門眷屬等同發心謹捨 銀香囊并香等入

長干寺 釋迦寶塔下藏舍利所永充供養一則追荐

先考葛三郎生界 一則保扶

在堂母親官氏四娘子并見存骨肉等所願生生世世常值 三寶常得瞻礼

諸佛菩薩真身舍利所生國土不生邪見眷屬和穆至成佛果更願

亡考三郎早生人道再來此處瞻礼

釋迦舍利寶塔永不入輪迴常生正見直至證真常樂果然後先亡久遠咸得超登土地龍神長相

衛護伏惟

法界諸佛俯賜

鑒知謹疏

大中祥符肆年陸月拾捌日清信奉佛弟子葛 元達 并 在堂母親官氏四娘子 姊妹 大娘子二娘子三娘子四娘子

新婦李氏 五娘子 出家弟僧 惟素 小孩子等疏

图1-3-36　墨书罗巾（19-2-2）及其墨书文字

4. 刺绣

南京报恩寺遗址地宫出土的90余件纺织品文物中有6件绣品，其中3件采用了双面绣工艺。所谓双面绣也叫两面绣，即在同一块底料上，在同一绣制过程中，绣出正、反两面图像，轮廓完全一样，图案同样精美，都可供人仔细欣赏的绣品。3件绣品的刺绣内容有折枝花卉及文字，其中一绢帕（19-2-3）上绣杜牧的诗文"家在城南杜曲旁，两枝仙桂一枝（时）芳。禅师都未知名姓，始觉空门意味长"。此外，其他刺绣多用花草、蝶鸟主题，纹样清新秀丽，也充分体现了宋代崇文尚实的审美格调（图1-3-37）。

图1-3-37 绢帕（19-2-3）刺绣局部

（二）印绘纺织品织造工艺复原研究

1. 同单位异面异向绫的研究与复原

绫是中国古代传统丝织生产中的一个重要品种，它的出现对于古代丝织工艺的发展有不可忽视的意义。刘熙在《释名·释采帛》中所云"绫，凌也，其文望之如冰凌之理也"，正是对绫织物斜纹地上起斜纹花的形象描述。绫在宋代是很受欢迎的暗花织物，种类繁多，其中异向绫在宋辽时期的考古发现中出现频繁。当时的异向绫大多采用中国传统的并丝技术织造，这类织法出现于唐、沿用至元，而流行在辽宋。

南京报恩寺遗址地宫出土的丝织品中共有5件绫，包括同单位异面异向绫、异单位异面同向绫以及异单位异面异向绫。其中有一异向绫袄（15-2）里料为1/3Z斜纹地上以3/1S斜纹显花，经纬浮点配置得当，组织纹路清晰，图案布局规整，花纹质朴大方，是同批绫织物中保存最为完好、织造最为精良的一件。这件异向绫织物保存完好，无论纹样风格还是织造工艺都是那个时期绫织物的代表。

（1）文物分析测试

复原对象：异向绫袄（15-2），尺寸：36.5cm×38cm（图1-3-38）。

图 1 – 3 – 38　异向绫袄（15 – 2）

　　组织结构分析：使用放大镜分析织物的组织结构，组织明确，纹路清晰，地部和花部各一种组织（图 1 – 3 – 39）。

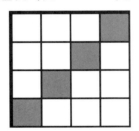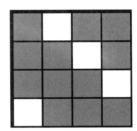

图 1 – 3 – 39　组织结构

　　密度测试：使用经纬密度仪，选择多处结构较完整的织物区域分析经纬密度，确定经密为 44 根/cm，纬密为 40 根/cm。

　　原料测试：对纤维进行截面观察（图 1 – 3 – 40），确定丝织原料为桑蚕丝。

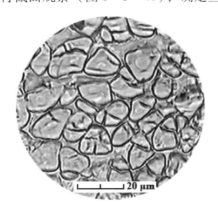

图 1 – 3 – 40　纤维截面

纹样测绘：织物保存良好，纹样清楚，可以推测出整幅纹样及布局（图 1 – 3 – 41）。

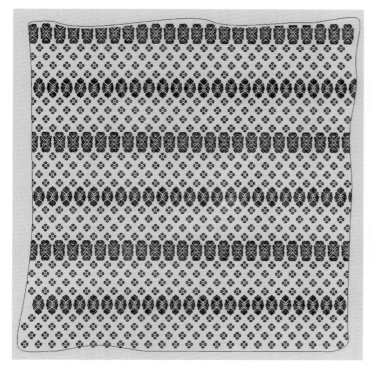

图 1 – 3 – 41　纹样布局及细部

门幅：根据异向绫袄的横向尺寸、花纹大小及布局，参考同批出土的其他丝织品以及南宋黄昇墓出土的丝织品门幅，推算文物内幅为 46.4cm，外幅为 48.4cm，边幅为 1cm。

经线数：根据对文物经密检测和门幅的估算，推算总经线数为 2136 根，边经为 88 根，左右各 44 根。

（2）规格设计

根据以上测试数据，经综合整理，制定织物的规格如表 1 – 3 – 11：

表 1 – 3 – 11　　　　　　　　同单位异面异向绫规格表

经线数		内经数 2048 + 边经数 44 × 2 = 总经 2136 根
筘参数	筘羽数	内羽数 512 羽 + 边羽数 22 羽 = 534 羽
	穿入数	4 根/羽
	筘幅	内幅 49 + 边幅 1 × 2 = 51 cm

续表

经纬规格	经	2/27/29D	经纬密度	经密	44 根/cm
	纬	2/27/29D		纬密	40 根/cm
纹样规格	长度	12.6cm	宽度	2.9 cm	
	一个花循环经线数	128 根	一个花循环纬线数	528 根	

（3）意匠绘制

根据文物组织特点，设定意匠图中每一纵格代表两根经线，纵格数 1024，每一横格代表一根纬线，横格数 528。

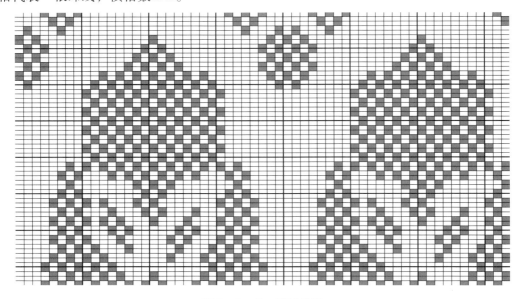

图 1 - 3 - 42　意匠片段

因织物机理效果为斜纹地起斜纹花，实际为平纹地与并丝织造的重平组织叠加，只有两种不同的基本组织，意匠图只用绿色。绘制时，首先根据纹样确定各个图案单元在整体中的位置，然后根据文物对应单元进行仔细比对绘制（图 1 - 3 - 42）。

（4）复制过程

织机的确定：根据文物花纹纬线循环大小和织物组织特点，推测可由束综提花机织制（图 1 - 3 - 43）。提花机从秦汉经隋唐，至宋代已经发展得相当完整。现存的文献中不仅有关于宋代丝绸生产方式和工艺技术的记载，也有《耕织图》"攀花"等图像资料。这种机身略带倾斜的提花机，可通过挽花工和织工来配合操作丈纤、起综以及伏综，织出多种织物，四枚绫是其中典型的品种。

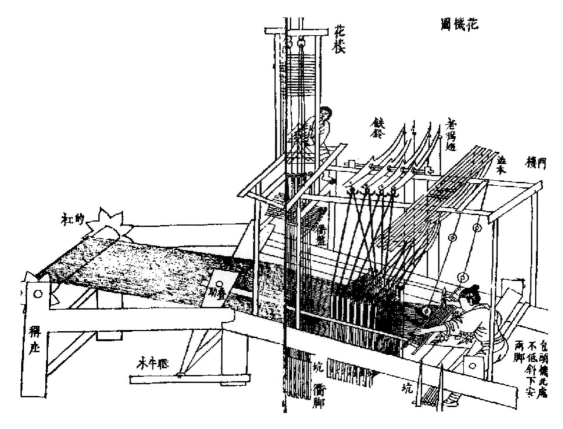

图 1 - 3 - 43　小花楼机

挑花：通过对织物组织的分析，可以发现花地两边出现 T 形边界，这是由并丝织法所产生的特征。在花部，相邻两根经线的运动规律完全相同，挑花时可用一根花本直线来代表相邻两根经线。根据织物花回的经向特征，花本应分为三个部分。第一部分花本横线为 128 根，第二部分为 44 根，第三部分为 142 根，其中第二部分可根据图案要求在一个纹样循环中反复织造。关于花本直线有两种挑花方案，可以挑半个花本，即一根花本直线连接两根丈纤，花本直线数 64 根；也可以挑一个花本，一根花本直线连接一根丈纤，花本直线数 128 根。本复制研究采用后种方案采用 8 花循环装造。

穿综：经线分为纹部经线和左右素边经线。纹部经线两根并丝穿过花楼机综线环之后分开——穿入起综，再——穿入伏综；左右素边经线先穿入起综、后穿入地综。经线穿综、穿筘的关系如表 1 - 3 - 12：

表 1 - 3 - 12　　　　　　　　　经线穿综、筘关系表

			左素边	纹部	右素边	合计
	经线数（根）		44	2048	44	2136
综线环	数量		0	1024	0	1024
	每根综线环经线穿入数		0	2	0	
	每片起综线数		11	512	11	534
	每根起综经线穿入数		1	1	1	
	每片伏综线数		11	512	11	534
	每根伏综经线穿入数		1	1	1	
	筘幅（cm）		1	49	1	51
	筘齿（羽）		11	512	11	534
	每羽经线穿入数		4	4	4	
	筘号		11	11	11	

上机挂综与踏板连接：通过脚竹、涩木、横竹、老鸦翅系统控制起综和伏综，织出地组织和形成间丝。

织造工艺：织造操作由两人完成，一人负责在花楼上挽花，一人负责在机前通过脚竹控制综片。挽花工根据花本的提示，拉拽丈纤，提起经线，待织工按组织要求两次踏下脚竹，投入两纬后，再次拉拽。综片脚竹共 4 片，踏下脚竹 1、4、3、2 可依次控制 4、1、2、3 伏综，织出纬组织点，在花部形成间丝；同时下踏的脚竹连动对应的横竹下压，再通过连接的老鸦翅做杠杆运动，依次提升 3、2、1、4 起综，可织出四枚斜纹地组织。分耙图见图 1 - 3 - 44，上机图见图 1 - 3 - 45。

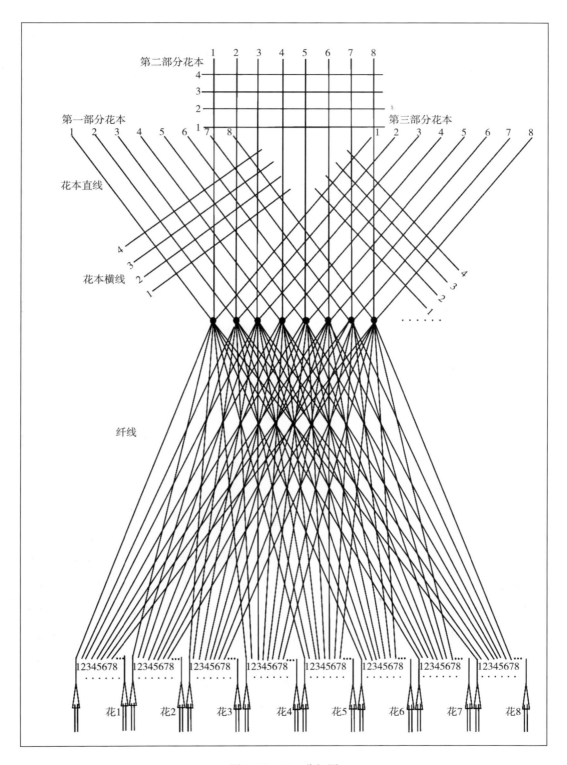

图 1-3-44　分耙图

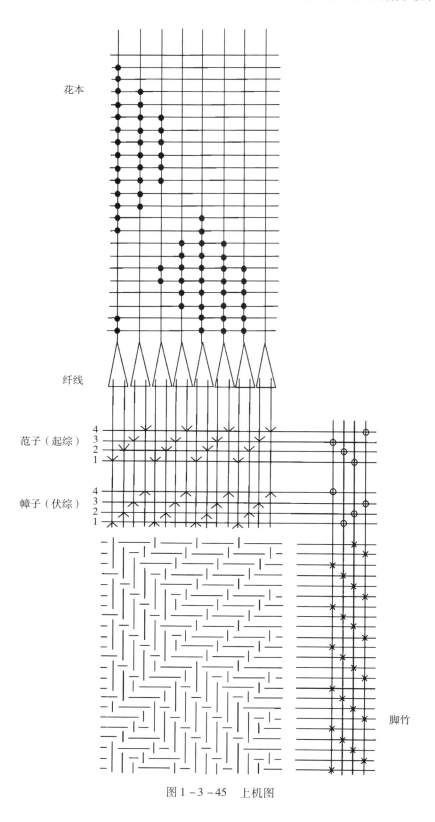

图 1 – 3 – 45 上机图

2. 花卉纹纱的研究与复原

纱罗织物发展到宋元时期，组织变化繁多，产品种类丰富，成为中国江南民间广为流行的名贵丝织品。南京报恩寺遗址地宫出土的丝织品中共有4件绞纱，其中素纱1件，绞纱地上以纬浮显花的3件。其中保存最为完好的一件花卉纹纱（23-2-2），在绞纱地上以纬浮显花，花纹为具有宋代时代特征的两花相对折枝菊花。纹样布局自然，花叶风格写实，反映了当时高超的纱罗织造工艺。

（1）文物分析测试

复制对象：花卉纹纱（23-2-2），尺寸：75cm×53cm（图1-3-46）。

图1-3-46　花卉纹纱（23-2-2）

组织结构分析：使用放大镜分析织物组织结构，可知地组织为一绞一对称绞，花部为纬浮长，边组织为1/1平纹（图1-3-47）。

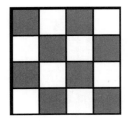 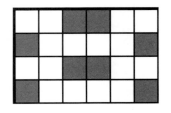

图1-3-47　组织结构

密度测试：使用经纬密度仪，选择多处结构较完整的织物区域分析经纬密度，可知经密为 28 根/cm，纬密为 23 根/cm。边宽 0.6 cm，边经 22 根。

原料测试：对纤维进行截面观察（图 1 - 3 - 48），确定丝织原料为桑蚕丝。

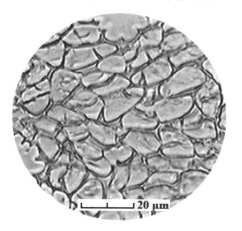

图 1 - 3 - 48　纤维截面

纹样测绘：织物保存完好，纹样完整清楚，可见整幅纹样及布局（图 1 - 3 - 49）。

图 1 - 3 - 49　纹样布局及细部

门幅：经测量，内幅为 73.8 cm，外幅为 75cm，边幅为 0.6cm。

经线数：根据对织物经密检测和门幅的测量，计算出总经线数为 2108 根，边经为

44 根，左右各 22 根。

（2）规格设计

根据以上测试数据，经综合整理，制定织物的规格如表 1 - 3 - 13：

表 1 - 3 - 13　　　　　　　　　　花卉纹纱规格表

经线数	内经数 2064 ＋边经数 22 × 2 ＝总经 2108 根				
筘参数	筘羽数	内羽数 1032 羽＋边羽数 11 × 2 羽 ＝1054 羽			
	穿入数	2 根/羽			
	筘幅	内幅 78 ＋边幅 0.6 × 2 ＝79.2cm			
经纬规格	经	2/27/29D	经纬密度	经密	28 根/cm
	纬	2/27/29D		纬密	23 根/cm
纹样规格	长度	6.2cm	宽度	9.2cm	
	一个花循环经线数	258 根	一个花循环纬数	142 根	

（3）意匠绘制

根据文物组织特点，设定意匠图中每一纵格代表两根经线，纵格数 99，每一横格代表一根纬线，横格数 128。织物为绞纱地上纬浮显花，有三种不同的结构，意匠图只用红绿二色表示花部。绘制时，首先根据纹样确定各个图案单元在整体中的位置，然后根据文物对应单元进行仔细比对绘制（图 1 - 3 - 50）。

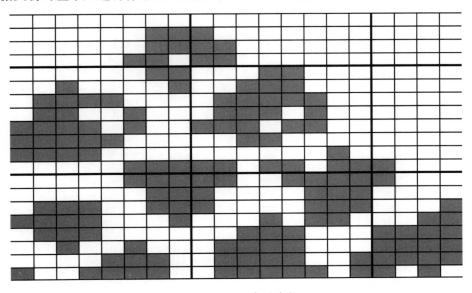

图 1 - 3 - 50　意匠片段

（4）复制过程

织机的确定：宋代是纱罗织物大发展的时期，宋代纱罗织物的流行建立在机构、技术改进的基础之上。根据史料记载，宋代起织造纱罗主要采用在小花楼平织机上以绞纱范子起绞的技术。复制花卉纹纱，使用双经轴小花楼织机，去掉伏综，将起综更换为经过改装的一组对偶式绞综。同时，在对偶式绞综后增加一片后综，让所有绞经穿过，地经则不穿过。对偶式绞综形制见图 1 - 3 - 51：

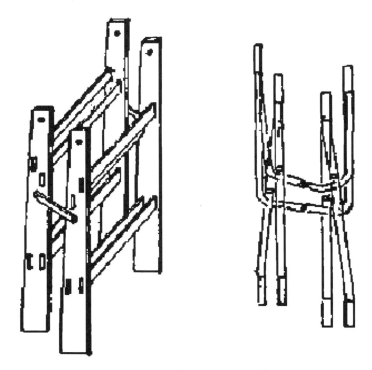

图 1 - 3 - 51　对偶式绞综形制示意图

挑花和综片制作：为提高效率，节省人力，反面上机织造，采用八花装造。一根花本直线代表同一绞组中的绞经和地经，通过丈纤控制经线，共有 99 根花本直线，128 根花本横线。花本在将出现间丝点的位置上不挑花，由织工操作绞纱范子和后综起绞。绞经先穿入后综再穿入对偶式绞综。对偶式绞综由两个综框构成，综框间有一活动连杆将其连接，两综框可以各自在连杆控制的范围内上下运动，每一综框各有一片基综和一片半综组成，完全对称。

穿综：采用对称穿法，绞经穿入绞综的前半扣，地经跨绞综上，经线与综、筘之间的关系见表 1 - 3 - 14：

表 1 – 3 – 14　　　　　　　　　经线穿综、筘关系表

		左素边	纹部	右素边	合计
经线数（根）	地经	22	1032	22	
	绞经	0	1032	0	
综线环	数量	0	792	0	
	每根综线环经线穿入数	0	2	0	
每片后综线数		0	792	0	792
每根后综经线穿入数		0	1	0	
每副绞纱范子绞综数		0	1032	0	1032
每片绞纱范子基综数		11	0	11	22
每组绞综经线穿入数		0	2	0	
每根基综经线穿入数		1	0	1	
筘幅（cm）		0.6	78	0.6	
筘齿（羽）		11	1032	11	1054
每羽经线穿入数		2	2	2	
筘号		18	14	18	

上机挂综与踏板连接：分耙图见图 1 – 3 – 52，上机图见图 1 – 3 – 53。

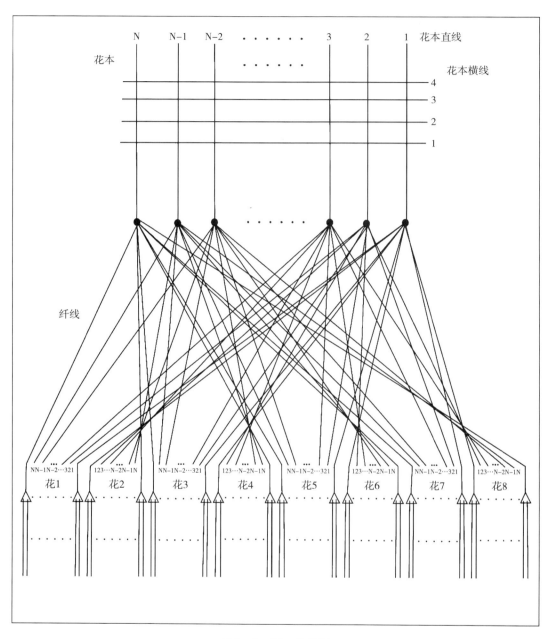

图 1 - 3 - 52　分耙图

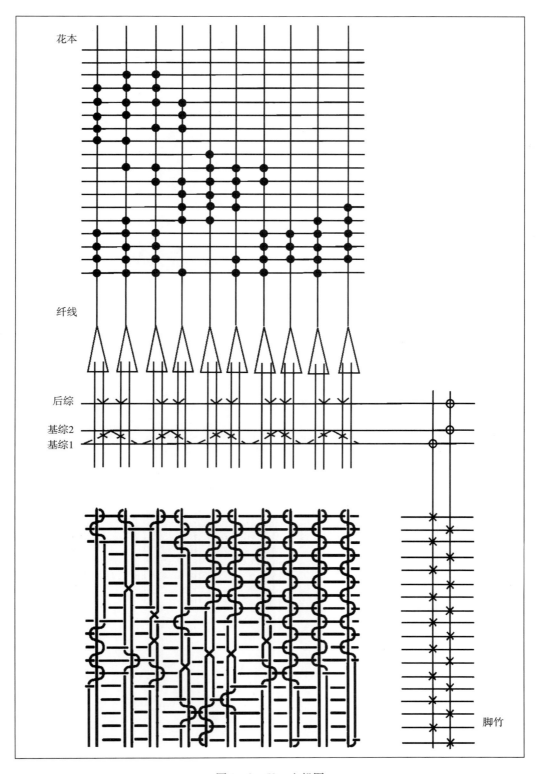

图 1 - 3 - 53 上机图

织造工艺：织造操作由两人完成，一人负责在花楼上挽花，一人负责在机前通过脚竹控制综片。挽花工根据花本的提示，拉拽丈纤，提起经线，待织工按组织要求踏下脚竹、投纬后，再次拉拽。综片脚竹需要2片，踏下脚竹1可提升基综1，形成绞转梭口；踏下脚竹2可提升后综和绞综2，形成开放梭口。当拉拽丈纤提升地经和绞经时，经线运动不再受综片控制。

第四节　出土香料保护技术研究

一　出土香料初步分析

南京报恩寺地宫出土的香料主要有两种，一种是木本的香料，另外一种是树脂香料。如图1-4-1和图1-4-2所示。

图1-4-1　木本香料

图 1-4-2　树脂香料

对出土的香料取样分析。取样列表如下。

表 1-4-1　　　　　　　　南京报恩寺地宫出土香料取样列表

样品编号	样品描述
TN8（总 5029）	玉碗内盛香料
TH15	瓶内香料
TN 15-4（总 5032）	银盒内香料
TN19-2-3-1（总 5012）	鎏金银盒内香料
TN19-2-6（总 5031）	银香囊内容物
TN23-4	银樽座内香料
总 5001	鎏金银净瓶内白色香料
总 5030-1	净瓶内黑色香料
总 5030-2	净瓶内白色香料
总 5030-3	净瓶内红色物
4:5-2	塔内 5 号器物（琉璃碗）内填充物
4:9-2	净瓶封口物
16-2-2	16-2 包裹内香料
22-5	塔内丝绸包裹物

（一）木本香料分析

报恩寺地宫出土的木本香料木质坚硬，颜色为淡黄褐色，有淡淡香气。样品由中国林业科学院木材科学研究所进行鉴定。通过对木本香料的显微结构观察可知内含韧皮部甚多且明显。木材微观特征为 2~3 个径列复管孔及少数单管孔，导管分子单穿孔（如图 1-4-3~图 1-4-5 所示）。判断其为瑞香科白木香属白木香。白木香别名土沉香、香树，材色黄白或浅黄褐色，久露空气中材色转深。含有树脂的心材可以制成沉香。

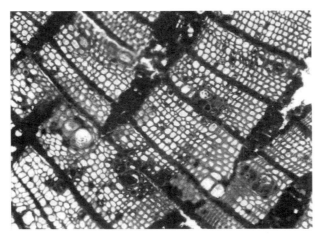

图 1-4-3　木本香料横切面

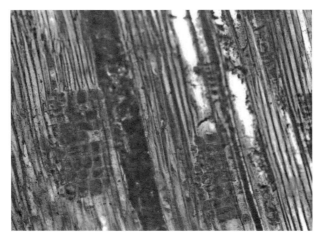

图 1-4-4　木本香料纵切面

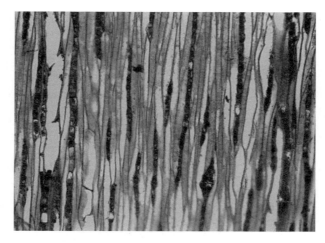

图 1 - 4 - 5 木本香料弦切面

（二）树脂香料分析

南京报恩寺地宫出土的块状树脂香料较多，且存放于多种器物中。树脂香料均呈黄白色，大小不等。在环境中放置自然干燥脱水后呈粉末状。在显微镜下观察可见表面有碎屑以及大量孔洞。

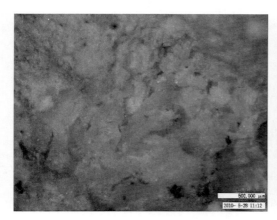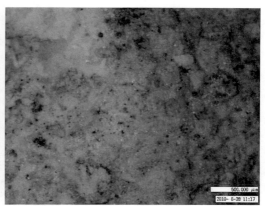

图 1 - 4 - 6 TN15 - 4 显微照片 ×100

采用红外光谱对树脂香料进行了定性分析。

测试仪器为 Nicolet670 红外光谱仪（FT - IR），采用透射方式测试，溴化钾压片。

树脂香料红外光谱如图 28a 所示。红外光谱特征谱带解析如表 1 - 4 - 2 所示。图 28b 是现代灸乳香的特征谱带。由图 1 - 4 - 7 可知，树脂香料的红外光谱与灸乳香的红外光谱基本吻合。树脂香料的羟基特征谱带向低频方向移动，说明树脂香料的含水率较高，有更多的缔合羟基。可初步判断树脂香料主要成分为乳香或与乳香类似的天然树脂香料。

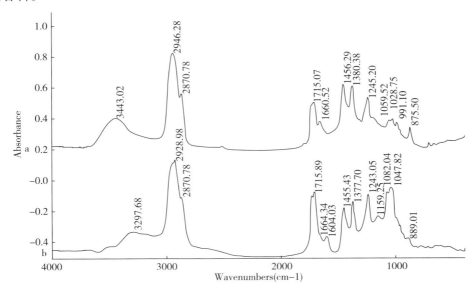

a：出土块状香料，b：灸乳香

图 1 - 4 - 7　出土块状香料与灸乳香红外光谱的对照

表 1 - 4 - 2　　　　　　　　　红外光谱特征谱带解析

特征谱带	对应官能团
$3600 \sim 3200 \mathrm{cm}^{-1}$	O - H
$3100 \sim 2800\ \mathrm{cm}^{-1}$	C - H
$1740 \sim 1640\ \mathrm{cm}^{-1}$	C = O
$1650 \sim 1600\ \mathrm{cm}^{-1}$	C - C
$1480 \sim 1300\ \mathrm{cm}^{-1}$	C - H
$1300 \sim 900\ \mathrm{cm}^{-1}$	C - O

　　乳香，主要产于北埃塞俄比亚、索马里以及南阿拉伯半岛，是橄榄科卡氏乳香树为橄榄科植物卡氏乳香树或鲍达乳香树及野乳香树皮部渗出的或经刀割渗出含有挥发油的香味的树脂。乳香主要含大环二萜和五环三萜化合物。干燥后的树脂，多呈小形乳头状、泪滴状颗粒或不规则的小块，长 0.5 ~ 3 厘米，有时粘连成团块。淡黄色，常带轻微的绿色、蓝色或棕红色。半透明。表面有一层类白色粉尘，除去粉尘后，表面仍无光泽。质坚脆，断面蜡样，无光泽，亦有少数呈玻璃样光泽。气微芳香，味微苦。

嚼之，初破碎成小块，迅即软化成胶块，粘附牙齿，唾液成为乳状，并微有香辣感。遇热则变软，烧之微有香气（但不应有松香气），冒黑烟，并遗留黑色残渣。与少量水共研，能形成白色乳状液。以淡黄色、颗粒状、半透明、无砂石树皮杂质、粉末粘手、气芳香者为佳。

（三）小结

南京报恩寺地宫出土的木本香料为白木香，即沉香。树脂香料为乳香。

二　树脂香料分析研究

（一）有机元素分析

树脂香料样品及生乳香、炙乳香、莪术样品的元素分析委托兰州大学功能有机分子化学国家重点实验室完成。所用元素分析仪为德国 Elementar 公司生产，型号为 Vario EL，分析结果列于表 1 – 4 – 3。表中数据可以看出，出土树脂香料样品的主要元素是 C 和 H 元素，含少量 S 元素（注：未测 O 元素），所有出土树脂香料样品中均不含 N 元素，说明样品是植物香料而不是动物香料。除编号为 4：5 – 2 的香料样品（C：62.25%，H：7.83%）之外，所有树脂香料样品的 C 和 H 含量基本相似，即 C 含量在 75% 左右，H 含量在 10% 左右。出土树脂香料样品中 C、H、N 的元素含量与乳香和制乳香中 C、H、N 的含量比较接近，而与莪术中 C、H、N 的含量相差较大。

表 1 – 4 – 3　　　　　　　　　出土树脂香料元素分析结果

样品编号	元素含量（%）*			
	C	H	N	S
4：5 – 2	62.25	7.83	0.00	0.15
总 5001	74.51	10.14	0.00	0.15
TN8/总 5029	75.29	10.41	0.00	0.17
总 5030 – 2	76.48	10.47	0.00	/**
TH15	72.13	9.82	0.00	/**
TN15 – 4/总 2032	77.37	10.66	0.00	0.09
22 – 5	74.07	10.12	0.00	/**
16 – 2 – 2	75.79	10.26	0.00	0.12

续表

样品编号	元素含量（％）*			
	C	H	N	S
TN23－4	76.92	10.50	0.00	0.19
TN19－2－6/总5031	76.32	10.43	0.00	0.09
4∶9－2	76.89	10.52	0.00	0.10
乳香	64.85	9.38	0.00	0.41
炙乳香	63.34	8.96	0.00	0.21
莪术	42.39	6.34	0.99	0.36

＊ 所有数据均为两次平行测定之平均值；＊＊ 由于样品量过少，未送检。

（二）无机元素分析

对出土树脂香料样品进行扫描电镜（JSM－5600LV）分析时，采用 EDS 模式，分析了样品中金属元素的相对含量。结果显示，所有样品中的金属元素含量均极少。

表1－4－4　出土树脂香料（编号：4∶9－2）SEM－EDS 元素分析结果

Element	Line	Weight%	K－Ratio	Cnts/s	Atomic%
C	Ka	0	0	0	0
O	Ka	28.37	0.0412	0.71	45.51
Al	Ka	13.47	0.089	5.53	12.8
Si	Ka	6.65	0.0445	2.82	6.08
S	Ka	9.87	0.0792	4.77	7.9
Cl	Ka	10.23	0.0778	4.57	7.4
K	Ka	12.8	0.1061	5.52	8.4
Ca	Ka	18.61	0.1524	7.36	11.91
Total		100			

（三）形态分析

利用三维视频显微镜对出土香料样品表面状态进行了分析，在显微镜下观察可见香料表面有碎屑以及大量孔洞。

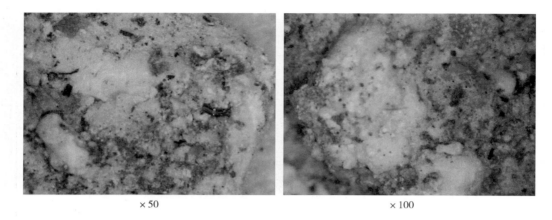

×50　　　　　　　　　×100

图 1 - 4 - 8　出土树脂香料（编号：4∶5 - 2）三维视频显微照片

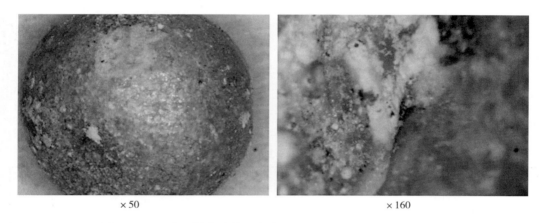

×50　　　　　　　　　×160

图 1 - 4 - 9　出土树脂香料（编号：16 - 2 - 2）三维视频显微照片

（四）SEM 形貌分析

通过对出土树脂香料样品表明进行喷金处理，然后进行了扫描电子显微镜分析。所用仪器为 JSM - 5600LV 型扫描电子显微镜（日本电子），SEM 放大倍数分别为 35、100、500 和 2000 倍。结果显示，出土香料样品表面有大量碎屑，结构中存在大量孔洞。

（五）红外光谱分析

完成所有树脂香料样品的红外光谱分析，并与生乳香、制乳香和莪术的红外光谱进行了对比研究。测试所用仪器为 Nicolet NEXUS FTIR 光谱仪在 4000 - 400 cm^{-1} 波数范围内测定，采用透射方式测试，KBr 压片（注：压片研磨时可闻到强烈香味）。光谱分辨率 4 cm^{-1}，扫描信号累加 32 次。样品红外分析前经冷冻干燥。结果显示，所有树脂香料样品的红外谱图基本相似，且树脂香料的红外谱图与生乳香和炙乳香的红外谱

图 1 - 4 - 10　出土树脂香料（编号：22 - 5）SEM 照片

图高度相似，与莪术区别较大，可判断树脂香料为乳香类。

出土树脂香料、生乳香、炙乳香和莪术的红外谱图如下：

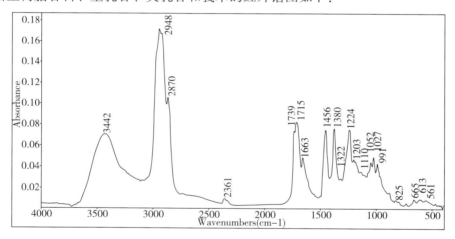

图 1 - 4 - 11　出土树脂香料（编号：4:9 - 2）红外光谱图

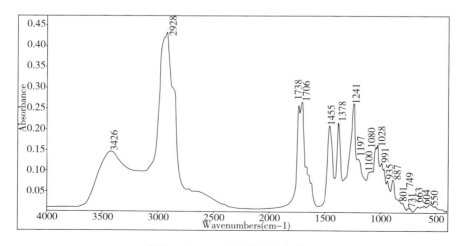

图 1 - 4 - 12　生乳香红外光谱图

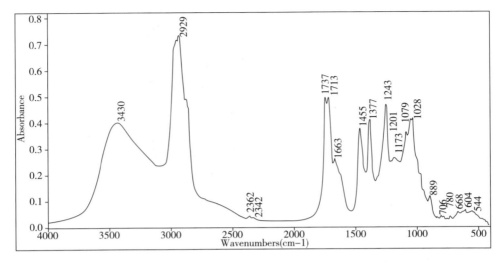

图 1-4-13　炙乳香红外光谱图

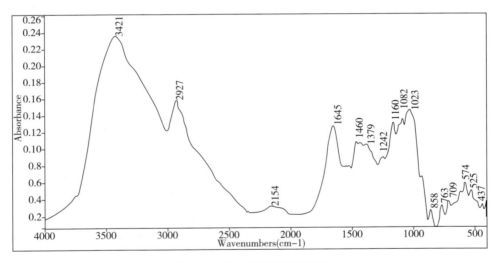

图 1-4-14　莪术红外光谱图

（六）近红外光谱分析

近红外光谱分析无需对样品进行干燥处理，从南京博物馆取回的样品直接进行近红外光谱分析，所用仪器为 Bruker Matrix - F 傅立叶变换近红外光谱仪。光谱分辨率 8cm^{-1}，波数范围为 4000 - 12000 cm^{-1}，扫描信号累加 32 次，每个样品取三个不同位置扫描其近红外光谱。所有样品的近红外光谱基本相似。实验过程中发现块状香料极易被近红外仪器探头压碎，块体破碎后可闻到明显香味，略带刺激性。

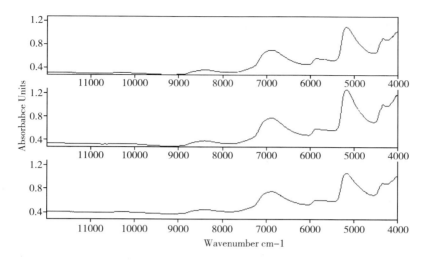

图 1 - 4 - 15　出土树脂香料（编号：4:5 - 2）近红外光谱图

（七）拉曼光谱分析

拉曼光谱分析所用仪器为 Bruker RSF100/S 型傅立叶变换拉曼光谱仪，激发光源为近红外 1064 nm Nd^{3+}/YAG 激光器，功率 70 mW。光谱分辨率 4 cm^{-1}，波数范围为50 ~ 4000 cm^{-1}，扫描信号累加 100 次。所得结果列于图 1 - 4 - 16 ~ 图 1 - 4 - 19，图中可以看出，所有出土香料样品的拉曼光谱极为相似，且与生乳香的拉曼光谱高度相似，与莪术的拉曼光谱区别较为显著。拉曼光谱分析可进一步确认出土香料为乳香。

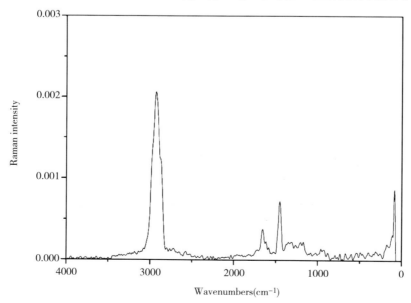

图 1 - 4 - 16　出土树脂香料（编号：4:5 - 2）拉曼光谱图

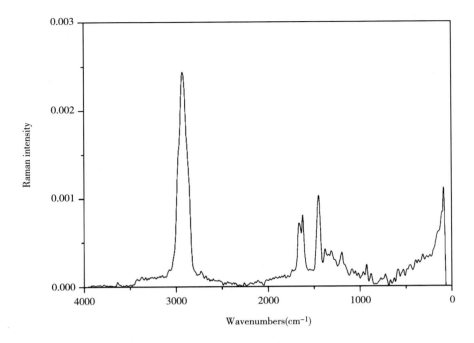

图 1 - 4 - 17 生乳香拉曼光谱图

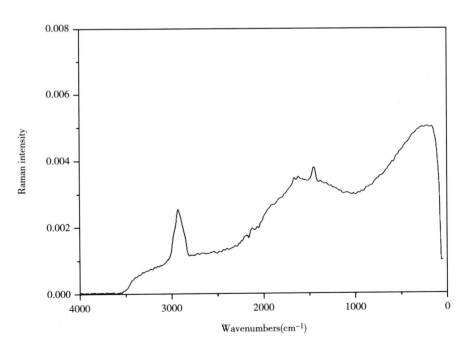

图 1 - 4 - 18 炙乳香拉曼光谱图

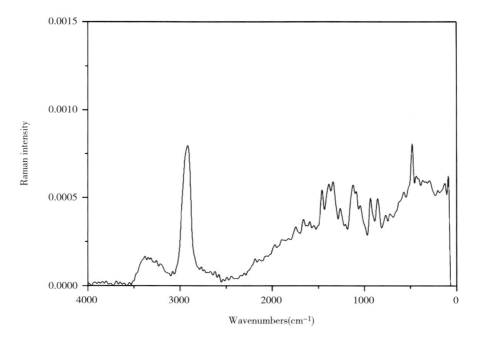

图 1 - 4 - 19　莪术拉曼光谱图

（八）挥发性成分分析（香气）

采用顶空气相色谱—质谱联用法对出土香料样品的香气成分进行了分析。进样采用 AutoHS 自动顶空进样器（成都科林），顶空瓶平衡温度 80℃，平衡时间 40 min。GC - MS 为岛津 QP 2010 plus 型。色谱条件：毛细管色谱柱：Rxi - 5ms（30 m × 0.25 mm × 0.25 μm），进样口温度 200℃，柱温：程序升温，柱初始温度为 50℃，保持 2 min，以 5℃/min 升至 300℃，保持 3 min。载气：高纯度氦气，流速 1.0 mL/min，分流比 100∶1。质谱条件：离子源为 EI，电离电压 70 eV，离子源温度 200℃，接口温度 250℃，质谱范围 50 ~ 600 m/z。总离子流图中各峰鉴定以质谱数据库 NIST05 标准谱库进行检索，并结合已有的报道结果进行定性分析。

色谱总离子流图的对比可以看出，出土树脂香料样品的香气成分较生乳香的香气成分更为复杂。

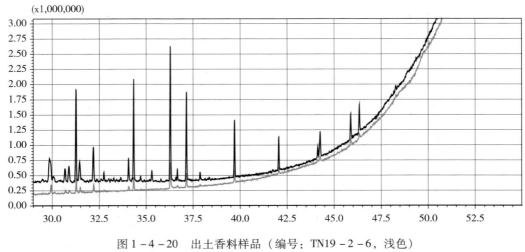

图 1 - 4 - 20　出土香料样品（编号：TN19 - 2 - 6，浅色）
与生乳香（深色）的香气总离子流图

（九）小结

元素分析结果表明，树脂香料主要组成成分为有机物，含有极少量金属元素。光谱分析结果表明，所有树脂香料成分相似，均为乳香。

三　香料保护研究

出土树脂香料含有部分水分，容易滋生霉菌，因此进行了脱水试验。

（一）硅胶脱水干燥试验

将出土树脂香料样品放置于样品盘中称重后在盛有硅胶的干燥器中，定期称重，并观察样品外观，以判断脱水的效果。

硅胶脱水干燥前后，样品外观没有明显变化，没有出现粉化或碎裂情况。三维视频显微镜观察样品微观形态没有显著变化（图 1 - 4 - 21）。以样品重量对干燥时间作图，如图 1 - 4 - 22 所示。样品干燥 40 天以内，有较明显的失重，40 天后，质量基本无变化。硅胶脱水干燥结果表明，该方法没有引起香料外观变化，并可以脱除香料中残存水分，因此可以将该方法用于香料脱水干燥。

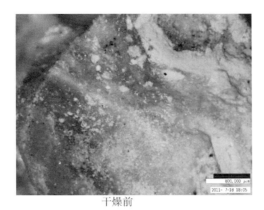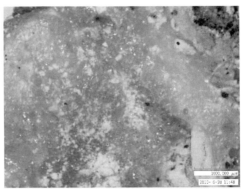

干燥前　　　　　　　　　　　　　　　干燥后

图 1 - 4 - 21　TN23 - 4 干燥前后三维视频照片对比

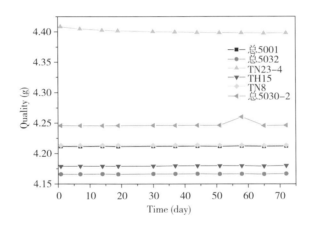

图 1 - 4 - 22　树脂香料硅胶脱水试验失重图

（二）冷冻干燥试验

采用冷冻干燥方法进行了脱水干燥试验。将出土树脂香料样品 5031 以及饱水后的现代乳香对照样在 - 20℃下冷冻，然后进行冷冻干燥脱除水分。干燥 1 周后称重，结果见表 1 - 4 - 5。表中数据可以看出，出土香料样品 5031 的失水率远远小于对照样的失水率，说明香料中含水率较低，其结果与硅胶干燥法结果相同。香料冷冻干燥后未出现粉化、碎裂等现象，外观没有变化。利用红外光谱对比分析了干燥前后的样品（图 1 - 4 - 23），干燥前后 5031 的红外光谱没有明显变化，说明冷冻干燥对乳香的化学成分没有造成破坏。

表 1 - 4 - 5 出土树脂香料冷冻干燥脱水试验结果

	初始值（克）	冷冻干燥后（克）	失水率
乳香	2.2353	1.6871	24.52%
总 5031	0.1139	0.1129	0.88%

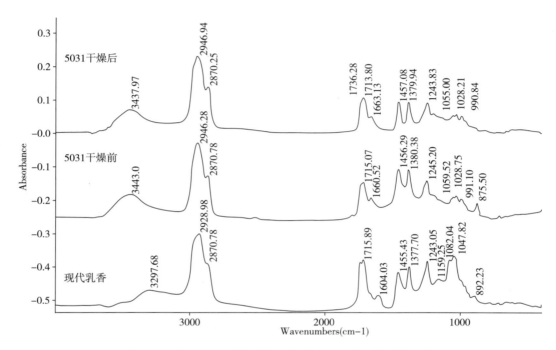

图 1 - 4 - 23　出土树脂香料冷冻干燥脱水前后红外光谱对比

综上，硅胶干燥法和冷冻干燥法均可有效脱除出土树脂香料样品中的水分，对出土香料外观和成分不会造成破坏。

四　小结

本文运用多种分析方法对南京报恩寺地宫出土香料样品进行了初步的分析与保护研究。分析结果表明，报恩寺地宫出土的木本香料为沉香；出土的树脂香料为乳香，用光学显微镜和扫描电子显微镜表征了出土乳香的微观形态，发现其结构中存在大量孔洞。此外，本文还尝试采用硅胶干燥法和冷冻干燥法对出土香料进行干燥脱水，结果表明，两种方法均可有效脱除出土乳香中的水分。

出土香料成分分析和保护研究还有待进一步深入，关于南京报恩寺地宫出土香料的来源也是值得探讨的研究课题。

第五节　出土玻璃器保护技术研究

隋唐时期，佛教日益兴盛，并逐渐融入中国传统文化。在舍利瘗藏方面，将印度传统与中国文化相结合，在塔基内模仿墓室，以砖砌筑地宫，设有门和甬道，并在地宫内安放具有中国风格的金棺、银椁。舍利通常用玻璃器皿封装，再置于棺椁之中。此类玻璃器的器型一般比较简单，尺寸较小，薄壁透明。宋代沿袭了隋唐时期的舍利瘗埋制度，目前国内出土的宋代玻璃器也大多出土于佛寺塔基下的地宫中。南京报恩寺地宫遗址出土的玻璃器具有唐宋时期玻璃器物的典型特征和风格，为研究这一时期的玻璃器成分和制作工艺等提供了重要的实物例证。

本课题利用体视显微镜、扫描电镜/能谱和激光剥蚀等离子体发射光谱等，分析测试了南京报恩寺遗址地宫出土玻璃器碎片的化学成分和微观结构，探讨了玻璃风化产物的成分、微观结构及风化原因。同时，分析了出土玻璃器的病害情况和保存现状，并选取一件器物，经过较全面的成分、结构和病害情况分析，制定了详细的修复方案，进行了示范保护。

一　出土玻璃器初步分析

南京大报恩寺遗址地宫出土了 4 件玻璃质文物。其中，编号分别为 TH1 和 TH5 的两件玻璃瓶，出土于铁函内；编号为 TN5 的玻璃盏以及编号为 TN9 的玻璃净瓶，出土于七宝阿育王塔中。四件玻璃器出土时的保存状况分别简述如下：

TH1 玻璃瓶：出土时已残破，葫芦形的上半部分有缺损，瓶体断面酥松多孔，糟朽严重，内盛物外溢；TH5 玻璃瓶：深褐色，整体保存完好，口部有布塞，推测内盛有舍利等物体；TN9 玻璃净瓶：瓶体为蓝色，出土时口部密封，内盛有液体，推测为香水类物质，其出土后，表面色彩层极易脱落。TN5 玻璃盏：出土时底部开裂，基体为深绿色，表面风化严重，布满黑色风化产物及附着物，断口酥松多孔，质地脆弱。

南京报恩寺遗址地宫出土器物的清理过程中，收集了 TH1、TN5 和 TN9 器物的部分碎片。首先在体视显微镜下观察样品，结果发现，大部分玻璃碎片的表面皆已严重风化，其体积甚小，又与土壤、风化产物等相混杂，难以辨别玻璃原貌，详细描述如

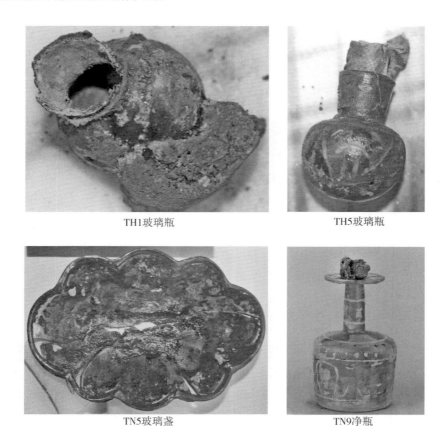

TH1玻璃瓶　　　　　　　TH5玻璃瓶

TN5玻璃盏　　　　　　　TN9净瓶

图 1 - 5 - 1　南京报恩寺遗址地宫出土的玻璃器

下：（1）TH1 风化严重，与土壤粘在一起，表面呈棕黑色，基本不见玻璃基体，部分表面有虹彩；（2）TN5 为绿色玻璃盏残片，唯有一片较大体积残片可见绿色基体和少量气泡。风化掉落的碎片薄如蝉翼，多呈黑色，应源自风化产物或土壤附着物等；（3）TN9实物为蓝色净瓶，收集的样品呈浅蓝色或几乎透明，含有大量气泡。表面的蓝色物质极易脱落，脱落后露出的玻璃基体为浅黄色或无色透明。

（一）化学成分分析

选取基体保存相对较好的玻璃碎片样品，采用激光剥蚀等离子体发射光谱（LA - ICP - AES），分析它们的化学组成（见表23），结果表明：（1）TH1 玻璃碎片样品的 SiO_2 含量仅 2.7%，其余元素，如 Na_2O、CaO、K_2O、Fe_2O_3 等，含量都很低，唯 PbO 含量极高，达 93.0%，由此可推测，样品基本为风化产物，其 SiO_2 流失严重，玻璃基体残留甚少，尽管如此，仍可根据所测数据推断，TH1 玻璃瓶属于高铅硅酸盐玻璃；（2）TN5 玻璃盏的主要成分为 SiO_2 和 PbO，含量分别为 15.6% 和 82.6%，也应属于高铅硅酸盐玻璃。该玻璃基体为绿色，呈色元素为 Cu 或 Cu 和 Fe。总体看来，样品风化也颇为严重；（3）TN9 玻璃净瓶碎片的透明度较好，保存状况相对较好，主要成分为 SiO_2 和 Al_2O_3，含量分别为 82.2% 和 12.8 %，呈色元素为 Fe 和 Cu；其助熔剂流失较为严重，其残留情况表明，K、Ca、Na 应为主要熔剂，PbO 的重量百分比虽达 1.5%，但其原子比甚低，基本可忽略不计。

表 1 - 5 - 1　　南京报恩寺出土玻璃碎片样品的主要化学成分（wt%）

样品	SiO_2	Al_2O_3	Fe_2O_3	MgO	CaO	Na_2O	K_2O	TiO_2	CuO	PbO	BaO	SnO_2
TH1	2.7	0.3	0.4	0.02	0.7	0.01	0.03	0.02	2.1	92.9	0.03	0.08
TN5	15.6	0.3	0.1	0.1	0.5	0.09	0.06	0.01	0.4	82.6	0.03	0.01
TN9	82.2	12.8	0.4	0.4	0.5	0.2	1.4	0.06	0.08	1.5	0.3	0.1

（二）扫描电镜/能谱分析

扫描电镜形貌图像显示：TH1 样品表面气泡密集，气泡体积较大，玻璃表面保存状况不甚理想，部分区域可观察到明显的风化现象，从剖面看，玻璃内部同样气泡密集，且呈现出规律的层状分布和蜂窝状结构；TH5 样品腐蚀严重，表面出现气泡塌陷、开裂、侵蚀等现象，而在镶嵌样品的截面上，可观察到明显的条纹状风化层，表明样品基体已严重风化；显然，上述样品的风化都较为严重。

TH1 样品平面的能谱分析表明，风化层中的铅含量明显高于光滑的底层，而硅元素含量则远低于底层，说明在其风化过程中，硅元素流失严重，而铅则明显析出，在表面可观察到明显的风化层。TN5 为典型的铅玻璃，从剖面内侧（TN5 - 8）至外侧（TN5 - 1），铅含量有升高的趋势，这与 TH1 分析结果类似。此外，铁元素含量的变化也比较明显，样品内部的铁含量明显高于外部风化区域，说明在风化过程中铁也发生了流失。TN9 保存状况相对较好，风化表现为助溶剂大量的流失。

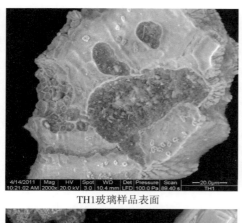

TH1玻璃样品表面

TH1玻璃样品剖面

TH5玻璃样品表面

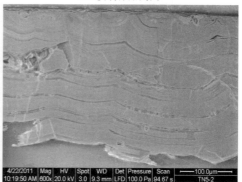

TN5玻璃样品剖面

图1-5-2　TH1、TN5样品碎片的表面和剖面的微观形貌

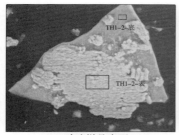

TH1玻璃样品表面

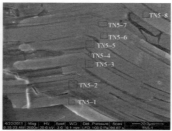

TN玻璃样品剖面

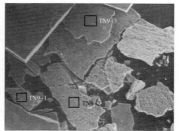

TN9玻璃样品表面

图1-5-3　南京报恩寺遗址地宫出土玻璃碎片扫描电镜/能谱分析测试位置

表1-5-2　　　　　玻璃碎片扫描电镜能谱分析结果（wt%）

样品编号	Mg	Al	Si	K	Ca	Fe	P	Cu	Pb	S
TH1-2-表	-	-	1.9	-	-	1.5	-	5.6	91.0	-
TH1-2-底	-	2.5	26.9	-	2.5	4.2	2.8	6.5	54.1	-
TN5-1	0.4	0.6	4.1	-		2.2	5.3		87.4	-

续表

样品编号	Mg	Al	Si	K	Ca	Fe	P	Cu	Pb	S
TN5 – 2	–	1.2	5.2	–		2.3	4.7	–	86.6	–
TN5 – 3	–	0.8	4.2	–		1.9	4.7	–	88.4	–
TN5 – 4	–	0.9	5.3	–		2.2	4.6	–	87.0	–
TN5 – 5	0.8	1.2	5.2	–		2.3	4.2	–	86.3	–
TN5 – 6	–	0.6	3.0	–	1.3	5.3	5.1	–	84.7	–
TN5 – 7	–	0.6	4.0	–	1.0	5.7	3.8	– –	84.9	–
TN5 – 8	–	–	3.2	–	0.9	5.5	4.9	–	85.5	–
TN9 – 1	0.4	11.0	84.1	2.6	2.1	–	–	–		–
TN9 – 2	0.7	12.5	83.8	2.8	–	–	–	–		–
TN9 – 3	–	14.1	80.8	3.2	–	–	–	–		1.9

（三）玻璃器来源探讨

目前，国内学术界一般将古代玻璃划分为以下七个体系[21]：（1）$PbO - BaO - SiO_2$ 玻璃；（2）$PbO - SiO_2$ 玻璃；（3）$Na_2O - CaO - SiO_2$ 玻璃；（4）$K_2O - SiO_2$ 玻璃，此类玻璃成分中 SiO_2 含量达 75% 以上，K_2O 含量一般为 10～17%；（5）$K_2O - CaO - SiO_2$ 玻璃；（6）$K_2O - PbO - SiO_2$ 玻璃；（7）$K_2O - CaO - PbO - SiO_2$ 玻璃。参考部分宋代出土玻璃器的化学成分数据（见表 1 – 5 – 3），不难发现，宋代玻璃器大多以高铅玻璃为主，几乎不含钡，氧化钙和氧化钾的含量，较之唐代器物明显增高，甚且出现了钾含量超过 10% 的高钾铅玻璃（钾—铅硅酸盐玻璃体系）。

表 1 – 5 – 3　　　　宋代出土玻璃化学成分统计（wt. %）

出土玻璃器	化学成分											文献
	SiO_2	PbO	BaO	Al_2O_3	Fe_2O_3	CaO	MgO	K_2O	Na_2O	CuO	MnO	
新疆若羌瓦石峡遗址绿色玻璃瓶残片	49.0	0.01	0.05	9.1	1.0	8.7	4.5	5.9	17.8	0.01	0.04	[22]
河北定县 5 号塔基绿色葫芦玻璃瓶	26.9	70.0			0.2	0.4	0.1	0.3	0.2	0.4	0.02	[23]

续表

出土玻璃器	化学成分											文献
	SiO_2	PbO	BaO	Al_2O_3	Fe_2O_3	CaO	MgO	K_2O	Na_2O	CuO	MnO	
甘肃灵台舍利石函葫芦瓶残片		53.4			0.3	0.2	0.04	11.9	0.1	0.01		[4]
甘肃灵台舍利石函葫芦瓶残片	36.3	50.3		0.2	0.1	0.1	0.1	10.1	0.3	0.1	0.02	[4]
河南密县淡绿色玻璃鹅		47.3			0.2	0.2	0.04	11.5	0.08	0.2		[4]
河南密县深红色玻璃蛋形器	33.8	40.2		2.6	3.2	3.5	0.3	14.8	0.1	1.3		[4]
河南密县深黄色玻璃蛋形器	31.7	41.6		2.2	4.4	3.4	0.3	13.8	0.1	0.4		[4]
河北定县黑褐色玻璃葡萄	36.9	45.9		1.1	4.1	0.4	0.08	8.5	0.08	1.4		[4]
安徽寿县绿玻璃瓶	27.9	66.9		0.3	0.2	0.2	0.04	0.5	0.1	2.9		[24]
新疆绿色玻璃珠	63.3			2.3		10.9		21.3		1.2		[25]
新疆褐色玻璃瓶	55.7			10.4	1.7	6.6	2.2	4.7	16.6			[6]
新疆叶城县锡堤牙宋元居住遗址玻璃残器座52	68.9			2.0	0.3	5.8	0.5	0.5	19.2	0.02	0.03	[4]
新疆叶城县锡堤牙宋元居住遗址玻璃残器座52	61.0				1.0	5.7	3.8	6.1	15.2		0.04	[4]

南京报恩寺地宫出土的 TH1 葫芦形玻璃瓶，虽上部已残，但其形状仍然清晰，该玻璃瓶与河北定县 5 号塔塔基出土的 10 件玻璃葫芦瓶及 6 号塔塔基出土的 33 件玻璃葫芦瓶颇为相似[26]。总体说来，这些玻璃基本为铅玻璃，器壁较薄，无模吹制而成。

TN5 玻璃盏基体为深绿色，为长椭圆形多曲瓣状的圜底杯。多曲长杯是萨珊王朝的典型器皿之一。古代萨珊人如何对其定名似无从考证，而日本学者以曲瓣的多少为定名依据，或笼统地称之为多曲长杯。报恩寺出土的 TN5 玻璃杯具有典型的萨珊多曲长杯风格。但从风化产物成分判断，该玻璃杯仍属高铅玻璃，应为当时的国产玻璃。齐东方认为，多曲长杯是伊朗人在萨珊时期创造定型的器物，其祖形在伊朗，之后逐步向外传播，或被仿制，因此，其他地区发现的这类器物可称为萨珊式多曲长杯[27]。

多曲长杯自北魏传入中国，后历经唐代的发展演变，萨珊特征逐渐消失，器物风格本土化，至唐晚期萨珊特征仅剩少许痕迹。TN5 多曲长杯即是保留有萨珊风格的中国本土器物。顺便指出，宋代诗词文献曾多次提到药玉船，如苏轼在《二月三日点灯会客》中写道"试开云梦羔儿酒，快泻钱塘药玉船"，杨万里的"古稀尚隔来年在，且醋今宵药玉船"以及舒邦佐的"便宜归侍傅柑宴，满泛钱塘药玉船"等等。据此可推断，药玉船似为钱塘一带流行的一种玻璃酒杯，杯身较浅，似船形。安家瑶认为，倘若宋代依然生产多曲长杯，它很可能就是药玉船[28]。

　　TN9 玻璃瓶平沿、细颈、折肩、筒形腹、平底，其质地透明，内含小气泡，颈部和肩部刻有几何形纹、弦纹和珠纹，腹部刻有两道弦纹。迄今为止的考古资料中，国内出土的类似形制玻璃瓶有：内蒙古奈曼旗辽陈国公主墓[29]（辽圣宗开泰七年，公元1018 年）出土的刻花平沿细颈玻璃瓶，瓶体无色透明，腹部有磨刻几何花纹；蓟县独乐寺白塔[30]（辽道宗清宁四年，公元 1058 年）出土的刻花平沿细颈玻璃瓶，瓶体无色透明，内含少量小气泡，颈肩腹部均磨刻几何形花纹。这些玻璃瓶与伦敦维克多利亚和阿尔伯特博物馆保存的伊朗磨刻花平沿细颈玻璃瓶[31]、伊朗德黑兰考古博物馆收藏的乃沙不耳出土的 10 世纪水瓶（图 1 - 5 - 4）以及德国派特蒙博物馆收藏的伊朗9～10世纪玻璃瓶（图 1 - 5 - 5）的器形类似，具有鲜明的伊斯兰玻璃风格。而 TN9 的分析结果表明，其化学成分明显不同于 TH1 和 TN5 两件器物，并与同时代国产铅玻璃体系截然不同，更接近于伊斯兰钾钠玻璃配方（见表 1 - 5 - 4）。《宋会要辑稿》关于历代朝贡的记载中多次出现玻璃器的进口。因此，根据化学成分和器型推断，TN9 玻璃净瓶可能是中西方文化交流的实物例证。

图 1 - 5 - 4　乃沙不耳出土的水瓶

图 1 - 5 - 5　伊朗 9～10 世纪玻璃瓶
（德国派特蒙博物馆收藏）

表 1 - 5 - 4　　　　　　10 ～ 11 世纪国外出土玻璃化学成分统计（wt. %）

出土玻璃器	化学成分															文献
	TiO_2	SiO_2	PbO	BaO	Al_2O	FeO	CaO	MgO	K_2O	Na_2O	CuO	MnO	Cl	P_2O_5	SO_3	
Iraq P37 low lead – alkali glaze	63.9	2.6	0.2	5.6	3.0	4.6	6.5	8.0	0.1	1.9						[32]
Iraq P37 high calcareous – Mg rich – fine paste	49.5	12.0	6.2	22.5	6.0	0.8	1.5		0.7							[13]
Egypt P92 lead glaze	49.6	2.3	0.3	1.8	0.2	3.1	3.2	34.3	0.6	0.9						[13]
Egypt P92 calcareous fine paste	56.3	14.9	6.2	22.5	6.0	1.1	1.8		0.7							[13]
Egypt P167 alkaline – lead glaze	48.4	1.6	0.4	4.3	2.0	3.0	7.2	31.3	0.2	2.4						[13]
Egypt P167 high calcareous coarse	46.6	8.5	4.7	35.1	1.3	1.6	1.7	0.4	0.7							[13]
Albania 1	68.2			2.4	0.8	9.5	2.8	2.1	12.7		0.9	0.6				[33]
Albania 2	68.4			2.1	0.9	7.8	2.4	2.2	13.9		0.6	0.7	0.7	0.3		[14]
Albania 4	68.7			2.4	0.4	7.2	1.6	1.2	17.4		0.3	0.7		0.1		[14]
Albania 6	69.1			2.8	1.4	8.7	2.6	2.9	10.2		0.3	0.9	0.5	0.2	0.4	[14]
Albania 10	69.1			3.4	1.3	5.5	2.5	2	14		0.2	1	0.6		0.4	[14]
Albania 11	65			2.8	1.4	12.7	2.5	3.5	8.9		1.7	0.6	0.3	0.4	0.2	[14]
Albania 12	66			2.9	1.6	10.3	1.6	3	11.2		0.8	1	0.7	0.6	0.4	[14]

（四）小结

利用 XRF、SEM/EDX、LA - ICP - AES 等多种方法，分析测试了南京报恩寺遗址地宫出土的玻璃器残片，研究了它们的化学成分、微观结构、风化产物及风化原因，并探讨了这几件器物的可能来源，结论如下：

（1）报恩寺遗址地宫出土玻璃器为北宋时期玻璃器物的典型代表。分析表明，出土的玻璃碎片风化较为严重，呈色元素为 Fe 或 Cu，根据呈色元素含量的变化，玻璃基本呈黄色或绿色，少数呈蓝色。多数样品含有大量气泡，但玻璃基体透明度较好，呈半透明或全透明。

（2）从整体来看，出土的玻璃碎片风化较为严重，特别是 TH1 和 TN5，在扫描电镜下发现了明显的层状腐蚀现象。在外界环境的影响和作用下，硅以及钾、钙等元素的流失是导致玻璃腐蚀的重要因素，而铅的析出以及碳酸铅或碱式碳酸铅的生成是导致玻璃成分和结构发生变化的直接原因。

（3）根据器物造型和化学成分分析，推断 TH1 和 TN5 都属于国产高铅玻璃体系。其中，TH1 为典型的宋代玻璃舍利器，TN5 为具有西亚萨珊风格的铅玻璃器。TN9 的化学成分与 TH1 和 TN5 存在明显不同，具有典型的伊斯兰玻璃风格。

二　玻璃盏病害分析与保护示范

（一）玻璃盏保存现状及病害分析

TN5 玻璃盏出土于阿育王塔内，基体颜色为深绿色，出土时底部开裂，里面盛有香料。根据初步测量，玻璃盏最大长度约 17.7cm，最宽处约 10cm，高约 3cm。目前，TN5 整体保存状况较差，已断裂为三部分，包括残缺本体及大、小两块残片，此外，在残缺本体上还存在一条从口沿至底部的贯穿性裂缝。其中，较大残片长、宽约为 8.9cm 和 4.5cm，较小残片长、宽约 5.6cm 和 4.9cm。从断裂部分来看，断口酥松多孔，玻璃质地脆弱。

TN5玻璃盏残缺现状

TN5玻璃盏上的裂缝

TN5玻璃盏大残片内表面

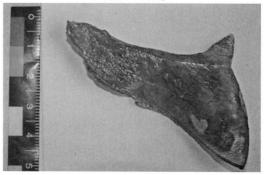

TN5玻璃盏小残片内表面

图 1 - 5 - 6　TN5 玻璃盏保存现状

根据肉眼观察，TN5 表面几乎全部被黑色风化产物和泥土等附着物覆盖，基本看不到玻璃的原始形貌。在未被覆盖区域，可观察到深绿色的玻璃基体，可大致看到基体的透明度较好。除了黑色风化产物和附着物以外，玻璃表面多处出现虹彩现象，颜色以蓝色与黄色为主。玻璃表面病害主要表现为断裂、虹彩和风化产物覆盖。

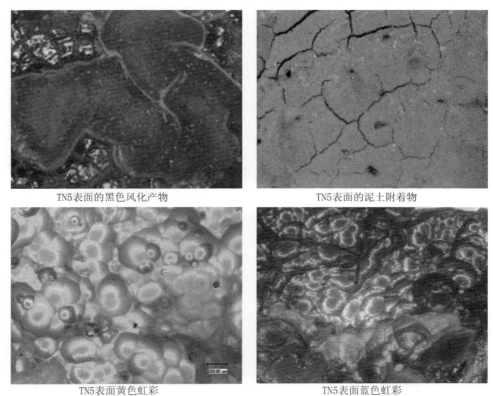

TN5表面的黑色风化产物　　　　　　　　　TN5表面的泥土附着物

TN5表面黄色虹彩　　　　　　　　　　　　TN5表面蓝色虹彩

图 1 - 5 - 7　TN5 玻璃盏表面病害

（二）玻璃盏修复原则

根据不同修复目的和修复要求，一般将修复工作分成三类：研究修复、展览修复和商业修复。

1. 研究修复（考古修复）

此类修复的目的是为考古专家和学者们的研究工作提供较好的实物资料。因此，对损坏不严重的器物，比如表面附着沉积物、非完全性断折及少量缺损等情况，一般只需清理干净表面污垢即可。对损坏严重的器物，也只需在清理干净表面污垢的基础上，将断裂的各部位重新粘接在一起，对于玻璃器，必要时可将短缺严重的部位填平补齐，对风化严重的器物进行适当加固处理就可以。

2. 展览修复（随色修复）

展览修复是为博物馆、展览馆提供理想的实物展品，以供广大观众参观鉴赏。此类修复的技术要求与商品修复基本相同，但对修复部位表面的视觉效果要求比商品修复要低一点。观众只要隔着展柜保护玻璃看不出大面积的损坏痕迹就可以了，有时还要有意留下少量损坏部位不加修复以供鉴赏。

3. 商业修复（全部修复）

商业修复是将修复好的器物作为商品进行交易。为了能使商品取得较好的观赏效果并获得较高的商业利润，对此类修复的技术要求极高。它不仅要做到将破损的器物恢复到原有形状，而且还要通过一系列的技术加工，使其表面的色彩、纹饰、质感、自然旧貌等呈现出完好无损的视觉效果。

根据 TN5 玻璃盏的保存现状及未来的展示需求，拟对 TN5 进行展览修复，主要包括表面清洗、碎片粘接加固和裂缝修补。

（三）玻璃盏保护方案与示范

1. 表面清洗

文物清洗方法大致可分为湿洗和干洗两类。湿洗是直接用水冲洗器皿，或将器皿浸入水中，加入适量化学试剂，用软刷刷洗，也可兑入常用的清洁剂清洗。干洗是针对器物表面的污渍异物，用棉花球蘸取无水乙醇轻轻擦洗，或用自制的牛角刮刀、手术刀等小心翼翼地将其剔除；对不易清除的附着物，则用吸入无水乙醇、乙酸乙酯等溶剂的棉球敷在附着物上，使之酥软后清除。此外，还可选用超声波清洗和激光清洗。在清洗过程中，器物的接口处特别要处理干净，以防粘接时错位变形。

据观察，TN5 玻璃盏表面附着的土壤和沉积物非常疏松，可以用机械清理法小心去除，主要是利用毛刷去除器物表面附着的泥土和杂物。对于较坚硬或存在于沟缝内的土锈、杂物，可以用竹签等尖利工具将其剔除，由于玻璃基体较为酥脆，因此需特别注意不可损伤器物。因此，对于已经干硬的污垢和可去除的风化层，用棉球蘸取无水酒精，使附着物软化后，再去除。

对于表面的黑色物质，经分析其成分为高铅化合物，为玻璃的风化产物。秉承保留原貌的原则，仅仅将起翘严重的疏松部位剔除，而保留与基体紧密结合且表面较光滑致密的风化层。

2. 粘接材料的筛选

（1）材料筛选

黏结剂包括由各种树脂组成的粘料以及添加的部分辅助材料，如稀释剂、固化剂、促进剂、偶联剂、增韧剂、填料等[34]。文物表面虽然可以施用一定量的黏结剂，但为了遵循最小干预，修旧如旧，可逆性等原则，所以对保护操作中使用的黏结剂有特定要求，主要为：黏结剂应具有较低的表面张力；粘度适中，易于扩展而不能漫流；固化时间适中；不改变文物外观；具有可再操作性，并且耐老化性能良好。

目前，常用的几类粘接材料主要有纤维素类、聚醋酸乙烯酯类、聚乙烯缩丁醛、环氧树脂类和丙烯酸树脂类等，这几类材料的优点和缺点见表27。可以看出，纤维素类和聚醋酸乙烯酯类不适合作为玻璃质文物的粘接材料，而聚乙烯缩丁醛（PVE）的粘接强度不高，耐老化性一般，一般比较适宜于粘接小件器物。由于 TN5 玻璃盏珍贵，所使用胶粘剂的可逆性应较好，流动性适中，在使用过程中不易漫流，且便于清理。通过对国内外关于古代玻璃黏结剂应用方面的文献调研[35,36,37]，最终选择了环氧树脂类黏结剂—Araldite 水晶粘胶 2020#（XW396/XW397）和丙烯酸类粘接材料—Paraloid B - 72 进行筛选实验。其中，Araldite 水晶粘胶 2020#（XW396/XW397）的黏度约为 35Pas，在不同温度下的完全固化时间分别为 72 小时（23℃）、5 小时（60℃）、30 分钟（100℃），具有良好的耐化学介质、耐温性（ - 40℃ ~ 80℃）和耐水性，但抗冲击性一般。Paraloid B72 是由甲基丙烯酸乙酯（66%）和丙烯酸甲酯（34%）构成的一种共聚物，为无色透明晶体，黏稠性低，可逆性好，具有良好的耐久性，可溶于酒精、丙酮、甲苯等溶剂，而且 Paraloid B72 在文物修复中的应用研究较为成熟，是一种安全可靠的材料。

表 1 - 5 - 5　　　　　　　几类常见粘接材料的优缺点[38,39]

黏结剂类型	优　点	缺　点
纤维素类	耐老化、耐溶剂性能较好；耐燃烧性较好；适宜皮革织物纸张的粘接。	耐候性一般；抗潮性较差；粘接性能较差；不适宜玻璃金属陶瓷的粘接。
聚醋酸乙烯酯类	既能溶于很多溶剂，又易于在水中乳化；稳定性好，耐候性、耐老化性较好；粘接能力强，黏合强度高。	早期粘接强度过高，继续操作难度较高。
聚乙烯缩丁醛（PVE）	耐水性和耐热性良好	黏度高；渗透性差；粘接强度不高；耐老化性一般。
环氧树脂类	具有良好的粘接性；附着力强；具有良好的耐候性；耐酸碱；抗生物降解。	老化变色现象严重；固化时间长，可逆性差；粘接强度过大。
丙烯酸树脂类	良好的化学稳定性和耐老化性。	不耐碱。

通常，温度每提高10℃，化学反应速度约提高一倍。因此，可以用提高温度的方法来加速高分子材料的老化过程，从而在短时间内得到各种高分子材料的耐老化性能。

A. 实验仪器——电热恒温鼓风干燥箱

型号：DGX－9073BC－1；

控温范围：室温±10℃～300℃；

温度波动：±1℃；

加热功率：1180VA。

B. 老化方法

热老化温度：160℃。

将粘接后的样品置于老化箱内，升温至预定温度，放置30天。

C. 结论

高温老化30天后，取出样品观察，发现使用B72粘接的玻璃片外观基本没有变化，而使用Araldite水晶粘胶粘接的玻璃片则发生了明显的变黄现象。由此说明，Araldite水晶粘胶耐热老化性能较差，且老化后变色严重。

光是导致黏结剂老化的重要因素之一。一般认为，导致高分子材料老化的光波是波长小于400nm的短波，即紫外光。在紫外光照射下，高分子材料吸收能量，发生氧化分解等反应，从而发生老化。

A. 紫外灯

UVB8W29T5紫外线灯：波长310nm，功率8W。

B. 老化方法

室温下，将使用B72和Araldite水晶粘胶粘接的玻璃片样品放置于紫外灯下照射。样品与灯的距离设定为3cm，老化时间为30天。

C. 结果讨论

光老化30天后，取出样品观察，结果发现，使用B72粘接的玻璃片外观基本没有变化，而使用Araldite水晶粘胶粘接的玻璃片则发生了明显的局部变黄现象。由此说明，Araldite水晶粘胶耐光老化性能较差，且老化后存在局部变色现象。

由于玻璃本身的透明度较好，所以应该选择透明度较好且老化后颜色变化较小的黏结剂，故选择B72较为适宜。

（2）黏结剂浓度筛选

由于黏结剂的浓度对于粘接效果至关重要，遵循"既要保证器物粘接牢固，又要尽量减少黏结剂用量"的原则，分别配制了一系列不同浓度的B72－丙酮溶液，进行浓度筛选实验。

实验方法：分别配制浓度为6%、7%、8%、9%和10%的B72-丙酮溶液。将同一型号的烧杯及表面皿随意摔碎，然后，分别用不同浓度的B72-丙酮溶液粘接。固化24小时后，将样品放置于风热老化箱中，在120℃条件下老化30天，以观察不同浓度B72-丙酮溶液的粘接效果。

由结果可知，总体来看，用不同浓度B72溶液粘接后的器物外观几乎没有变化，但固化和老化的粘接效果却不相同，具体如下：使用6%的B72溶液粘接的烧杯，在固化过程中由于自身重量而破坏，而用此浓度粘接的表面皿在老化30天后，也发生了断裂现象；使用7%的B72溶液粘接的烧杯和表面皿，均在老化后发生了自行破碎和断裂现象；8%~10%的B72溶液的粘接效果均比较好，老化后，样品的保存状况良好。由于TN5玻璃盏自身重量比烧杯重一些，因此出于安全考虑，并基于最小改变的原则，选择浓度为9%~10%的B72-丙酮溶液作为黏结剂。

3. 粘接

根据器物破碎部分的形状、颜色、纹饰等特点初步确定其所在部分，然后再逐块拼对。有必要时，可以在每块碎片上做好记号，然后再拼对。

TN5玻璃盏从底部断成三片，断口明显，较易拼对，因此可以直接拼对粘接。

将黏结剂均匀地涂抹在已经清洁干净的断面上，然后，将两断口正确地吻合、拼对在一起，用力按实，再用棉球蘸取少许溶剂并挤成半干，将溢出裂缝外的黏结剂擦拭干净。为了防止接口在黏结剂没有固化前出现移动错位，要对粘接拼对后的各部分加以固定，以确保粘接质量。待黏结剂完全固化后，除去固定用具和用品即可。由于TN5玻璃盏的器壁很薄，粘接后需要将玻璃盏置于随形的托具之中，以防止在固化过程中断面受力而发生位移。

4. 裂缝灌注及修补

由于TN5玻璃盏在拼对和粘接后存在1~2毫米宽的裂缝，因此，需要对裂缝灌注和修补。补缺是为了填补玻璃器缺失的部分。玻璃器的补缺有两种方法：一种为玻璃补缺，即烧制与原器物相似的残缺部分进行补缺，但从工艺和技术角度来看，操作的难度较大；另一种为合成材料（如石蜡）补缺，如咸阳国际机场北周王士良墓出土淡黄绿色磨花琉璃碗的补缺[40]，这是目前行之有效的方法之一。在文物修复中，玻璃器皿的补缺技术难度较高，其中原因是器皿的透明效果不易把握，因此修复材料的选用至关重要。由于玻璃表面比较光洁，不易粘接，因此补缺材料即要有牢度又要有硬度、表面要光洁，而且具有一定透明度。在国外的修复案例中，Technovit404A[41]也曾成功地应用于古代玻璃的修复补缺。

补缺粘接后，最后要做色，用机械喷绘施釉，玻璃质釉面要厚薄均匀、光亮剔透，使其表面有玻璃质感。

（1）灌注修补试验

实验材料：玻璃表面皿。

黏结剂：Araldite 水晶粘胶 2020#（XW396／XW397），美国 Huntsman 公司生产；

ParaloidB72，美国 Rohm and Haas 公司生产。

将玻璃表面皿随意摔碎，人为制造出裂缝。用胶条将碎裂表面皿缝隙的两端和底部贴好，确定灌注液体不会渗漏后，用针管将调好颜色的环氧树脂、15％ 的 B72 - 丙酮溶液分别注射进固定好的裂隙中，在室温下固化 24 小时。结果表明：由环氧树脂灌注的三个样品，在 24h 后凝固良好，收缩较小；由 B72 灌注的三个样品，由于 B72 流动性很好，在灌注过程中漫流现象严重，固化后胶膜较薄，脆性较大，粘接力较差，且着色性能弱于环氧树脂，无法满足灌注粘接的基本要求。

由于环氧树脂的粘接强度强，收缩率小，便于操作，因此在陶瓷器和玻璃器修复上，经常被作为一种比较理想的填补材料使用。虽然环氧树脂在老化后存在颜色发黄的缺点，但由于 TN5 玻璃盏本体呈绿色，裂缝处需要作色处理，基本可以忽略树脂的颜色变化。因此，选择环氧树脂作为灌注材料。

（2）裂缝补配及修补

在修补裂缝之前，首先在裂缝断面上均匀地涂刷一层 B72 - 丙酮溶液，在裂缝表面形成初级胶结面。然后，根据裂缝周边的颜色，将环氧树脂的颜色调配好。将粘接后的 TN5 玻璃盏放在随形的托具中固定，用透明胶带或橡皮泥将两端和底部的缝隙贴好，然后，将调好颜色的树脂用注射器从上方灌注至裂缝中，待黏结剂固化后，再去除透明胶带或橡皮泥，并将胶面打磨平整。TN5 玻璃盏修复前后的照片见图 1 - 5 - 8。

 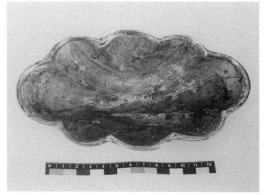

图 1 - 5 - 8 TN5 玻璃盏修复前后对照图

（四）保存建议

根据 TN5 玻璃盏的形状，制作一个透明的托具，在展示和挪动时，将托具和玻璃盏一起放置和移动。在保存和展示中要避免挤压、碰撞、振动等机械性损伤。此外，保存玻璃的基本环境条件是室温（25℃）干燥，并保持周围空气的纯净度，避免污染气体侵蚀。潮湿环境对玻璃保存非常不利，其保存环境的相对湿度应以《馆藏文物保存环境质量检测技术规范》推荐的 40% 为宜。

第二章　遗址地宫、塔基保护技术研究

第一节　研究目的和意义

一　主要内容

遗址地宫、塔基保护技术研究内容主要包括：建立遗址区环境气象站，开展潮湿环境气象要素监测；监测大气降水、地表水、地下水、土体含水量等水环境要素的动态特征；查明报恩寺遗址区水文及水文地质条件，探讨地下水在黏性土中的运移规律；系统测定遗址土体矿物成分、物理、水理及力学性质；监测病害发展趋势及地宫土体变形特征，分析遗址病害、水文地质条件与工程地质条件之间的关系，针对遗址土体开裂、坍塌、粉化等病害，通过实验室及现场试验，筛选适用于报恩寺遗址地宫、塔基的加固材料与工艺。通过分析遗址病害与水环境的关系，提出遗址区降水危害防治和排水防潮技术措施和报恩寺遗址地宫、塔基保护加固技术方案。

二　研究路线和技术方法

通过查阅国内外关于潮湿环境土遗址保护现有的研究成果，收集报恩寺遗址区气象、水文、地质及其城市规划与建设相关资料。通过建立环境气象监测站，对空气温湿度、降水量、蒸发量、风向、风速等气象要素进行动态实时监测；设置地表水、地下水和遗址病害监测点，对含水量、坍塌、开裂、粉化、变形等要素进行监测。开展报恩寺遗址水文地质与工程地质勘察，查明与遗址病害相关的地质条件。对地表水、地下水、遗址土体进行系统取样并对地表水、地下水的化学成分，遗址土体的物质组成、物理、水理和力学性质指标进行分析，研究病害形式与水土环境之间的关系。通过实验室模拟试验，初步筛选适宜的加固材料与工艺。选择不同试验加固材料，对不同部位发生的土体开裂、坍塌、粉化等病害开展保护加固现场试验，评价加固效果。

通过降排水、防渗、防潮等工程技术措施，有效抑制雨水和地下水对遗址塔基的危害。基于以上实验室和现场试验结果，总结出适合此类土遗址保护加固技术，制定报恩寺遗址地宫、塔基综合保护方案，并进行技术示范。

研究技术路线如图 2 - 1 - 1 所示：

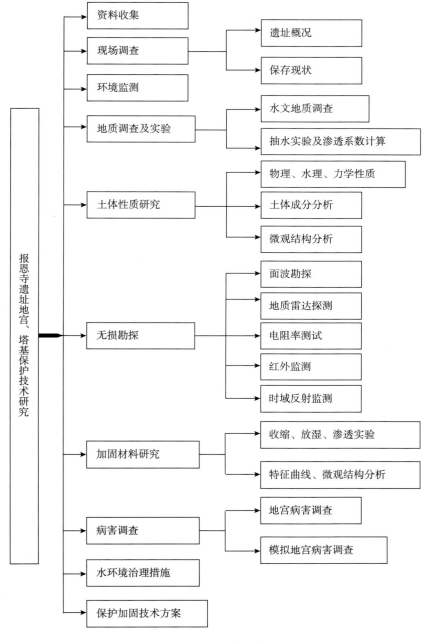

图 2 - 1 - 1　研究技术路线图

第二节　遗址现状研究

一　概况

（一）地宫位置、结构及现状

1. 位置

报恩寺遗址位于江苏南京中华门外雨花路东侧秦淮河畔长干里，明代的报恩寺，与灵谷寺，天界寺合称为金陵三大佛寺。北距秦淮河150m，南京市博物馆在报恩寺遗址内发现塔基，在此基础上继续进行考古挖掘，成功发掘了北宋金陵长干寺真身塔地宫，这是目前国内发现的最深的佛塔地宫，该地宫是目前国内发现的最深的竖井式地宫。地宫集中出土了以阿育王塔为代表的一批珍贵文物，文物种类多，质量好，级别高，是近年来宋代佛教文物出土最为集中的一次。

图2-2-1　报恩寺遗址区位图

2. 结构

地宫的上层土为夯土，下层为黏土。从陡坎上看，地宫北面的土的性状和地宫南面不同，南面的土中夹有许多大小不均匀的卵石（图2-2-2）。

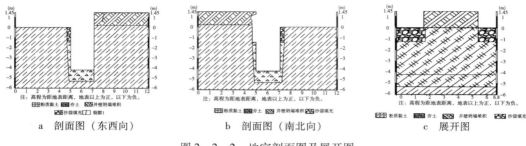

a 剖面图（东西向）　　　　b 剖面图（南北向）　　　　c 展开图

图 2-2-2　地宫剖面图及展开图

3. 保存现状

在报恩寺遗址地宫工作区范围内，地宫南侧存在有一些考古痕迹和墓葬。距离地宫较近的范围内，紧邻地宫的南面和西面形成凹陷，凹陷沿地宫边缘开始，范围沿地宫已有半圈，凹陷区域距离地宫口约 3m 左右，西面凹陷最远处距离地宫口约 10.75m，凹陷坡角距北面土顶层有 1m 多深，由于水流的作用，南面凹陷高程较高于西面，西面凹陷较深。紧邻地宫的东西向和南北向有互为垂直的相连的排水沟，由于凹陷，只留下南北向的一部分（约 5m）和东西向的一部分。且南北向排水沟靠近陡坎处有明显的环向裂隙。

地宫内坍塌比较严重，坍塌后所测地宫深为 4.21m，地宫的北面坍塌最严重，最深坍塌处达 48cm，地宫内已用脚手架、钢圈和木板进行临时支护，上部坍塌处已用沙袋进行填充，地宫的下部和底部被坍塌物填充（图 2-2-3）。

图 2-2-3　地宫考古后现状图

（二）地宫周边自然环境和气候、地质状况

南京市地处长江下游平原，海拔高度低，地貌上属于平原和低山丘陵区，南京市平原主要有河谷平原、滨湖平原，沿江洲地及江心洲 3 种类型。河谷平原主要有秦淮河沿岸的秦淮河河谷平原，海拔大部分在 7~10m；有位于鼓楼以北金川河沿岸的金川

河河谷平原，海拔大部在 6～10m；有位于江北滁河中下游沿岸的滁河河谷平原，海拔大部分在 5～10m；有位于高淳东部胥溪河河谷平原，滨湖平原为南部石臼湖与固城湖湖滨地区，地面海拔大部分在 5～7m。沿江洲地分布在上新河—板桥一带，江浦、浦口沿江，六合瓜埠以南和江宁营防乡等；江心洲有八卦洲、江心洲、新济洲、兴隆洲等十多个大小江心洲；海拔大部在 4～7m。

南京市属北亚热带季风区气候，温暖湿润，具有明显的季风气候特征，四季分明，年平均温度 15°，最热月平均温度 28.1℃，最冷月平均温度 -2.1℃。年平均降雨 117d，降水量较丰沛，多年平均降水量 1070.2mm，降水变率 19%。并主要集中在每年汛期的 6～9 月份，其降水量约占全年总量的 55%，一般 6～7 月为梅雨期，8～9 月又多受台风影响，年度最佳气节为秋季 9～11 月。经常有较大暴雨和不稳定天气出现，南京季风性气候明显，秋、冬季以东北风为主，春、夏以东风和东南风为主。最大平均湿度 81%，最大风速 19.8m/s，土壤最大冻结深度 -0.09m，无霜期 237d。

根据《建筑抗震设计规范》（GB50011 - 2010）附录 A，南京市抗震设防烈度为 7 度，设计基本地震加速度值为 0.10g，属于第一组。

二　遗址区环境监测及研究

（一）监测目的与监测点的布置

监测目的为：（1）了解报恩寺地宫的赋存环境是对报恩寺地宫进行科学保护与管理的前提和基础；（2）为报恩寺地宫病害机理研究提供环境资料；（3）为报恩寺地宫保护加固工程提供环境资料。

主要监测因子有：风速风向、降雨强度、温湿度、土壤含水率、地下水位。地宫和模拟地宫中的探头位置如图 2-2-4 和图 2-2-5。

地宫中 hobo 温湿度记录仪自上而下依次编号为 DG1、DG2、DG3、DG4，土壤含水率自上而下依次编号为 TDR1、TDR2、TDR3。模拟地宫中 hobo 温湿度记录仪自上而下依次编号为 MN1、MN2、MN3、MN4。地下水位监测点 1、2 的 MadgeTech 水位/温度数据记录仪的编号分别为 ZKWater Level、GJWater Level。

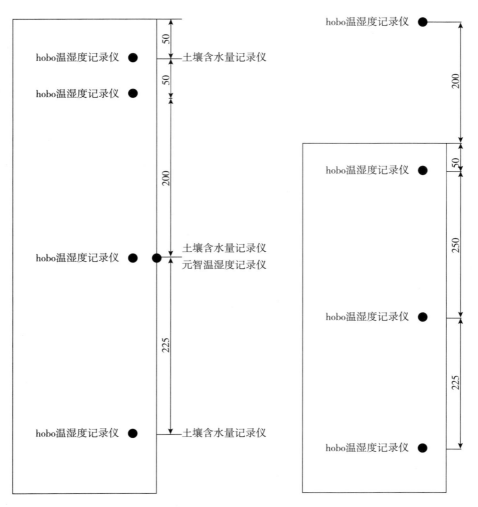

图 2 - 2 - 4　地宫监测点布置图　　　图 2 - 2 - 5　模拟地宫监测点布置图

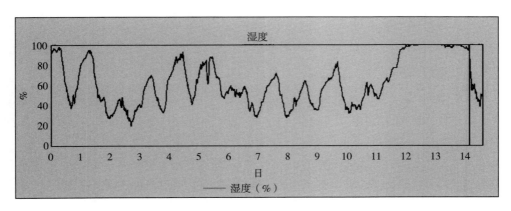

图 2 - 2 - 6　2010 年 12 月相对湿度变化曲线图

（二）监测结果统计分析

1. 环境监测结果

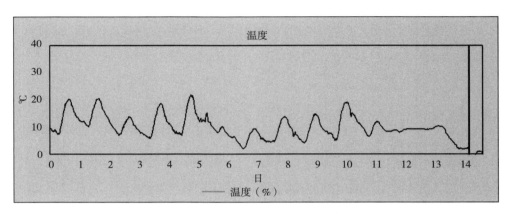

图 2－2－7　2010 年 12 月温度变化曲线图

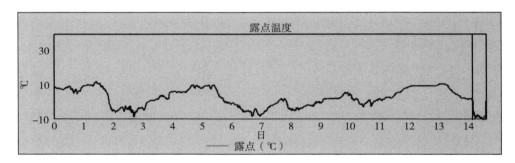

图 2－2－8　2010 年 12 月露点温度变化曲线图

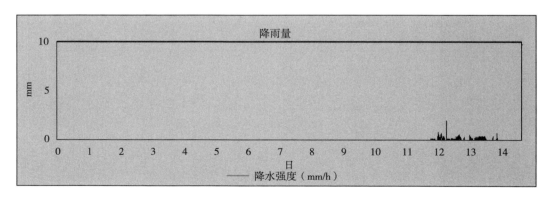

图 2－2－9　2010 年 12 月降雨量变化曲线图

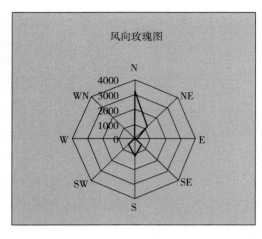

图 2 - 2 - 10　风向玫瑰图

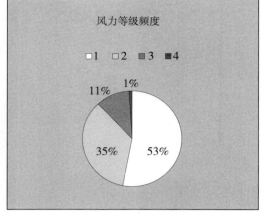

图 2 - 2 - 11　风力等级频度图

月降水量见表 2 - 2 - 1，变化状况见图 2 - 2 - 12。

表 2 - 2 - 1　　　　　　　　　遗址区月降水量（mm）

月份	1	2	3	4	5	6	7	8	9	10	11	12
降水量	28	149.7	127	186	58	131	322	259	182	39	7.6	28.5

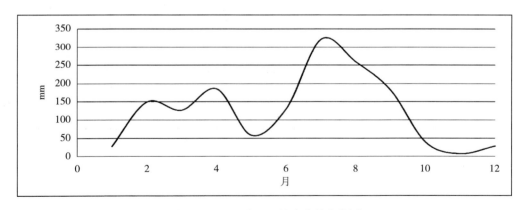

图 2 - 2 - 12　遗址区月降水量变化图

报恩寺遗址地气温的季节变化显著，夏季炎热多雨，冬季寒冷少雨，四季分明。报恩寺遗址地 2010 年总降水量 1517mm，是典型的亚热带季风气候，降水受季风影响十分明显。

2. 地宫监测结果

2010 年地宫温湿度监测数据见表 2 - 2 - 2，变化趋势见图 2 - 2 - 13、2 - 2 - 14。

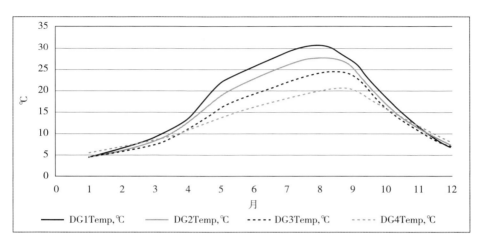

图 2 - 2 - 13　地宫月平均温度变化图

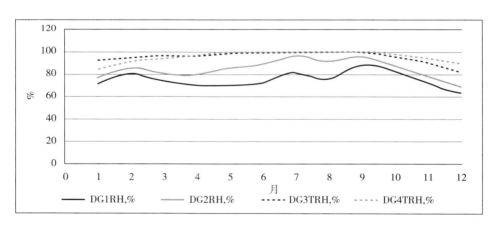

图 2 - 2 - 14　地宫月平均湿度变化图

土壤水分含量月平均值见表 2 - 2 - 3，变化情况见图 2 - 2 - 15。

表2-2-2　地宫温湿度监测数据

月	DG1Temp°C	DG1RH%	DG1DewPt°C	DG2Temp°C	DG2RH%	DG2DewPt°C	DG3Temp°C	DG3RH%	DG3DewPt°C	DG4Temp°C	DG4RH%	DG4DewPt°C
1	4.7	70.9	-0.3	4.5	76.3	0.5	4.5	92.1	3.3	5.6	84.2	3.2
2	6.6	80.4	3.3	6.1	85.6	3.8	5.9	95	5.2	6.9	91.1	5.6
3	9.3	73.4	4.4	8.4	81.1	5.2	7.8	95.1	7.1	8.4	93.2	7.3
4	13.7	70	7.7	12.2	79.3	8.6	11	95.5	10.3	11.1	96.3	10.5
5	21.9	69.4	15.5	18.9	85.1	16.3	16.1	98.9	15.9	14.4	99.9	14.4
6	25.7	72.6	20.1	22.6	88.8	20.6	19.2	99.7	19.2	16.4	100	16.4
7	28.9	81.1	25.1	25.9	96.3	25.3	22.1	99.7	22.1	18.4	99.9	18.4
8	30.6	75.2	25.4	27.7	91.2	26.2	24.2	99.8	24.2	20	99.9	20.1
9	27	87.8	24.7	25.7	95.6	25	23.7	99.9	23.7	20.5	100	20.6
10	18.5	82.3	15.8	16.9	87.4	14.3	15.6	95.2	14.8	15.3	96.7	14.8
11	11.7	71.9	6.4	11.5	78.1	7.7	10.9	90.5	9.4	11.6	93.8	10.6
12	7.4	62.3	0	7.3	69	1.7	7	82.3	4.1	8.1	89.1	6.4

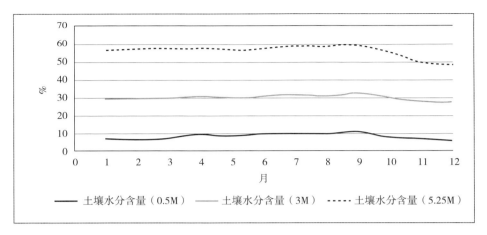

图 2 - 2 - 15　地宫土壤水分含量变化图

表 2 - 2 - 3　　　　　地宫土壤水分含量月平均值（％）

月	土壤水分含量（0.5M）	土壤水分含量（3M）	土壤水分含量（5.25M）
1	6.6	29.4	56.3
2	6.9	29.7	57.6
3	7.5	29.7	57.5
4	9.3	30.4	57.9
5	8.4	29.7	57.1
6	9.3	30.3	57.8
7	10	31.7	58.9
8	9.6	31.1	58.7
9	10.2	31.6	59.3
10	8.2	30.2	56
11	7.7	28.4	49.1
12	6.4	27.6	48.5

从图表可以看出，地宫内温度随着外界温度变化而变化，受到外界温度变化影响明显，越靠近地宫口变化越明显，随着深度的增加变化逐渐减小。1 至 8 月呈上升趋势，9 至 12 月逐渐降低，地宫内最高温度 41.6℃（2010 年 8 月 4 日下午 1 时，温湿度记录仪编号 DG1），最低温度 - 3.6℃（2010 年 1 月 13 日上午 7 时，温湿度记录仪编号 DG1）。地宫内相对湿度较高，在 60％ 以上，自上而下湿度逐渐升高，6、7、8 三个月中地宫内 3m 以下宫壁上部分时间会出现冷凝水，湿度达到 100％。地宫湿度变化趋势与降水和地下水位变化一致，受到降水和地下水位影响明显。地宫内土壤水分含量随时间变化不是很明显，但是，随着地宫深度增加逐渐增加。

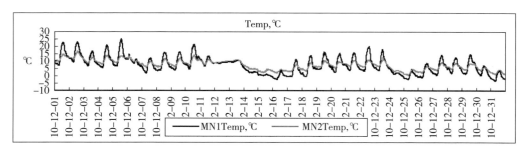

图 2 – 2 – 16　2010 年 12 月模拟地宫温度变化曲线图

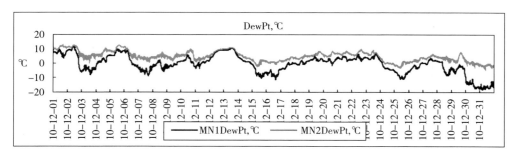

图 2 – 2 – 17　2010 年 12 月模拟地宫露点温度变化曲线图

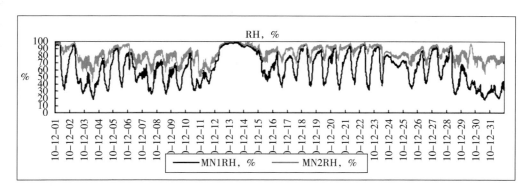

图 2 – 2 – 18　2010 年 12 月模拟地宫湿度变化曲线图

3. 模拟地宫监测结果

模拟地宫中，MN1 放置于模拟地宫外面，通过分析可知，其温湿度变化趋势和外界气象站基本相同，MN2、MN3 变化趋势相同

4. 地下水位监测

地下水位监测结果见图 2 – 2 – 19、2 – 2 – 20。

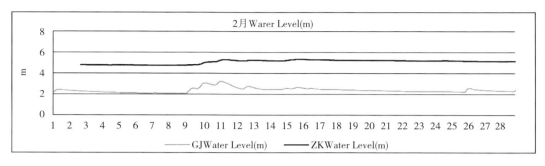

图 2 - 2 - 19　2010 年 2 月地下水位变化曲线图

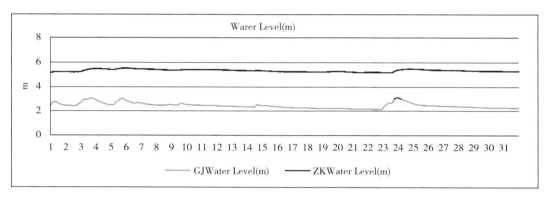

图 2 - 2 - 20　2010 年 3 月地下水位变化曲线图

由图分析可知，钻孔中的地下水位和古井中的地下水位基本保持稳定，受到降雨的影响，略有波动，钻孔内地下水位夏、秋季比较平稳，变化较小，冬、春变化较大，4、7、8、9 较高，12 月较低，变化趋势和降雨量变化趋势基本一致。说明地宫内的水位变化主要受降水影响。

（三）小结

通过对遗址区进行环境监测可知，报恩寺遗址区域温度日较差变化明显，主要受到阴雨天气的影响，阴雨天气较小，最低可达 1.2℃，晴天较大最高达到 25℃。相对湿度较大并有结露现象，平均相对湿度 70% ~ 80%。风力等级以 1 级 2 级为主，偶尔有 3 至 4 级风，最大风速 6.1m/s，平均风速 1 ~ 2 米。降水主要集中在 7、8、9 月份，占年降水量的 38%，1、11、12 月降水较少，仅占年降水量的 4%。地宫内温度随着外界温度变化而变化，受到外界温度变化影响明显，越靠近地宫口变化越明显，随着深度的增加变化逐渐减小。地宫湿度变化趋势与降水和地下水位变化一致，受到降水和地下水位影响明显。地宫内土壤水分含量随时间变化不是很明显，但是，随位置变化明显，随着地宫深度增加逐渐增加，地宫内的水位变化主要受降水影响。

由遗址区降水年内变化规律可知，降水量主要分布在 7~9 月，地宫的渗水量与降水量的大小变化具有同步性，在 7~9 月的渗水量也比较大，地宫渗水量的大小与降水量高度相关，即降水量大，地宫渗水量也大。现场工作人员也证实，降雨期间地宫水量明显增加，尤其是一场降雨后的 2、3 天内地宫水量较多。可见，对遗址保护影响最大的环境因素为水，主要指降水，强降水使遗址区地下水水量增加，水位抬高，对遗址区及地宫文物保护造成不利影响，因此，若要更好地保存遗址，首先应该解决水的问题。

三 遗址区水文地质调查及研究

（一）水文地质调查

报恩寺遗址区位于秦淮河畔、河谷一级阶地上。据水文监测资料，秦淮河多年平均流量为 16.69 m，多年平均径流量为 5.27 亿 m^3，多年平均水位为 5.29m，1954~2002 年期间出现的最高水位为 10.22m，最低水位为 1.54m。据 2009 年 12 月至 2011 年 4 月上旬遗址区北边秦淮河水位观测数据，年均水位 6.9805m，一年中高水位出现在 7、8、9 月份，低水位出现在 2、3 月份。其中最高月平均水位为 8.335m，最高日水位达 10.05m（2010 年 8 月 13 日）。

报恩寺遗址区位于南京秦淮河古河道附近，其地层结构为亚黏土、淤泥质土及沙性土互层，多层结构；基岩地质构造特征为北部为基底构造层 T–Z，南部为盖层构造层。遗址区出露地层均为第四纪全新世沉积层。报恩寺遗址区地层属弱透水层，同时属地下水贫乏地带，只存在少量的地下水。地下水补给区在遗址南部的雨花台隆起带，主要接受大气降水入渗补给，由南向北缓慢径流，经过报恩寺遗址区，向秦淮河排泄。地下水埋深在地宫约 6m，一号古井约 5.2m，2 号古井 1.74m，3 号古井 1.11m。遗址区内潜水水化学类型较为复杂，以 HCO_3—Ca、Na 及 HCO_3—Ca、Mg 型为主，PH 值为 7.8 左右，水温季节性变化明显，一般为 12~20℃，矿化度大多为小于 1g/L 的淡水。地下水水位、水量年际变化较小，主要受降水入渗补给的影响，不同季节地下水水位、水量在一定范围内变化。春冬季地下水水位较低，夏季、秋季是降水量较大的季节，降水入渗补给引起地下水水位出现一年中的高峰期。

（二）抽水实验与渗透系数计算

1. 抽水实验（模拟地宫、2号井、3号井）

试验的目的主要是确定含水层的富水性、水井实际出水量，确定含水层水文地质参数，了解地下水对地宫的影响，为评价地宫周围地下水环境、防治地宫渗水危害提供依据。

模拟地宫抽水实验数据处理如下：

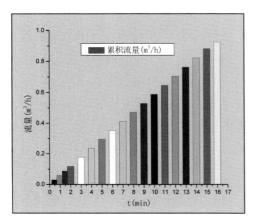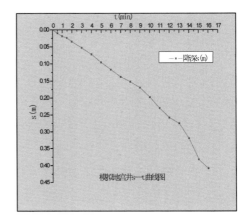

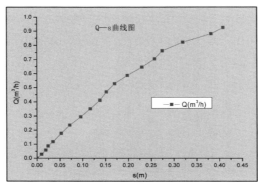

图 2 - 2 - 21　模拟地宫抽水试验变化图

2 号井抽水试验数据处理如下：

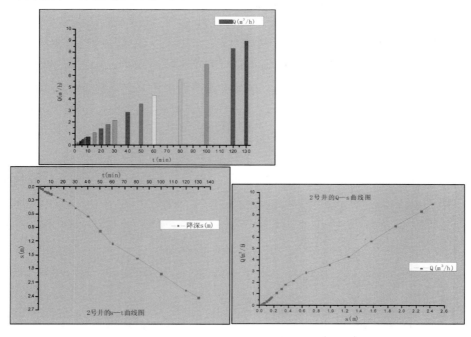

图 2 - 2 - 22　2 号井抽水试验变化图

3 号井抽水试验数据：

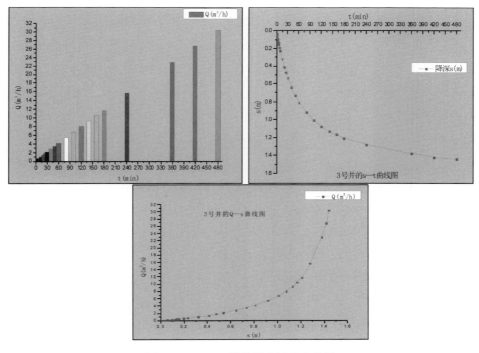

图 2 - 2 - 23　3 号井抽水试验变化图

利用泰斯公式计算得出 1 号井（模拟地宫）的渗透系数为 $K_1 \approx 2.14317 \times 10^{-6}$ m/s；2 号井的渗透系数为 $K_2 \approx 0.064$ m/d $= 7.407 \times 10^{-7}$ m/s；3 号井的渗透系数为 $K_3 \approx 3.28286 \times 10^{-6}$ m/s。

2. 水位恢复实验

模拟地宫水位恢复试验结果为：

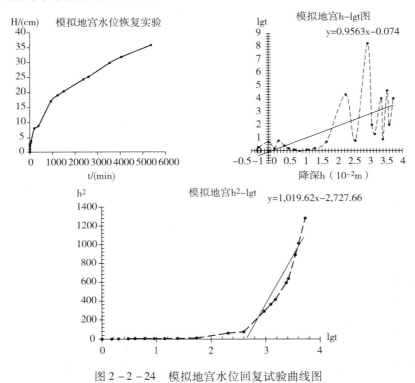

图 2 - 2 - 24　模拟地宫水位回复试验曲线图

2 号井水位恢复总时长 2565min，结果见下图。

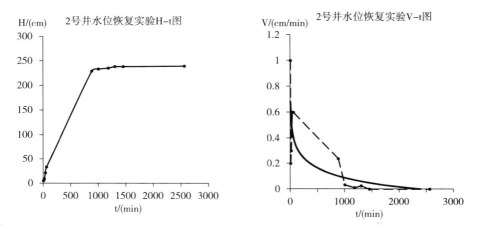

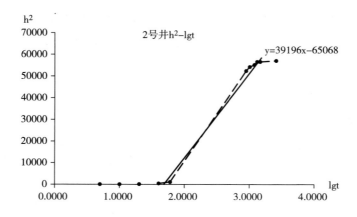

图 2-2-25 2 号井水位回复试验曲线图

3 号井水位恢复总时长为 2690min，结果为：

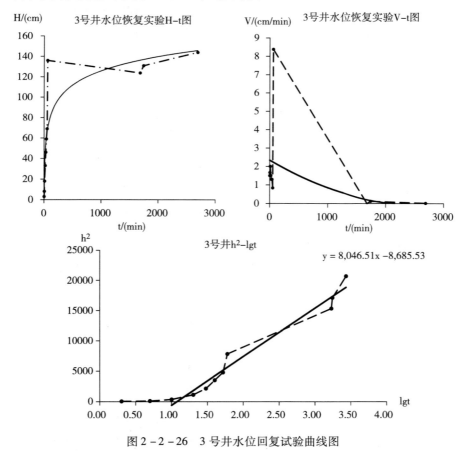

图 2-2-26 3 号井水位回复试验曲线图

模拟地宫抽水试验中，以定流量 $Q = 83.37 m^3/d$ 进行抽水，在抽水 $t_k = 16min$ 时刻

停泵，观测到的水位降深 s = 35.8cm，抽水停止时算起的恢复时间 t_T = 5374min

$$渗透系数 K = \frac{Q}{2 = (H2 - h2)} ln \left(1 + \frac{t_k}{t_r}\right) = \frac{83.37}{6.28 \ (0.458^2 - 0.1^2)} ln \left(1 + \frac{16}{5374}\right)$$

$$= 0.198 m/d = 2.2886 \times 10^{-6} m/s$$

2 号井抽水试验中，以定流量 Q = 96.83m³/d 进行抽水，在抽水 t_k = 130min 时刻停泵，观测到的水位降深 s = 239cm，抽水停止时算起的恢复时间 t_T = 2565min

$$渗透系数 K = \frac{Q}{2 = (H^2 - h^2)} ln \left(1 + \frac{t_k}{t_r}\right) = \frac{96.83 \times 24}{6.28 \ (3.45^2 - 1.06^2)} ln \left(1 + \frac{130}{2565}\right)$$

$$= 0.071 m/d = 8.185 \times 10^{-7} m/s$$

3 号井抽水试验中，以定流量 Q = 97.46m³/d 进行抽水，在抽水 t_k = 480min 时刻停泵，观测到的水位降深 s = 144cm，抽水停止时算起的恢复时间 t_T = 2690min，水位恢复时的潜水含水层厚度 h = 9.46m，抽水前的潜水含水层厚度 H = 10.9m

$$渗透系数 K = \frac{Q}{2 = (H2 - h2)} ln \left(1 + \frac{t_k}{t_r}\right) = \frac{97.46}{6.28 \ (10.96^2 - 9.46^2)} ln \left(1 + \frac{480}{2690}\right)$$

$$= 0.087 m/d = 1.006 \times 10^{-6} m/s$$

3. 入渗实验与入渗系数计算

模拟地宫渗水试验数据及处理：

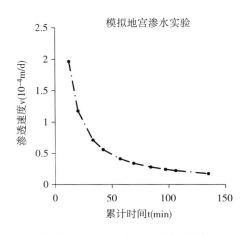

图 2 - 2 - 27　v 随 t 变化趋势图

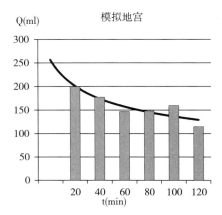

图 2 - 2 - 28　Q 随 t 变化趋势图

2 号井数据处理如下：

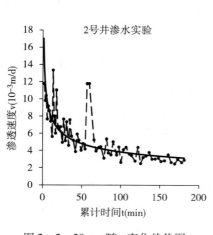

图 2 - 2 - 29　v 随 t 变化趋势图

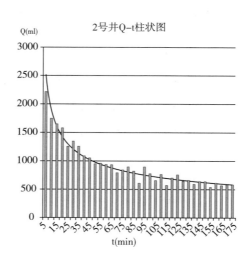

图 2 - 2 - 30　Q 随 t 变化趋势图

根据入渗速度近似法，由两图可以看出，入渗速率趋于定值，数值上其稳定入渗速度等于地表垂向渗透系数 K。实验一的渗透系数 $K_1 \approx 1.5 \times 10^{-6}$ m/s；实验二的渗透系数 $K_2 \approx 2.8 \times 10^{-5}$ m/s。

四　遗址土体性质研究

报恩寺遗址所处位置北距秦淮河 150m，南京市年均降雨量 1026mm，遗址土体主要为第四纪黏性土，地宫深 6.75 米，渗水、开裂、坍塌及粉化等病害严重，若不采取有效措施，一旦地宫外壁大面积塌方，地宫原貌将会丧失，塔基也将不复存在，因此对遗址地宫的加固保护极为重要和迫切。

为了给加固设计提供可靠的参数，以及掌握遗址各种病害与土体的物理、水理及力学性能的关系，开挖了一试验井，并在不同深度取土样，进行土工试验，根据试验数据研究分析土体性质对遗址病害形成的影响。

（一）土体基本物理性质

1. 土体含水量测定

试验结果图 2 - 2 - 31 ~ 图 2 - 2 - 33。

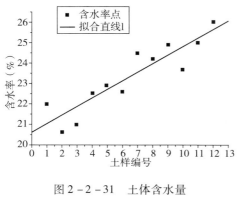

图 2 - 2 - 31　土体含水量

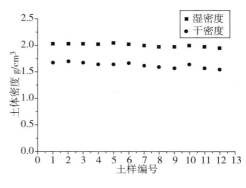

图 2 - 2 - 32　土体干湿密度

试验结果表明：报恩寺地宫遗址处在南方潮湿地区，降水量大，土体湿密度较大，含水率较高，主要在 20.6%～26.0%，且随取样深度越深，土体含水量越大。

地宫土层含水量的变化见图 2 - 2 - 33。

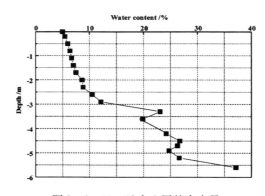

图 2 - 2 - 33　地宫土层的含水量

图 2 - 2 - 33 表明，地宫土层的含水量随深度的增加基本呈增大的趋势，变化范围为 5.0%～37.1%，底部土层含水量大与雨水的渗入有关。

2. 密度试验

本实验选用环刀法，探井土层的干密度变化见图 2 - 2 - 34。探井土样的干密度范围为 1.54～1.72 g/cm³。

3. 土粒比重试验

本试验采用比重瓶法，地宫土层的比重结果见表 2 - 2 - 4。地宫土样的比重在 2.55～2.75。

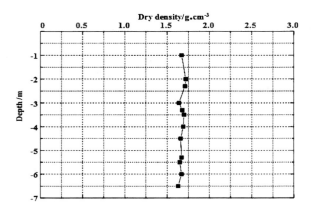

图 2 - 2 - 34   探井土层干密度随深度变化

表 2 - 2 - 4   地宫土层的比重

试样号	深度/m	比重
DG - 1	0	2. 67
DG - 2	1. 0	2. 75
DG - 3	2. 0	2. 65
DG - 4	3. 0	2. 64
DG - 5	4. 0	2. 70
DG - 6	5. 0	2. 65
DG - 7	6. 0	2. 63

探井土样的比重结果见表 2 - 2 - 5。探井土样比重为 2. 44 ~ 2. 75。

表 2 - 2 - 5   探井土层的比重

试样号	深度/m	比重
TJ - 1	1. 0	2. 68
TJ - 2	2. 0	2. 67
TJ - 3	3. 0	2. 70
TJ - 4	4. 0	2. 72
TJ - 5	5. 0	2. 71
TJ - 6	5. 5	2. 64
TJ - 7	6. 3	2. 63
TJ - 8	7. 0	2. 75

4. 颗粒分析试验

本次测试试样的颗粒组分利用 Mastersizer2000 全自动激光粒度仪进行细颗分测试。地宫不同土层的颗分结果见图 2 - 2 - 35，模拟地宫不同土层的颗分结果见图 2 - 2 - 36。

地宫土样颗粒粒径基本全部小于 0.5mm，各土层深度土颗粒的分布并不一致，颗粒粒径在 0.1 ~ 0.05mm 的土粒占 7.35% ~ 22.26% 左右，在 0.05 ~ 0.01mm 的土粒占 52.98% ~ 67.35% 左右，在 0.01 ~ 0.005mm 的土粒占 5.26% ~ 10.60% 左右，粒径小于 0.005mm 的颗粒在 3.69% ~ 9.96% 左右。

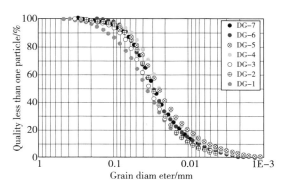

图 2 - 2 - 35　地宫颗分曲线测试结果　　　　图 2 - 2 - 36　模拟地宫土颗分曲线测试结果

模拟地宫土样颗粒粒径基本全部小于 0.5mm，各土层深度土颗粒的分布并不一致，颗粒粒径在 0.10 ~ 0.05mm 的土粒占 10.87% ~ 13.66% 左右，在 0.05 ~ 0.01mm 的土粒占 61.80% ~ 74.49% 左右，在 0.01 ~ 0.005mm 的土粒占 8.98% ~ 10.24% 左右，粒径小于 0.005mm 的颗粒在 4.91% ~ 11.43% 左右。

（二）土体水理性质

通过对土样进行界限含水量试验，可以分析得到土体的基本水理性质。试验结果如下表 2 - 2 - 6。

表 2 - 2 - 6　　　　　　　　　　　　土体界限含水率表

钻孔编号	土样编号	取土深度	液限	塑限	塑性指数	液性指数
1 - 1	1	1.0 ~ 1.2	35.3	20.9	14.4	0.08
2 - 1	2	2.0 ~ 2.2	34.5	20.5	14.0	0.01
3 - 1	3	2.5 ~ 2.7	34.6	20.6	14.0	0.03
4 - 1	4	3.0 ~ 3.2	37.9	22.2	15.7	0.02

续表

钻孔编号	土样编号	取土深度	液限	塑限	塑性指数	液性指数
5 – 1	5	3.5 ~ 3.7	38.4	22.4	16.0	0.03
6 – 1	6	4.0 ~ 4.2	35.6	21.0	14.6	0.11
7 – 1	7	4.5 ~ 4.7	34.3	20.4	13.9	0.29
8 – 1	8	5.0 ~ 5.2	32.4	19.5	12.9	0.36
9 – 1	9	5.5 ~ 5.7	32.7	19.6	13.1	0.40
10 – 1	10	6.0 ~ 6.2	31.6	19.1	12.5	0.37
11 – 1	11	6.5 ~ 6.7	31.8	19.2	12.6	0.46
12 – 1	12	7.0 ~ 7.2	32.3	19.4	12.9	0.51

试验结果表明：土样塑性指数均在 12 ~ 16，属于粉质黏土，土体含粘粒较多，可塑性较好，为中塑性土。

（三）土体力学性质

1. 土抗剪强度

采用应变控制式直剪仪对 12 组土样进行了快速直接剪切试验，试验结果见表 2 – 2 – 7。

表 2 – 2 – 7   土体直接剪切试验结果

钻孔编号	土样编号	取土深度	直剪试验		
			试验方法	黏聚力	内摩擦角
1 – 1	1	1.0 ~ 1.2	快剪	66	16.4
2 – 1	2	2.0 ~ 2.2	快剪	71	17.4
3 – 1	3	2.5 ~ 2.7	快剪	72	16.8
4 – 1	4	3.0 ~ 3.2	快剪	66	16.2
5 – 1	5	3.5 ~ 3.7	快剪	86	17.3
6 – 1	6	4.0 ~ 4.2	快剪	86	15.7
7 – 1	7	4.5 ~ 4.7	快剪	43	14.2
8 – 1	8	5.0 ~ 5.2	快剪	46	14.4
9 – 1	9	5.5 ~ 5.7	快剪	38	13.6
10 – 1	10	6.0 ~ 6.2	快剪	48	15.1
11 – 1	11	6.5 ~ 6.7	快剪	40	14.2
12 – 1	12	7.0 ~ 7.2	快剪	43	13.8

试验结果表明：土体含有较多的黏粒，虽然含水量及孔隙率较大，但土体胶结较好，因此内聚力较高，内摩擦角较小。

2. 土体抗压强度

试验结果如下表 2 - 2 - 8。

表 2 - 2 - 8　　　　　　　　　　土体抗压试验结果

钻孔编号	土样编号	取土深度	无侧限抗压强度		
			原状	重塑	灵敏度
1 - 1	1	1.0 ~ 1.2	143.2	110.2	1.3
2 - 1	2	2.0 ~ 2.2	165.7	150.6	1.1
3 - 1	3	2.5 ~ 2.7	158.3	131.9	1.2
4 - 1	4	3.0 ~ 3.2	139.7	93.1	1.5
5 - 1	5	3.5 ~ 3.7	128.2	75.4	1.7
6 - 1	6	4.0 ~ 4.2	130.4	86.9	1.5
7 - 1	7	4.5 ~ 4.7	111.1	58.5	1.9
8 - 1	8	5.0 ~ 5.2	98.5	46.9	2.1
9 - 1	9	5.5 ~ 5.7	107.0	59.4	1.8
10 - 1	10	6.0 ~ 6.2	123.0	76.9	1.6
11 - 1	11	6.5 ~ 6.7	88.5	36.9	2.4
12 - 1	12	7.0 ~ 7.2	81.2	31.2	2.6

试验结果表明：取土深度越深，土体抗压强度越小，原状土样抗压强度明显大于重塑土样抗压强度。土体灵敏度在 1.1 ~ 2.6，为中低灵敏度。因此在地宫加固设计时应考虑灵敏度的影响，施工时尽量减少对土体的扰动，以不使土体强度降低和压缩量增大。抗压强度试验结果为遗址地宫的土体强度提供了较可靠的指标，为抢险加固工作提供了参考依据。

3. 土体压缩性

通过室内侧限条件固结试验得到土体压缩性指标结果如下表 2 - 2 - 9。

表 2 - 2 - 9　　　　　　　　　土体压缩性指标测试结果

钻孔编号	取土深度	压缩系数 a_v	压缩模量 E_s
1	1.0 ~ 1.2	0.14	12.1
2	2.0 ~ 2.2	0.12	13.6
3	2.5 ~ 2.7	0.12	13.3
4	3.0 ~ 3.2	0.12	14.3
5	3.5 ~ 3.7	0.15	11.3
6	4.0 ~ 4.2	0.15	10.8

续表

钻孔编号	取土深度	压缩系数 a_v	压缩模量 E_s
7	4.5~4.7	0.21	8.0
8	5.0~5.2	0.21	8.0
9	5.5~5.7	0.23	7.4
10	6.0~6.2	0.18	9.2
11	6.5~6.7	0.22	8.0
12	7.0~7.2	0.22	8.0

试验结果表明：压缩模量 E_s 与压缩系数 a_v 成反比，压缩模量越大，压缩系数越小，则土体压缩性越小。土体压缩系数 a_v 在 0.12~0.23 之间，为中压缩性土，且土体压缩性随深度增加而逐渐增大。

（四）土体物理力学性质各指标间相互关系研究

1. 与含水率相关性

图 2-2-37 为土体物理力学参数，包括密度、孔隙比、压缩模量、压缩系数、液性指数、抗剪强度、抗压强度等与含水量的关系图。图中黑点为对数据点试验的测试结果，直线为各数据点测试结果的线性回归方程线。

从图 2-2-37 可以看出，土体密度、孔隙比、压缩模量、压缩系数、液性指数、抗剪强度、抗压强度等物理力学参数与含水量有密切的联系。

2. 与密度相关性

从图 2-2-38 可以看出，土体的液性指数、压缩模量、抗压强度随密度的增大而增大，黏聚力随密度的增大而减小。

（五）小结

通过以上研究主要得出以下结论：

（1）遗址土体的特性和频繁交替的干湿循环导致了遗址土体的坍塌和表面开裂等病害的发生。

（2）遗址地宫土体含水率较大，各个深度取土样的含水量均大于土体塑限含水量，土体具有较大的塑性。随深度增加，土体含水率增大，密度减小，孔隙比增大，在南京多降雨条件下，加大了地宫渗水的危险，而水对土遗址的破坏作用相当大，对地宫的稳定性造成威胁，因此应充分考虑土体性质，以对遗址地宫实施有效的防水加固保护措施。

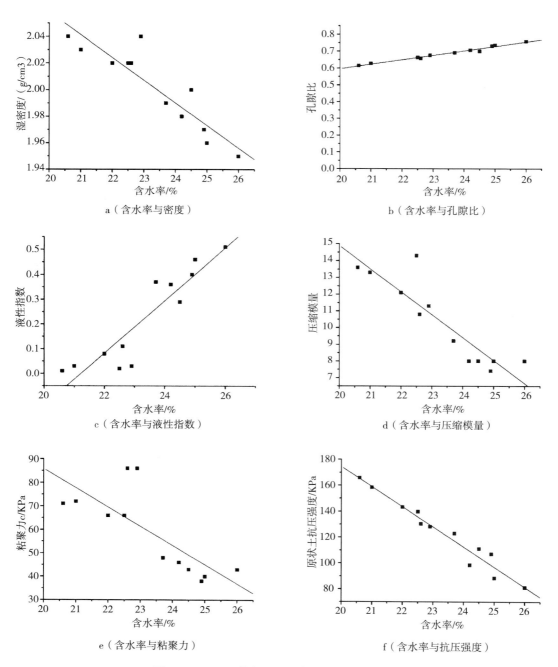

a（含水率与密度）

b（含水率与孔隙比）

c（含水率与液性指数）

d（含水率与压缩模量）

e（含水率与粘聚力）

f（含水率与抗压强度）

图2－2－37　土体物理力学参数—密度关系曲线

（3）遗址地宫土体具有较小的渗透性，因此在地宫内渗出的水不是具有稳定水头的地下水位，而是由于地宫开挖后形成一定的压差，导致土体中所含水分过饱和后从土体渗出，浸泡地宫底部，导致地宫底部破坏。

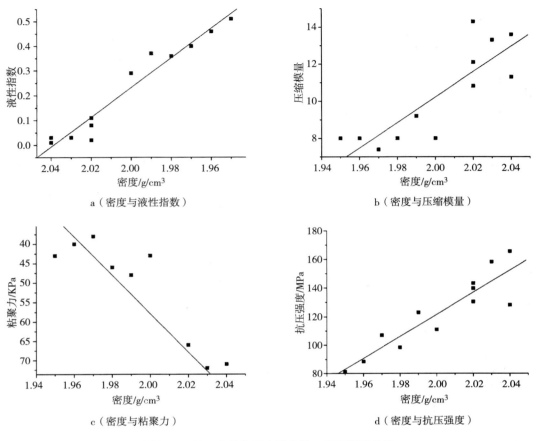

a（密度与液性指数）　　　　　　　b（密度与压缩模量）

c（密度与粘聚力）　　　　　　　d（密度与抗压强度）

图 2 - 2 - 38　土体物理力学参数—密度关系曲线

五　遗址区无损勘探及研究

（一）面波勘探

1. 设备及技术路线

本次地震勘探采用的设备为北京市水电物探研究所研制 SWS 型多波列数字图像工程勘探与工程检测仪（见图 2 - 2 - 39、图 2 - 2 - 40）。技术路线见图 2 - 2 - 41。

图 2 - 2 - 39　面波仪 1

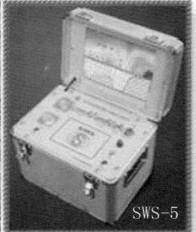

图 2 - 2 - 40　面波仪 2

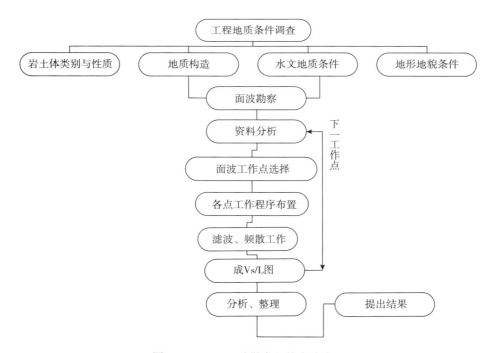

图 2 - 2 - 41　面波勘察的技术路线图

2. 实测工作布置

　　本次勘探选用 38Hz 的检波器，采样点数 2048 个，震源方式采用 8 磅大锤激振，受场地条件限制，各测点间距视不同情况而定。整个勘察区域共布置测线 4 条，测点 11 个，形成地层剖面 4 条，各测线、测点的具体布置见图 2 - 2 - 42，南京报恩寺遗址面波勘探剖面线布置图，具体采集参数取值见表 2 - 2 - 10、图 2 - 2 - 11。

表 2 - 2 - 10　　　　　　　各遗址点剖面、测线、测点采集参数

测线编号	剖面个数（条）	采集道数（道）	采样点数（个）	采样间隔（ms）	检波器频率（Hz）	道间距（m）	偏移距（m）	激振方式
1	1	12	2048	0.5	38	1	2	大锤
2	1	12	2048	0.5	38	1	2	大锤
3	1	12	2048	0.5	38	1	2	大锤
4	1	24	2048	1.0	38	1	2	大锤

表 2 - 2 - 11　　　　　　　勘探工作量表

项目	一致性检查（点）	噪声检测（点）	勘探剖面（条）	勘探点（点）	大锤激振（次）
数量	3	3	4	11	33

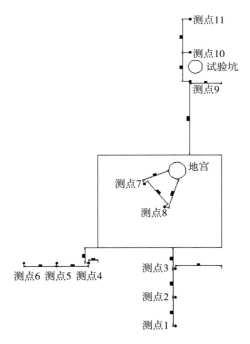

图 2 - 2 - 42　南京报恩寺遗址面波勘探剖面线布置图

3. 检测结果分析

利用面波解译软件 CCSWSmap、CCSWSWIN 及 AUTOCAD 制图软件，对采集的数据进行分析解译和整理，绘出面波速度的等值线图及其映像图，并绘出各勘探点的地层剖面图。各剖面及测点典型频散曲线及波速映像图如下：

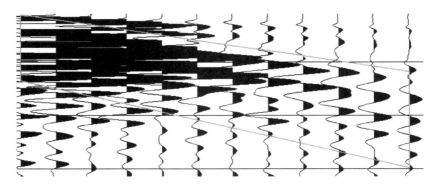

图 2 - 2 - 43　勘查区面波探测典型波形图

图 2 - 2 - 44　勘查区面波探测典型 F - K 域图

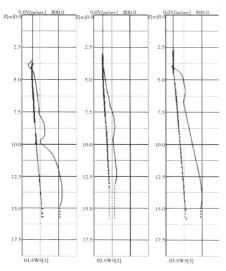

图 2 - 2 - 45　测线 1 剖面频散曲线

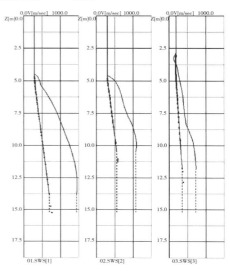

图 2 - 2 - 46　测线 2 剖面频散曲线

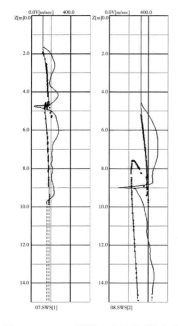

图 2 - 2 - 47　测线 3 剖面频散曲线

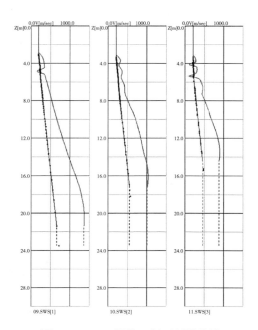

图 2 - 2 - 48　测线 4 剖面频散曲线

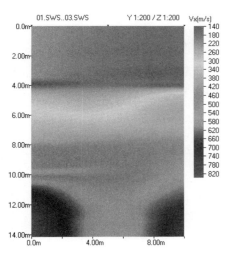

图 2 - 2 - 49　测线 1 剖面波速映像图

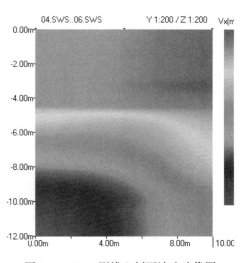

图 2 - 2 - 50　测线 2 剖面波速映像图

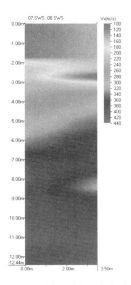

图 2-2-51　测线 3 剖面波速映像图

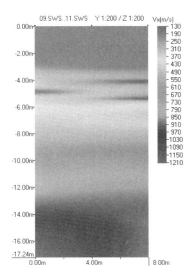

图 2-2-52　测线 4 剖面波速映像图

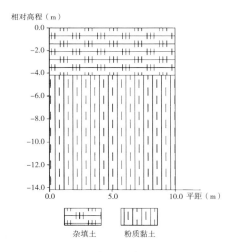

图 2-2-53　测线 1 面波勘探地层剖面图

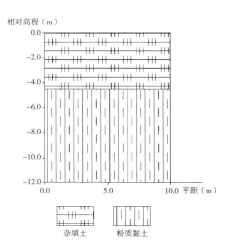

图 2-2-54　测线 2 面波勘探地层剖面图

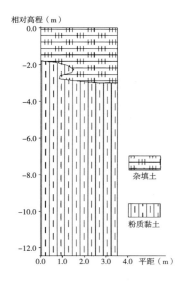

图 2 - 2 - 55　测线 3 面波勘探地层剖面图

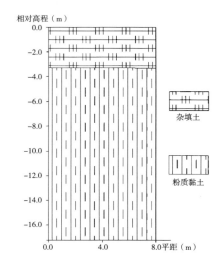

图 2 - 2 - 56　测线 4 面波勘探地层剖面图

经上述分析，根据能够探明各剖面所在地点的地层结构，给出的剖面地质解译图；同时，根据 $V_s = \dfrac{V_R}{\eta_s}$，$\eta_s = \dfrac{0.87 - 1.12\mu}{1 - \mu}$ 求得剖面内各层的剪切波速（V_s）。

表 2 - 2 - 12　　　　　　　　　各遗迹点地层厚度及剪切波速表

剖面位置	层序	地层名称	揭露深度（m）	剪切波速（m/s）
1 号遗迹	1	杂填土	0.0 ~ 4.1	< 220
	2	粉质黏土	4.1 ~ 14.0	> 220
2 号遗迹	1	杂填土	0.0 ~ 4.3	< 280
	2	粉质黏土	4.3 ~ 12.0	> 280
3 号遗迹	1	杂填土	0.0 ~ 1.7	< 200
	2	粉质黏土	1.7 ~ 12.4	> 200
4 号遗迹	1	杂填土	0.0 ~ 2.6	< 250
	2	粉质黏土	2.6 ~ 17.2	> 250

（二）地质雷达探测

此次探测在遗址区内地宫外围东、南、北三方向都有测线布置。测试 33 条剖面，测线总长度 412m，见图 2 - 2 - 57、图 2 - 2 - 58。

（a）　　　　　　　　　　　　　（b）

图 2－2－57　地宫雨棚外北侧区域地质雷达探测现场

（a）　　　　　　　　　　　　　（b）

图 2－2－58　地宫雨棚内地质雷达探测现场

图 2－2－59 为现场采集的 LTD87 测线图像剖面，也叫时间剖面，此测线长度 9m。时间剖面中横轴代表桩号（距离），纵轴表示电磁波传播的双程走时（单位 ns），剖面中不同的颜色▨▨▨▨▨▨▨▨ ▨▨，代表不同相位反射波振幅强度，从左到右表示由负相位最强到正相位最强，其中黑色为中间点（表示无反射信号）。对于实测雷达图像分析，首先是追踪不同层位反射的同相轴，查找图像上明显的异常反映，分析地层情况。从层面反射波同相轴连续性可知，此段的地层测试深度内无明显缺陷和异常。

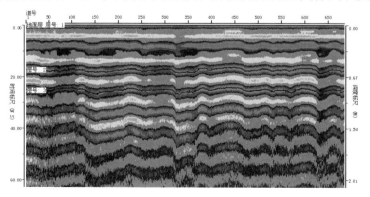

图 2－2－59　LTD87 测线雷达时间剖面图

　　从图 2 - 2 - 60 LTD68 和图 2 - 2 - 61 LTD70 剖面雷达反射成像图可以分析出在此两条测线范围内地层不均匀，在深达 2.5m 左右范围内可能是填土层，局部出现地层断续异常。

　　从图 2 - 2 - 62 LTD73 剖面雷达反射成像图分析出，在棚北墙内测与八边形塔基之间地层情况复杂。在桩号 2m 处是由于地形下凹造成雷达反射图断续；在桩号 0 ～ 2m 之间，深度在 0.5 ～ 1.5m、2m 左右存在异常；在桩号 5.0 ～ 6.0m 之间，深度 0.5 ～ 1.0m、1.5 ～ 3.0m 之间存在异常；此测线剖面在深度 3.0 ～ 4.5m 范围存在地层的异常。

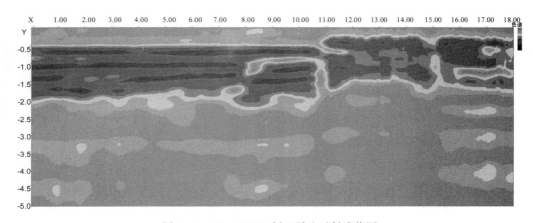

图 2 - 2 - 60　LTD68 剖面雷达反射成像图

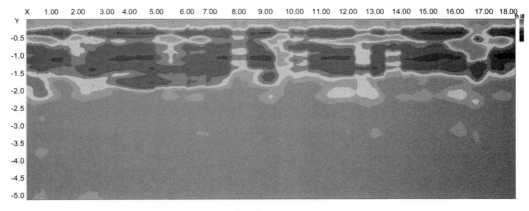

图 2 - 2 - 61　LTD70 剖面雷达反射成像图

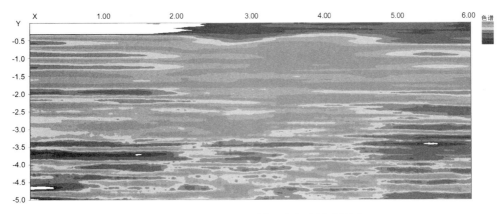

图 2 – 2 – 62　LTD73 剖面雷达反射成像图

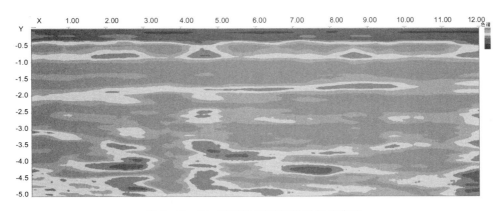

图 2 – 2 – 63　LTD80 剖面雷达反射成像图

　　从图 2 – 2 – 63 LTD80 剖面雷达反射成像图分析出在桩号 2.0 ~ 3.0m、4.0 ~ 5.0m 和 8.0 ~ 9.0m，深度在 0.5 ~ 1.0m、2.0m 左右和 3.0 ~ 4.5 出现异常，推测此处有异常。

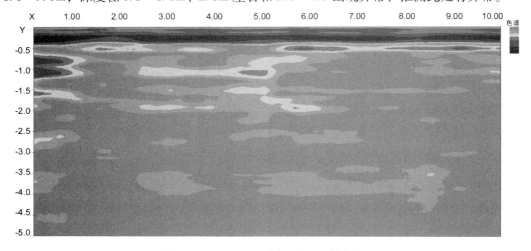

图 2 – 2 – 64　LTD88 剖面雷达反射成像图

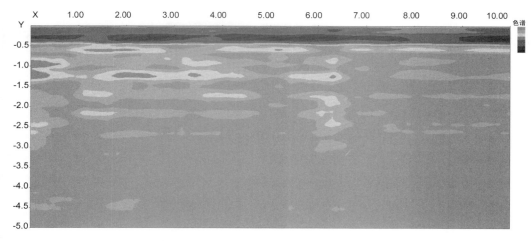

图 2 – 2 – 65　LTD90 剖面雷达反射成像图

　　从图 2 – 2 – 64 LTD88 和图 2 – 2 – 65 LTD90 剖面雷达反射成像图分析出在深度 0.5m 左右出现明显的分层，在深度 1.0m 左右出现断续层位现象。在 LTD88 剖面桩号 4m 左右，深 1.5 ~ 2.0m 之间存在异常。在 LTD90 剖面桩号 1.0 ~ 2.0m 和桩号 6.0m 左右，深 2.0 ~ 2.5m 之间存在异常。

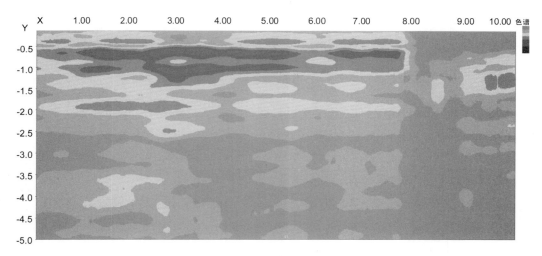

图 2 – 2 – 66　LTD104 剖面雷达反射成像图

　　从图 2 – 2 – 66 LTD104 剖面雷达反射成像图分析出在深度 1.5m 范围内地层连续性较好，在桩号 1.0 ~ 3.0m，深度 2.0m 左右处存在异常。在桩号 2.0m，深度 4.0m 左右处存在异常。

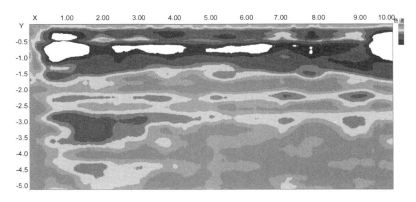

图 2 - 2 - 67　LTD106 剖面雷达反射成像图

从图 2 - 2 - 67 LTD106 剖面雷达反射成像图分析，和 LTD104 剖面比较可以看出此处地层复杂。在深度 2.0～3.5m 范围内存在一断续的层位；在桩号 1.0～3.0m 之间，深度 4.5m 左右存在异常。

从以上分析可以看出，此处无大的异常体，局部地区有不均匀层位。对于以上的地质雷达资料的解释仅限于在地质雷达探测的范围内进行的。

（三）高密度电阻率法二维成像测试

高密度电阻率法测线布置平面位置如图 2 - 2 - 68 所示。在地宫的北、南、东三个方向共布置测线 9 条，总长度 423m。

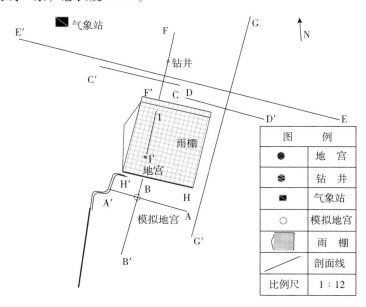

图 2 - 2 - 68　高密度电阻率法测线布置平面位置示意图

A – A′宫区和 B – B′宫区这两条测线位于地宫的南面区域，且这两条测线都经过模拟地宫。A – A′测线和雨棚的垂直距离是 17m，测线长 32m，极距 1m，高密度电阻率反演结果如图 2 – 2 – 69 所示。B – B′如图测线的北端终点距离雨棚 13m，测线长 32m，极距 1m，高密度电阻率反演结果如图 2 – 2 – 70 所示。

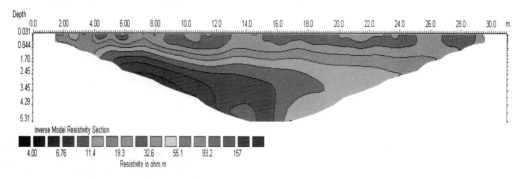

图 2 – 2 – 69　A – A′测线高密度反演模型电阻率剖面

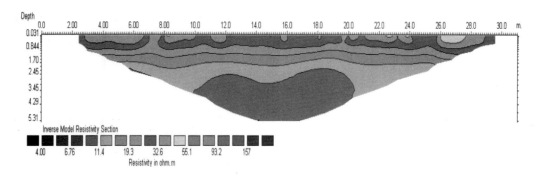

图 2 – 2 – 70　B – B′测线高密度反演模型电阻率剖面

从图 2 – 2 – 71 高密度反演模型电阻率剖面可以看出，在 0 ~ 0.8m 位置地层表现明显的高阻现象，初步判明为一层位，通过和地质雷达的相互验证，判明这一层位厚在 0.5 ~ 0.8m 之间。这和模拟地宫挖出的层位厚度 0.8m 相符。

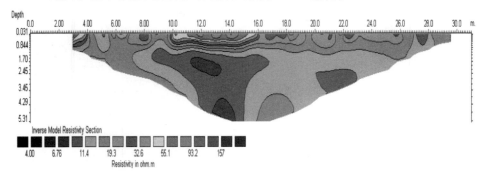

图 2 – 2 – 71　C – C′测线高密度反演模型电阻率剖面

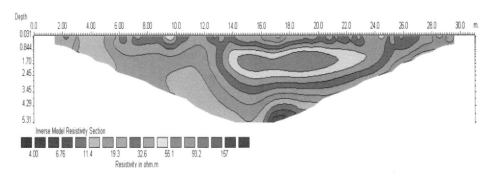

图 2 - 2 - 72 D - D′测线高密度反演模型电阻率剖面

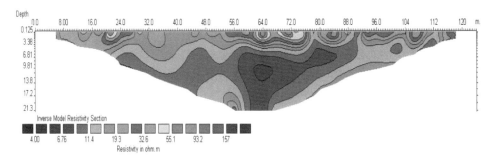

图 2 - 2 - 73 E - E′测线高密度反演模型电阻率剖面

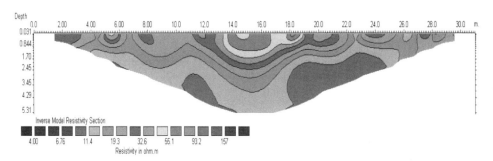

图 2 - 2 - 74 F - F′测线高密度反演模型电阻率剖面

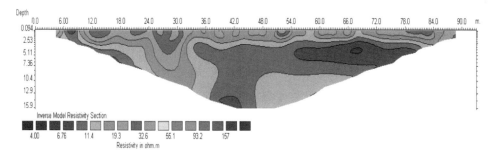

图 2 - 2 - 75 G - G′测线高密度反演模型电阻率剖面

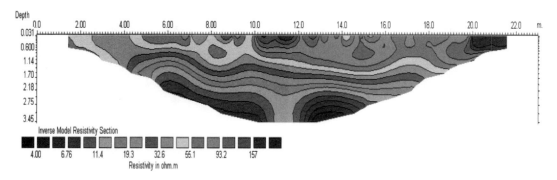

图 2 - 2 - 76　H - H′测线高密度反演模型电阻率剖面

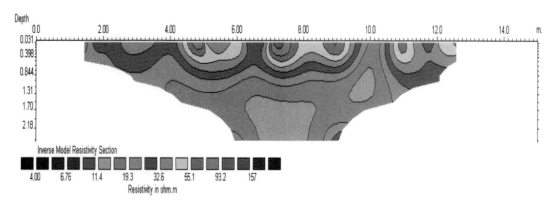

图 2 - 2 - 77　I - I′测线高密度反演模型电阻率剖面

C - C′测线长 32m，由东向西测，选用极距 1m，测线剖面走向∠SE100°测线距离雨棚西北角 7.8m。从图 2 - 2 - 71 CC′测线高密度反演模型电阻率剖面可以看出，此测线所探测的剖面区域电阻率差别很大，大部分区域被低阻占据，电阻率层位明显，在 0.5 ~ 0.8m 位置出现分层。

D - D′测线长 32m，由东向西测，选用极距 1m，测线剖面走向∠SE96°测线距离雨棚东北角 3m。从图 2 - 2 - 72 DD′测线高密度反演模型电阻率剖面看出，在测线 17 ~ 22m，深为 0.5 ~ 3m 处有一高阻异常区。结合场地现状，推测此应为人工夯实层区。

E - E′测线长 128m，由东向西测，选用 1m 极距，测线剖面走向∠SE100°测线距离雨棚门 8.4m。从图 2 - 2 - 73 EE′测线高密度反演模型电阻率剖面看出，在深 0.5 ~ 0.8m 以下区域为低阻，在深 19 ~ 21m，水平位置为 52 ~ 56m 位置有一高阻异常体存在。

F - F′测线长 32m，选用极距 1m，由北向南测。从图 2 - 2 - 74 FF′测线高密度反演模型电阻率剖面可以看出，在 0.5 ~ 0.8m 位置出现分层层位。在 13 ~ 19m，深 0 ~ 2m

位置出现明显的高阻异常体。

G－G′测线长96m，选用3m极距，从北向南测。从图2－2－75 GG′测线高密度反演模型电阻率剖面可以看出，在深0.5～0.8m位置为分层层位，在测线剖面54～78m，深2～7m范围反应明显的低阻现象，疑似为一异常体存在，可能是由于考古坑中积水的下渗造成的。

H－H′测线长23m，选用1m极距，从东向西测。从图2－2－76 HH′测线高密度反演模型电阻率剖面可以看出，在深0.5～0.8m位置为分层层位，在测线剖面水平位置为5～10m，深2～3.5m和水平位置12～15m，深为2.5～3.5m范围是低阻异常。由于此测线位于地宫的南面，且靠近雨棚南墙外，平行于雨棚南墙布置的，这可能揭示出地宫中水的来源路径，地宫中的水可能是由于雨水下渗和地下水在地下3m左右的位置回流到地宫中的。

I－I′测线长16m，选用1m极距，测线布置在雨棚内，距离测量起点2m处为八边形的塔基，从北向南测。从图2－2－77 II′测线高密度反演模型电阻率剖面可以看出，在深0.5～0.8m位置为分层层位。在距离测量起点水平位置7～8.4m，深1～1.7m范围存在有一低阻异常体。

综上所述，南京报恩寺遗址保护工程场地在深0.5～0.8m以下地层含水量基本稳定。在深0.5～0.8m位置有一层位，这与地质雷达探测结果和模拟地宫所揭示的层位情况基本一致。使用高密度电阻率法所布置的剖面区域探测结果反演得出，此场地在深0.5～0.8m位置有一层位。0.5～0.8m以下部位地层基本均匀，含水量基本稳定，局部有异常体存在。

（四）红外监测

报恩寺遗址地宫直径为2.2m，深6.9m。由于地宫的坍塌和地下水的汇集，只能拍摄到地面下4.2m处。如图2－2－78是地宫表面温度随深度变化曲线图，图中反映了11月19日16时，11月20日9时，11月20日16时，11月21日9时温度的变化。从图2－2－78中可以看出从地面往下温度变化越来越小，受大气温度变化的影响越来越小，19日16时温度随深度变化幅度较小，而20日16时温度随深度变化幅度较大，在地面以下1.4～2.4m位置19日16时温度从低于20日16时温度变化到高于20日16时的温度，而到了2.6m以下后19日16时温度又低于20日16时温度。

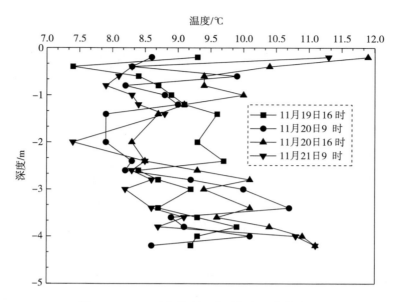

图 2 - 2 - 78　地宫表面温度随深度变化曲线图

从图 2 - 2 - 78 中分析出地面以下 2m 位置，19 日 16 时温度高于 20 日 16 时温度。图 2 - 2 - 79 是地面以下 2m 处 19 日 16 时，20 日 9 时，20 日 16 时，21 日 9 时的温度。如图 2 - 2 - 79 所示，在所拍摄的时间段内，温度是逐渐降低的。

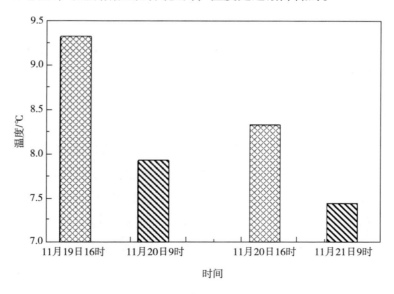

图 2 - 2 - 79　地面下 2m 处表面温度的变化

通过以上分析，地宫表面温度最大值是 20 日 16 时出现的 11.9℃，最小值出现在 19 日 16 时和 21 日 9 时的 7.4℃。无论是最大值还是最小值都出现在距离地宫口比较近的位置，而不是在地宫深部，这就说明地宫表面温度主要受环境温度的影响比较大，且昼夜温差不大，由此推测出温度对地宫风化破坏影响较小。

（五）时域反射监测

不同时间 TDR 测试的体积含水量随深度变化的情况见图 2 - 2 - 80。

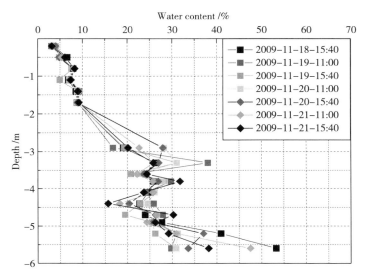

图 2 - 2 - 80　不同时间 TDR 测试体积含水量

图 2 - 2 - 80 表明，随深度的增加，土的体积含水量不断增大；对比同一天早上测试的数据和下午测试的数据发现，早上测试的体积含水量稍大于下午测试的。

（六）小结

通过对遗址区进行无损勘探可得出如下结论：

（1）由面波勘探结果可看出，南京报恩寺遗址区地层结构较简单，由上层杂填土和下伏粉质黏土层构成，在地宫遗址周边区域杂填土层厚度不同，粉质黏土层埋深也不同。由于沉积环境、成因和密实程度不同及不均匀性，再加之含水程度的不同，导致波速阻抗有所差异。在勘察区内，杂填土剪切波速 100 ~ 280m/s，厚度 2.6 ~ 4.3m，杂填土中夹杂碎石、卵砾石和瓦片等，导致剪切波速变化较大；粉质黏土层剪切波速 > 200m/s，厚度 > 8m，土质均匀，随着深度增加剪切波速增大。在勘察范围内地层面波波速及映像图未出现明显异常现象，说明在勘查位置地层岩性均匀且正常，应不存在不良地质现象。

（2）通过探地雷达测试，在地质雷达探测的范围内无大的异常体，局部地区有不均匀层位。由于缺乏该区详细的有关地质资料，因此若要对物探结果中的异常体进一步分析和解译，需随后展开更为详尽的调查和研究工作。

（3）高密度电阻率测试结果显示报恩寺遗址保护工程场地在深 0.5 ~ 0.8m 以下地层含水量基本稳定，使用高密度电阻率法所布置的剖面区域探测结果反演得出，此场地在深 0.5 ~ 0.8m 位置有一层位。0.5 ~ 0.8m 以下部位地层基本均匀，含水量基本稳定，局部有异常体存在。

（4）通过红外热成像仪发现地宫表面温度无论是最大值还是最小值都出现在距离地宫口比较近的位置，而不是在地宫深部，这就说明地宫表面温度主要受环境温度的影响比较大，且昼夜温差不大，由此推测出温度对地宫风化破坏影响较小。

（5）根据 TDR 测试结果发现遗址区地层随深度的增加，土的体积含水量不断增大，而且在同一天，早晨土的体积含水量略大于下午。

第三节　遗址病害调查及成因分析

一　地宫现状评估

（一）水环境的影响

降水对遗址区的间接影响主要是由降水的入渗在遗址区地层含水量增加，地层的强度降低，也使遗址区地下水水量增加，水位抬高，由此对遗址区及地宫文物保护造成不利影响（图 2 – 3 – 1）。

由于在南京市长时间的持续降水和短时间雨量较大的天气情况下，其蒸发量远小于降水量，对地下水和径流量的影响比较大，也就是说相对充沛的大气降水是当地水资源的来源，不论是地表水还是地下水都来源于大气降水，所以，分析降水对遗址区地宫水环境的影响，就必须分析降水与地下水、降水与地表水、降水与地宫渗水量的关系。

1. 降水与地下水的关系分析

为弄清降水量变化与地下水位变化的关系，本次研究利用地宫南面约 45m 处的 1 号古井，并在地宫北边 36m 处新打一眼地下水观测井，购置安装了两台 level2000 水位

图 2 - 3 - 1 降水的入渗对地宫的影响

记录仪，分别安装在 1 号古井和观测孔，获得了 2011 ~ 2011 年期间的地下水位变化数据，统计出了地下水旬平均水位和月平均水位，见图 2 - 3 - 2、图 2 - 3 - 3。

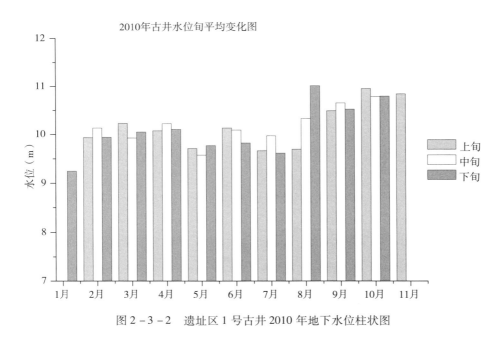

图 2 - 3 - 2 遗址区 1 号古井 2010 年地下水位柱状图

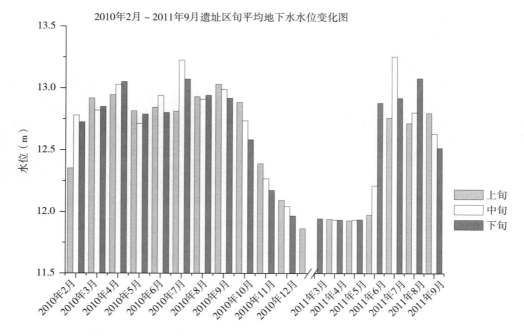

图 2 - 3 - 3　地宫北 36m 处观测井 2010 ~ 2011 年地下水位柱状图

从图 2 - 3 - 2 南京市各月降水量变化曲线可以看出，6、7、8 三个月降水量明显多于其他月份，而遗址区 1 号古井水位在 8 月至 11 月水位较高，达 10.34 ~ 10.84m。对比分析降水量变化和 1 号古井地下水位变化，可以发现：①地下水出现年内高水位的时间要比降水量最大值滞后大约 1 个月的时间，这说明区域降水入渗转换为地下水需要大约 30 天。②地下水位变化幅度明显小于降水量变化幅度，说明降水入渗转换为地下水的过程具有明显的"削峰"作用，同时也说明只有一部分降水能转换为地下水。③地下水位变化要比降水量变化缓慢，持续时间较为漫长，由此验证了降水入渗的缓慢性和滞后效应。

从观测孔获得的水位变化情况可以得到以下几点认识：①地宫所在区的黏土层，在水文地质学中划分为隔水层或弱透水层，但它含水量较高。②黏土层含水量随着降水入渗量的变化为变化，当含水量饱和、或超过持水度时，可在大空隙和井孔缓慢浸出，形成具有自由水面的重力水。③ 观测孔中的水位随黏土层含水量的变化而变化，也就是说随降水入渗量的变化而变化。由此可见，当地宫黏土地层中的含水量超过其持水度时，就能浸出重力水进入地宫，对地宫稳定性产生不良影响。因此，防治降水入渗、控制地宫及其周围地层含水量是遗址保护的关键问题。

2. 降水与地宫水量的关系

地宫的渗水量与降水量的大小变化具有同步性，地宫渗水量的大小与降水量高度相关，即降水量大，地宫渗水量也大。

由于遗址区降水入渗过程比较缓慢，地下水的变化具有约 1 个月时间的滞后效应，以此来推断地宫渗水量的变化应滞后降水量变化近 1 个月时间。但本次观测的地宫渗水量数据没有滞后现象。现场工作人员也证实，降雨期间地宫水量明显增加，尤其是一场降雨后的 2、3 天内地宫水量较多。这种同步现象的出现，推测是由于地宫防水设施不完善，使附近的一部分降水积水通过地宫口流入地宫，也是由于降水期间空气湿度增加，蒸发量的减少和凝结水的增多导致地宫水量增加。

3. 地下水与秦淮河水位的关系

据 2010 年 5 月现场调查、实测，遗址区地下水水位海拔高度在 9.6～12.45m。由现存古井和观测孔水位实测数据，采用内插法推测绘制遗址区地下水位等水位线图（见图 2-3-4）。由等水位线图和水文地质特征可知，地下水径流方向与区域地下水流方向一致，由 ES 向 WN 径流。地下水渗流特征变现为速度很慢，水力坡度较大，渗透量很小。

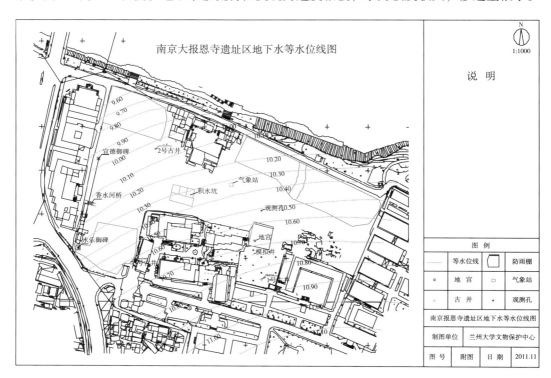

图 2-3-4 遗址区地下水位等水位线图

比较遗址区地下水位和秦淮河水位的变化，可以发现高水位出现的时间地下水滞后 2 个月外，低水位出现的时间接近，平均水位变化幅度地表水略大。再从地下水等水位线图可以看出，遗址区地下水位在 9.6～12.6m，普遍高于秦淮河水位 6.1～8.3m，尤其是地宫及其附近地下水位大于12m，高于秦淮河最高水位4m左右。可见，遗址区地下水向秦淮河排泄，秦淮河地表水对地宫地下水没有影响。

4. 地下水对地宫保护影响分析

工作区地下水位大致在地表以下4m左右，在地宫底部可见明显的积水，同时由于地下水的长期渗流，地宫底部积水高度逐渐增加，现已对地宫内部积水进行观测，并不断地抽水。

地宫内壁的土体潮湿，由于地下水的作用，地下水通过物理、化学作用改变岩土体的结构，从而改变岩土体的 c、φ 值的大小，使得土体本身的抗剪力降低；地下水通过孔隙静水压力作用，影响岩土体中的有效应力，从而降低岩土体的强度；由于地下水的流动，在岩土体中产生渗流，产生了渗流力，使得土体产生水平位移，降低了地宫的稳定性（图2-3-5）。

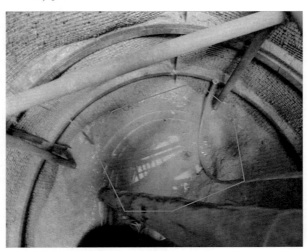

图2-3-5　地宫底部积水

5. 地宫底部积水影响分析

据调查分析，地宫积水来源有：①降水在地面的积水从地宫口直接流入地宫；②地宫附近的降水入渗造成地宫地层含水量饱和或超饱和，在水力梯度作用下缓慢渗流至地宫内；③当遗址区域地下水位高于地宫底部时，地下水自然渗流到地宫内汇集。究竟哪种来水途径是造成地宫积水的主要原因，可通过如下分析来做出判断。

从地下水水位观测资料来看，位于地宫南面45m处的1号井2010年10月观测水位平均标高10.84m，2号井2010年10月份水位标高10.08m，3号井10月份水位标高10.64m。观测井水位不是真正的地下水位，而是黏土地层饱和水的释出或降水入渗水汇集。

需要指出的是本次水位观测期间，2010 年测的水位数据普遍要比 2011 年大，每年 10 月份的地下水位又是一年中比较高的月份，所以，以本月的地下水分析对地宫的影响是考虑了最不利的情况，对制订防水方案比较合理。

由于三个水井的月平均水位、年平均水位均低于地宫底部高度，就是地宫南面的 1 号井水位也低于地宫底面 0.21m（见表 2 - 3 - 1），地下水渗不会直接进入地宫。再说地宫地层属黏性土，渗透系数很小，只有 10^{-7} m/s ~ 10^{-6} m/s，属于隔水层或弱透水层，几乎不存在重力水的渗透。因此，不存在地下水自然渗入地宫。但是，地宫地层毛细力强，毛细水上升高度可达 3m 左右，再加上降水入渗，导致地宫地层含水量增加，甚至达到饱和状态，由此产生的微弱渗流进入地宫，可造成地宫底部积水现象。

另外，地宫口上部防雨棚效果不好或地宫口地面低于周围地面，会使降水直接灌入地宫和降水坡面流汇入到地宫，造成地宫在降水季节严重积水，对地宫稳定性造成严重影响。

表 2 - 3 - 1　　　　　　　遗址区地下水位一览表（2010 年 10 月）

1 号井水位	2 号井水位	3 号井水位	观测井水位	地宫底部高度
10.84m	10.08m	10.64m	12.411[*] m	11.05m

[*] 观测井中的水属于降雨后入渗水或黏土地层饱和水的释出，不是真正的地下水位。

6. 地宫周壁渗水影响分析

当地下水位接近或超过地宫底部高度时，地下水向地宫渗透汇集，也会对地宫壁产生渗透压力，造成地宫坍塌破坏。

7. 水化学成分对地宫周壁的影响分析

2010 年 10 月和 2011 年 4 月先后两次采集地宫地下水和 2 号古井水样品，进行常规水质分析和主要污染因子分析，分析结果表明，二者均属正常水化学成分，没有特殊水质现象。因此，水化学成分对地宫保护没有不良影响。

（二）裂隙发育影响

该地宫北面上表面有多条环向裂隙，多为卸荷裂隙，后期形成的次生裂隙与环向裂隙相连，其中大部分已被表明土体填充，张开度和切割深度不可测。南面坍塌部分多为龟裂，陡坎与坍塌底部有拉裂裂隙，陡坎表面上有竖向节理。裂隙的产生破坏了土体的完整性，使得气候对裂土边坡的作用进一步深入，一方面加速了水分的蒸发，另一方面为水分的入渗开辟了通道。这里主要描述三条有代表性的裂隙（图2-3-6）。

（1）L1：从地宫东侧陡坎底部一直延伸到上表面，在上表面长1.6m，在陡坎上的高为1.5m，张开度1.5cm，在平面上离地宫边50cm。

（2）L2：该裂隙为卸荷拉裂裂隙，从地宫南侧陡坎底部一直延伸到上表面，在上表面长50cm，陡坎上长度为1.3m，距地宫壁35~40cm，已形成危险块体，已经用脚手架和木板进行临时支护，张开度为2.5cm。

（3）L3：地宫北部顶面可见环向裂隙，张开度为1.5cm，裂隙内基本已被表层土填充，与地宫壁距离40~60cm不等。

图2-3-6 主要裂隙
a：L1 b：L2 c：L3

（三）岩土体物理力学性质的影响

报恩寺遗址地宫周围岩土体以夯土与粉质黏土为主。

1. 夯土

地宫北面表层土为夯土，土的硬度较高，含水量低，颜色为黄色，风化严重，从陡坎处可看出，夯土表面可见多条竖向节理。地宫南面及西面的土夹有较大的卵石，直径大约 10~20cm，土的硬度不高，含水量低，颜色为黄色，风化严重。

2. 粉质黏土

土体呈黄色，可塑，颗粒较细，级配不良，强度较高，含水量较大。

夯土　　　　　　　　　　　　　　　　　粉质黏土

图 2 - 3 - 7　地宫土层

（四）稳定性评估

从现有情况看，目前地宫内坍塌较严重，从顶部到坍塌堆积物顶部高约 2.8m，地宫边陡坎的高度 1.45m，塌陷的深度在西向有 30cm，北向有 48cm，南面有 35cm，东北侧基本无塌陷，距离地表 1.47~1.8m 以下木板支护与侧壁之间被坍塌物填充，塌陷内用沙袋填充，地宫内部用钢圈和木板进行临时支护，自地宫底部至上部有脚手架（图 2 - 3 - 8）。

图 2 - 3 - 8　地宫坍塌情况

为对地宫开挖后的稳定性进行评估，设置水位线以及岩土体参数，不考虑地震荷载的作用，按照土质边坡计算方法毕肖普法，得地宫的安全系数为0.917，在开挖完毕后产生破坏，处于不稳定状态，因此需要对地宫进行加固。

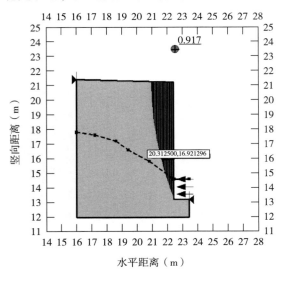

图2-3-9 地宫稳定性计算

地宫病害形成发育主要有如下几个因素所控制：

通过现场模拟和观测数据分析，得出了以下影响地宫稳定性的因素：

（1）地宫所处环境年降雨量较大，水对土体具有软化作用，当遭遇强降雨时，黏土含水量增大，强度降低，使得地宫的稳定性较差。

（2）地宫竖向开挖导致应力重分布，而岩土体长期蠕变会形成裂隙，地表水和降雨的入渗会引起裂隙周围土体强度降低，进而影响到地宫的整体稳定。

（3）同时当地下水活动时，黏土层含水量急剧增大，而黏土遇水后变为流塑状态，丧失强度可能会引起地宫的失稳。

二 模拟地宫现状评估与监测

报恩寺遗址地宫目前坍塌严重，地宫内壁坍塌深度最大达40余cm，因此为研究地宫开挖后的变形稳定状况同时研究各种加固方案的可行性，为研究地宫开挖后的变形及稳定状况，在地宫的北部18m处进行现场模拟，模拟井深6.95m，直径2.38m。模拟井开挖共用时三天。开挖过程中设置观测点对变形以及各个深度的土体含水量进行观测，开挖后对井的变形进行长期观测。

（一）模拟地宫内土层分布情况

模拟地宫从地表往下，第一层土为粉质黏土，第二层土为杂填土，第三层土为粉质黏土。土层性质如下：

（1）粉质黏土：土体呈土黄色，处于硬塑状态，颗粒分布较为均匀，级配不良。该土层包含局部砾石，砾石直径小于 4.5cm，强度较高，靠近地面处土体风化较为严重，表明龟裂严重。层厚大约是 40~50cm。

（2）杂填土：土体呈黑色，可塑性高，强度较差，该层土内含有破碎的瓦片等建筑垃圾，并夹杂着些许生活垃圾，含水量较高，层厚大约是 25~35cm。

（3）粉质黏土：土体呈黄色，可塑，颗粒较细，级配不良，强度较高，含水量较大。

（二）模拟地宫受水作用

在开挖过程中对不同深度处取原状土样进行含水量测试，在井内有渗水现象，渗水直接影响了井的稳定，具体的井内水深观测数据如表 2-3-2 所示：

表 2-3-2　　　　　　　　　　开挖过程中井内水深监测

监测日期	监测时间	水深（cm）
11.27	9：00	10
11.28	9：00	13
11.28	16：00	15
11.30	10：00	25
11.30	14：00	27
12.01	10：00	30
12.01	17：00	31
12.02	10：00	32

由表可见在开挖过程中，因土体卸荷，使得应力场发生改变，地下水渗流明显，使得井内积水，随着不断开挖，开挖深度逐渐接近地下水位，地下水渗流作用愈强，造成井内积水增多。

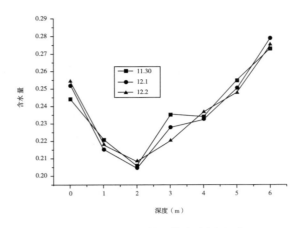

图2-3-10　开挖土体含水量监测

注: 0代表地表。

　　因地表水或大气降水入渗造成土体表层含水量较大,而到两米深度处土层含水量最小,而伴随着深度的增大,距离地下水位的距离越小,地下水位的活动使得附近土层受到影响,渗流明显则土层的含水量越大,在6m深度处,土层含水量最大为28%左右。

　　根据现场实测模拟地宫内部地下水位逐渐上升,模拟地宫内部积水深度变化曲线如图2-3-11所示:

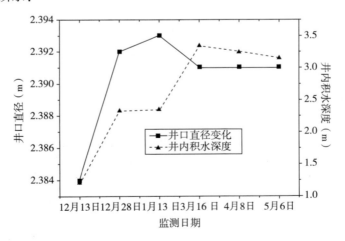

图2-3-11　井口直径与井内积水深度变化曲线

　　伴随着模拟地宫开挖后地下水的渗流作用,模拟地宫内部水位逐渐上升,同时井口设置监测点的间距也逐渐发生改变,直到稳定,至2010年6月,模拟地宫内壁水位上下已经出现了大面积的坍塌,说明地下水对模拟地宫的稳定性有着巨大的削弱作用。

（三）模拟地宫裂隙分布情况

模拟地宫四周有多条纵横交汇的裂隙，横向裂隙的间距大多集中在 45 – 55cm 之间，最小间距在 22cm 左右，最大间距在 73cm 左右。竖向裂隙的间距一般都在 35 ~ 48cm 之间，其中最大间距达到 75cm。裂隙的张开度在 0.5 ~ 3cm 之间。裂隙在地宫的南侧发育尤为严重，形状多呈锯齿状，且裂隙的张开度都很大，在 2.5cm 左右。地宫的东西两侧多为呈锯齿状的环向裂隙，越靠近地宫口处裂隙的张开度越大，下切深度也越大。地宫的北侧纵向裂隙发育严重，且纵向裂隙张开度都很大，张开度大约在 2.5cm，且靠近地宫口处张开度都很大，下切深度也逐渐增大。模拟地宫内部有多条竖向裂隙切割，且都是从地宫口开始切割至人工填土层。延伸至地宫口的裂隙大都与地宫内的竖向裂隙相连，切割地宫口周围土体形成多处危险体，存在坍塌的可能性。展开图如图 2 – 3 – 12 所示。

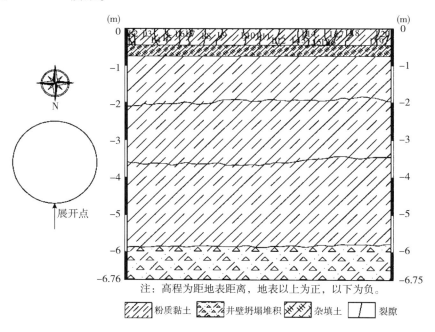

图 2 – 3 – 12　模拟地宫洞壁裂隙展开图

地表裂隙的形成主要是干缩和卸荷造成的。干缩是指经日晒蒸发以后，土料由湿变干，土体表面发生干缩而产生裂缝，在自然地质作用和人工开挖的过程中使应力释放和调整而形成样式不一、张开度不同的裂隙。

（四）模拟地宫内坍塌分布情况

在距离地面 2.05m 处地宫中部发生大面积坍塌，坍塌高度为 1.6m，坍塌区域西侧坍塌深度最大，达到 24.5cm，南侧坍塌深度为 17cm，北侧坍塌深度为 16cm，东侧坍塌深度为 15cm。坍塌后大量的土体堆积在地宫的底部，使地宫的深度变为 5.85m，模拟地宫坍塌现状见图 2－3－13。

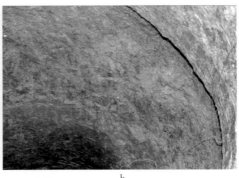

a　　　　　　　　　　　　　b

图 2－3－13　模拟地宫坍塌现状

从现场可以看出，坍塌处的地质条件较差，上部以石块塘渣、含有工业垃圾的杂填土为主，土层结构松散，力学性能差，这样的地宫侧壁土体在土体重力、水及外应力的共同作用下，极有可能导致坍塌。另一方面，地表水（降雨积水）和地下水渗流使土体的含水量增加，这增加了土体的自重，同时还使得岩土体强度降低，此外水的渗流还使地宫侧壁土体产生一定的动水压力，而土体表明裂隙中的积水产生一定的静水压力；土体内含水量增加又使土颗粒间产生润滑作用，原有土体的内摩擦角大大减小，这些都会使得模拟地宫的整体稳定性得到削弱。

（五）开挖后的长期监测

模拟井开挖完毕对井内土体含水量、井壁位移和裂隙发展情况进行监测。

1. 井内积水对井口直径的影响

分别对井内积水深度和井口直径进行监测，利用监测数据得到不同时间下井内积水以及井口直径随时间变化的曲线，如图 2－3－14 所示：

根据绘制的曲线变化，可以看出，井口直径与井内积水深度走势基本一致，可以得出：随着井内积水深度的增加，造成井内岩土体含水量增大，从而降低了周围岩土体的稳定，导致了局部土体坍塌，使得井直径扩大，说明土体易受到含水量影响，但因为实测井直径位置位于井口，坑内积水造成积水上部岩土体含水量增大以及改变岩土体的应

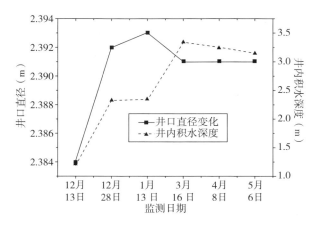

图 2 - 3 - 14 井口直径与井内积水深度变化曲线

力分布需要一定的时间，所以井口位移相对井内积水变化存在滞后现象。图中井内积水深度在 3 月 16 日基本达到稳定水位，井直径在 3 月 16 日以后也较为稳定，说明在该日期后积水高度已经稳定，井内积水的渗流引起的井口变形相应地逐渐稳定下来。

2. 含水量观测

含水量观测选取每隔 1m 深度取样，根据含水量和深度绘制曲线，得到下图：

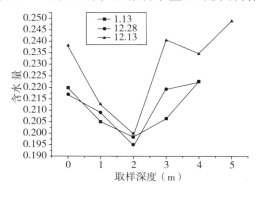

图 2 - 3 - 15 含水量曲线

注：12 月 13 日距井口 6m 处最后一个点被水淹没，没有取到。12 月 28 日和 1 月 13 日 5m 处点被水淹没。

含水量曲线与开挖土体的含水量随深度曲线走势基本一致，但地表至地表下 2m 范围内土层整体含水量相对开挖时减小，这与大气降水以及地表水的活动有关，而在深度 2m 以下时，因开挖导致的地下水渗流作用增强，因此地下深度越大则受地下水作用愈强，土体的含水量越大。

3. 位移监测

位移观测采用点之间相对位移监测，监测布置如下图 2 - 3 - 16 所示：

根据各个监测断面监测点的位移与时间绘制位移监测曲线，得到结果如图 2 - 3 - 17 所示：

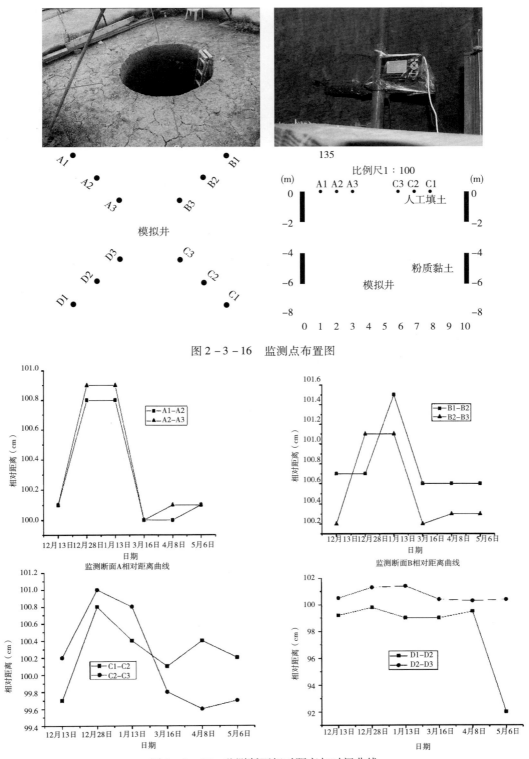

图 2 - 3 - 16　监测点布置图

图 2 - 3 - 17　监测断面相对距离与时间曲线

根据监测断面位移曲线可以看出，在模拟井开挖完毕后，井口岩土体变形量不大，各点之间相对距离变化趋势基本相同，相对距离的差值不大，基本在 0.1cm 左右，在 5月 6 日，断面 D 的相对距离变化较大，D1 – D2 间距离由 99cm 降至 92cm，这与 D1 – D2 之间产生卸荷裂隙有关。

4. 裂隙观测

为宏观的研究报恩寺地宫开挖后岩土体的变形情况，特对模拟井开挖后的裂隙发展情况进行观测，通过分析可知，模拟井开挖后，井口周围产生环形裂隙，裂隙的张开度可达 2cm，裂隙随着日期不断发展，井口产生许多纵向裂隙，尤以环形裂隙危害较大，受降雨或地表水入渗作用，裂隙周围岩土体的含水量增大，而工程区内的土层主要为黏土，黏土中出现较多的自由水时，黏性土变成流动状态，抗剪强度参数降低，容重增大，必会造成裂隙进一步发展，进而危害工程的安全。

三　模拟地宫数值分析研究

（一）初始应力

在 sigma 中提供了线弹性模型计算初始地应力，设置地下水位已经相关参数，计算得到初始应力等值线图如图 2 – 3 – 18 所示：

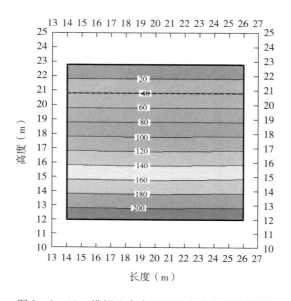

图 2 – 3 – 18　模拟地宫自重下竖向应力等值线图

根据图2-3-18可知初始下岩土体的竖向应力随深度呈线性增长，这与岩土体自重应力公式计算的结果保持一致，说明自重应力场计算结果正确。

（二）孔隙水压力分析

自重应力后开挖计算，得到开挖后各个时间下的孔隙水压力等值线图2-3-19。从图可以看出，在第一次开挖后模拟地宫底部水位明显减小，呈漏斗状，而随着开挖的进行以及渗流时间的增大，模拟地宫内部逐渐产生积水，直到随着第三次开挖一个月以后水位渗流逐渐稳定。

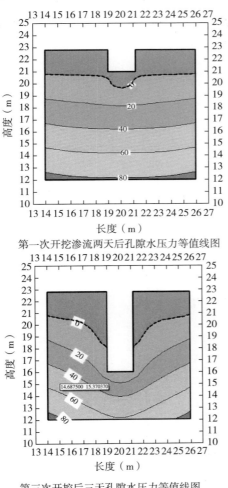

第一次开挖渗流两天后孔隙水压力等值线图

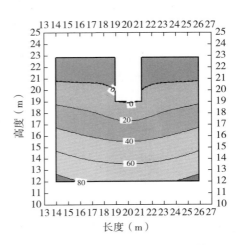

第二次开挖渗流两天后孔隙水压力等值线图

第三次开挖后三天孔隙水压力等值线图

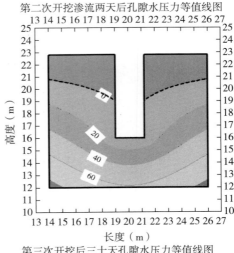

第三次开挖后三十天孔隙水压力等值线图

图2-3-19　不同时刻下孔隙水压力等值线图

（三）超孔隙水压力分析

超孔隙水压力在基坑边坡稳定中都有着消极的作用，而在模拟地宫开挖中也会形成超孔隙水压力，根据图 2 - 3 - 20 超孔隙水压力等值线可以看出，伴随着模拟地宫的开挖，超孔隙水压力逐渐增大，进而影响模拟地宫的稳定性，并且在模拟地宫开挖完毕后，超孔隙水压力的消散比较缓慢，在地宫开挖完毕后 30 天，超孔隙水压力仍旧与第二次开挖后基本一致。而根据现场实测资料显示，模拟地宫侧壁出现坍塌，而通过数值计算显示，坍塌处存在超孔隙水压力，说明开挖后形成超孔隙水压力且超孔隙水压力长期无法消散是引起模拟地宫坍塌的主要原因。

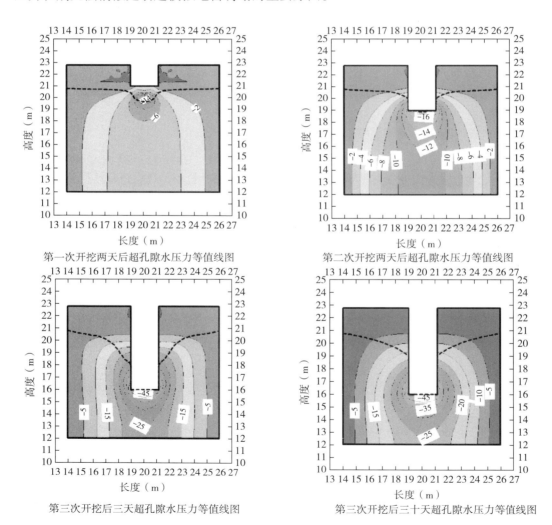

第一次开挖两天后超孔隙水压力等值线图　　第二次开挖两天后超孔隙水压力等值线图

第三次开挖后三天超孔隙水压力等值线图　　第三次开挖后三十天超孔隙水压力等值线图

图 2 - 3 - 20　超孔隙水压力等值线图

（四）水平位移分析

在边坡或基坑开挖工程中，开挖往往会诱发边坡失稳或基坑失稳，为研究模拟地宫在开挖后的长期稳定及其变形状况，对模拟地宫开挖的水平位移进行分析，得到如下图 2-3-21 所示不同时刻下模拟地宫的水平位移等值线图。

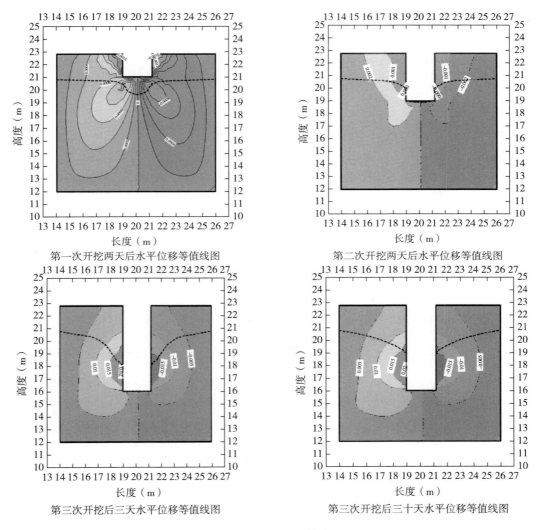

图 2-3-21　水平位移等值线图

第一次开挖后水平位移最大处发生于顶部临空处，位移为 1.6mm，变形较小，第二次开挖后变形最大处位于水位附近的临空面上，位移为 6mm，相对来说变形较大，发生水平变形的主要原因是开挖卸荷以及随着不断开挖和地下水的渗流作用，模拟地宫的稳定性逐渐减弱。第三次开挖后水平位移最大处与现场观测的坍塌处基本一致，水平位移达到 2cm，而在三十天后，水平位移并未继续发生改变，说明模拟地宫开挖后，薄弱地带位于地下水位渗流稳定附近。而在现场的长期观测中，地下水渗流稳定时，模拟地宫内部水位面为距地表 3.05m 处，坍塌的位置为水位面以上 1m 处，说明运用 sigma 能很好地分析出其薄弱地带，进而指导工程加固。

（五）小结

通过对遗址病害调查及成因分析，可以得出以下结论：

（1）地宫遗址病害形成发育主要有如下几个因素所控制：地宫所处环境年降雨量较大，水对土体具有软化作用，当遭遇强降雨时，黏土含水量增大，强度降低，使得地宫的稳定性较差；地宫竖向开挖导致应力重分布，而岩土体长期蠕变会形成裂隙，地表水和降雨的入渗会引起裂隙周围土体强度降低，进而影响到地宫的整体稳定；同时当地下水活动时，黏土层含水量急剧增大，而黏土遇水后变为流塑状态，丧失强度可能会引起地宫的失稳。

（2）目前地宫发育有大量的病害，遗址处于不稳定状态，急需加固。

（3）通过对模拟地宫个数值模拟与监测发现，模拟井在开挖扰动后，岩土体应力重分布，产生了局部的变形，而黏土层引起自身强度在含水量较低下较高，所以在开挖后没有立刻产生大的变形，但是若土层受到大气降水以及地下水位的扰动，黏土层遇水后强度降低较为明显，会产生大部分的剥落，进而影响模拟井的稳定，而周围岩土体因卸荷会产生蠕变，因而产生井口的环形裂隙，裂隙不断发展，遇到降雨或地表水作用，水会沿裂隙渗入，从而使得周围岩土体强度降低，引起模拟井的进一步变形。

（4）通过模拟地宫的开挖、监测，逼真地再现了地宫破坏变形的发生、发展过程，地宫竖向开挖导致应力重分布，而岩土体长期蠕变会形成裂隙，地表水和降雨的入渗会引起裂隙周围土体强度降低，进而影响到地宫的整体稳定。

（5）地宫所处环境年降雨量较大，水对土体具有软化作用，当遭遇强降雨时，黏土含水量增大，强度降低，使得地宫的稳定性较差。

第四节　遗址地宫加固材料筛选研究

考虑到潮湿环境遗址保护的关键在于提高遗址的水稳定性，通过查阅大量文献，优选桐油和石灰这两种传统加固材料，并对桐油和石灰按照一定的比例混合，通过大量的测试研究，作为遗址保护加固材料的筛选方案之一。根据近年来多名知名专家提出，解决岩土质文物保护加固问题，把研究重点应该放在传统无机材料的研究上，因此，本研究结合敦煌研究院团队大量前期研究成果，以及对传统无极建筑材料料礓石和阿嘎土进行科学化后，开展了大量遗址土加固后耐久性评估研究。

一 桐油土、石灰土以及桐油石灰加固土筛选试验研究

考虑到潮湿环境土遗址保护的关键在于提高土遗址的水稳定性，优选桐油和石灰这两种传统加固材料，分别制备了遗址土、桐油加固土、石灰加固土和桐油石灰加固土4种土样，设想通过有机与无机的有效结合，疏水作用和钝化作用相结合来提高潮湿土遗址的水稳定性。测试试验项目包括：土水特征曲线、失水收缩特性、吸湿放湿特性、渗透性和微观结构。

（一）试验所用材料与基本性质测定

试验所用土料取自南京报恩寺附近的探井，土料、桐油、氧化钙基本物理化学性质如表2-4-1~表2-4-3所示。

表2-4-1　　　　　　　　　　遗址土的基本物理性质

天然含水率（%）	干密度（g/cm³）	颗分（%）			
		0.10~0.05mm	0.05~0.01mm	0.01~0.005mm	0.005mm
20~27	1.63~1.72	10~13	62~74	9~10	5~11

表2-4-2　　　　　　　　　　桐油的基本物理化学性质指标

序号	相关指标	相关参数
1	色泽	黄35 油色黄棕
2	气味	正常气味
3	透明度	透明
4	酸价（mgKOH/g），	≤g
5	水分及挥发物,%	≤分及挥
6	杂质,%	≤质，挥
7	相对密度	0.925~0.945（15/15℃）

续表

序号	相关指标	相关参数
8	凝固点	2℃～3℃
9	主要成分	桐（油）酸的甘油酯，并含有少量的油酸和亚油酸的甘油酯。
10	比重（20/4℃）	0.9360～0.9395

表 2 - 4 - 3　　　　　　　氧化钙的基本物理化学性质

序号	相关指标	指标参数
1	熔点	2614℃
2	沸点	2850℃
3	相对密度	3.25～3.38
4	分子量	56.08
5	溶解性	不溶于醇，溶于酸、甘油
6	稳定性	稳定
7	外观	白色无定形粉末，含有杂质时呈灰色或淡黄色，具有吸湿性

（二）收缩试验

本实验通过收缩仪测定四种土样含水率与垂直收缩变形关系曲线，确定土的缩限、体缩率或线缩率，以为遗址土和加固土的综合评价提供依据。

按试样所要求的干质量和含水量进行焖土，焖土时间为 24 小时，然后称取试件所需湿土质量及相应的桐油和石灰的质量，对于遗址土，直接将湿土倒入压膜中；对于加固土，先采用人工搅拌的方式，将混合材料搅拌均匀，然后在倒入压膜中。拂平土样表面，采用两头压实的方法，将土压置所需高度后，静置 5min，用脱模装置将土样推出，放入养护箱，遗址土养护 1d，桐油加固土、石灰加固土、桐油石灰加固土均养护 28d。桐油和石灰的掺加比率均为 5%。拌和后四种土样分别如下：

a.遗址土　　　　　　　　　　　　　b.桐油加固土

c.石灰加固土　　　　　　　　　　　d.桐油石灰加固土

图2－4－1　拌和后的四种土样

　　打开烘箱，调整温度 T＝30℃，通过温湿度计观测，直至烘箱温度恒定。装好土样，调整百分表，记录下初始读数；然后将土样和收缩仪整体放入烘箱中，每隔1小时记录百分表读数，并迅速称整体的质量。在百分表读数变化较小的情况下，可适当延长读数的间隔。当百分表读数和整体质量稳定后，取出土样，在105℃条件下烘干24小时。称取干土质量，并借助游标卡尺以120°为转角测量土样高度和直径，测量3次，不同干密度条件下4种土样的体积收缩率见表2－4－4。

表 2 - 4 - 4　　　　　　　　　　不同干密度条件下四种土的体积收缩率

序号	试样	密度，g/cm³	体积收缩率，%	缩限，%
1	遗址土	1.50	14.70	10.49
2		1.55	12.38	8.76
3		1.60	12.13	8.69
4		1.65	11.77	8.63
5		1.70	11.46	8.57
6	石灰加固土	1.50	7.36	12.37
7		1.55	6.40	12.52
8		1.60	5.90	12.10
9		1.65	5.44	11.93
10		1.70	4.26	11.82
11	桐油加固土	1.50	8.41	—
12		1.55	8.41	—
13		1.60	7.25	—
14		1.65	6.95	—
15		1.70	6.34	—
16	桐油石灰加固土	1.50	5.76	—
17		1.55	4.70	—
18		1.60	4.67	—
19		1.65	4.24	—
20		1.70	3.35	—

　　由表 2 - 4 - 4 可见，4 种土样的体积收缩率均随干密度的增大而减少。4 种土样的体缩率由大到小依次为：遗址土、桐油加固土、石灰加固土、桐油石灰加固土。桐油石灰混合加固土的体积收缩率近乎是遗址土的 1/4。对于缩限，遗址土和石灰加固土收缩曲线存在明显和拐点可一直在图中得出，石灰加固土的缩限大于遗址土的；而桐油加固土和桐油石灰加固土，收缩率随含水量呈近乎线性降低，不能准确地从两者的收缩曲线中得出缩限值。

（三）放湿试验

　　试验过程中，首先调整烘箱温度（20℃的恒温）及配置饱和盐溶液并置于保湿器中，饱和盐溶液选取 LiCl 溶液（20% 的恒湿），待充分稳定。将土样放在透水石上借助毛细作用饱和，用精密光电天平（0.01g）测量其质量，然后快速地将土样放入保湿器中，对土样按一定时间间隔称重，时间间隔的设定为：最初每1h测一次，随后依据质量变化适当延长读数的间隔，直至稳定。在土样在保湿器中充分脱湿达到平衡状态后，将土样从保湿器中取出，置105℃条件下烘干，测定土样的干土质量。

恒温条件下4种土的放湿量如表2-4-5所示。

表2-4-5　　遗址土、桐油加固土、石灰土、桐油石灰加固土的放湿量

试样	密度	最大放湿量/%
遗址土	1.50	30.08
	1.55	27.16
	1.60	26.26
	1.65	25.82
	1.70	21.47
桐油加固土	1.50	23.58
	1.55	22.86
	1.60	22.28
	1.65	22.07
	1.70	22.07
石灰加固土	1.50	27.78
	1.55	27.33
	1.60	20.03
	1.65	19.75
	1.70	18.13
桐油石灰加固土	1.50	33.34
	1.55	32.96
	1.60	26.42
	1.65	26.10
	1.70	26.09

由表2-4-5可见：4种土的最大放湿量均随干密度的增大而降低。

（四）渗透试验

渗透试验分为反压饱和和渗透两个阶段，压力调节器 L 控制围压（σ_3），压力调节器 M 和 N 控制饱和反压或渗透压（u）。渗透试验是在 17±2℃ 的室温下进行的，4 种土样不同干密度的对比结果如图 2－4－2。

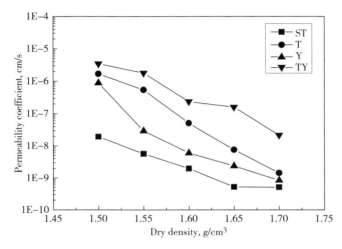

图 2－4－2　四种土样的渗透系数随干密度的变化

对比图 2－4－2 中的四种土样曲线，可以看出，渗透系数由小到大依次为遗址土、石灰土、桐油加固土、桐油石灰加固土。掺加桐油和石灰可提高土的渗透性，两者的结合，提高的程度更高。小密度条件下，掺加桐油和石灰对土的渗透性的影响较大，1.50g/cm³ 干密度，桐油加固土、石灰加固土和桐油石灰加固土的渗透系数分别是遗址土的 86.7、45.4、176.9 倍；大密度条件下，单独掺加桐油和石灰对遗址土的渗透性影响较小，桐油和石灰的结合则可较好地提高土的渗透性，1.70g/cm³ 干密度，桐油加固土、石灰加固土和桐油石灰加固土的渗透系数分别是遗址土的 2.8、1.7、49.5 倍。桐油石灰混合加固可有效提高低密度和高密度条件下遗址土的渗透性。

（五）土水特征曲线

采用美国土壤水分仪器公司（Soil moisture Equipment Corporation）生产的 Tempe 15 bar 压力板仪进行试验测试。

图 2－4－3、图 2－4－4 分别为不同干密度的遗址土和桐油加固土的土水特征曲线。

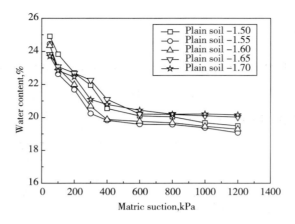

图 2 - 4 - 3   不同干密度遗址土的土—水特征曲线

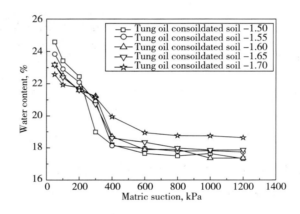

图 2 - 4 - 4   不同干密度桐油加固土的土—水特征曲线

对比图 2 - 4 - 3 和图 2 - 4 - 4，干密度越小，土样的曲线斜率变化越大。原因是：干密度小的土样的内部孔隙空间较大，连通性较好，在进气脱水过程中，土样中水分在较小吸力驱动下，就可迅速排除；而大密度土样，多是小孔隙和微孔隙，那些微孔隙中水只有在大的驱动力下才能排出。

（六）微观结构对比

1.50 和 1.70g/cm^3 遗址土的微观结构照片见图 2 - 4 - 5。

| （a）1.50g/cm³干密度 | （b）1.70g/cm³干密度 |

图2－4－5　不同干密度遗址土的微观结构照片

1.50、1.60和1.70g/cm³桐油加固土的微观结构照片见图2－4－6。

| （a）1.50g/cm³/干密度 | （b）1.60g/cm³/干密度 |
| （c）1.50g/cm³/干密度 | （d）1.60g/cm³/干密度 |

图2－4－6　不同干密度桐油加固土的微观结构照片

1.50、1.60和1.70g/cm³石灰加固土不同放大倍数的微观结构照片见图2－4－7。

（a）1.50g/cm3干密度

（b）1.60g/cm3干密度

（c）1.70g/cm3干密度

图2-4-7　不同干密度石灰加固土的微观结构照片

1.50、1.60和1.70g/cm³桐油石灰加固土的微观结构照片见图2-4-8。

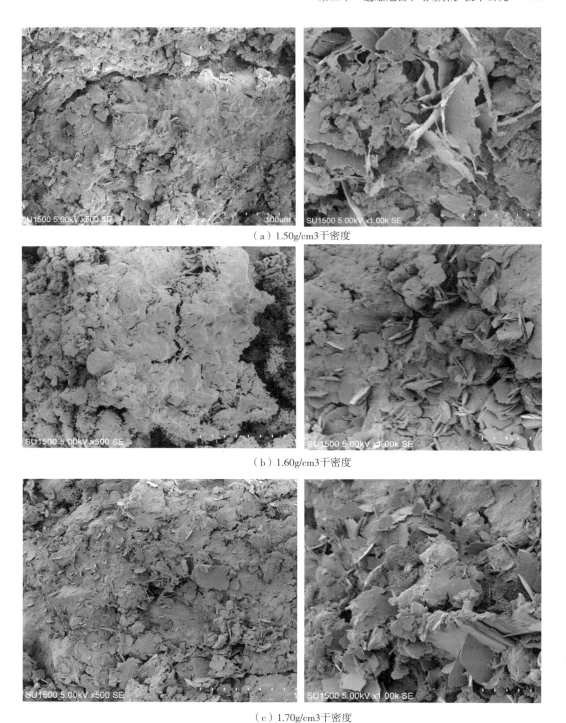

（a）1.50g/cm3干密度

（b）1.60g/cm3干密度

（c）1.70g/cm3干密度

图2－4－8 不同干密度石灰加固土的微观结构照片

混合土较纯黏土更为致密，土颗粒之间连结紧密，大孔隙较少，且孔隙基本被胶结物填充。此外，混合物的接触方式不同于遗址土的，遗址土中集合体之间的连结是原始的接触方式，包括黏粒连结和接触连结等；混合土中，以膜接物的胶结作用占据主导地位。桐油石灰混合土的作用机理示意图如2－4－9：

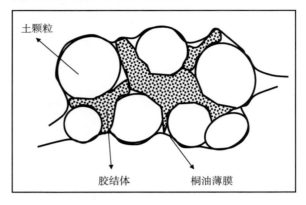

图2－4－9　桐油石灰加固土作用机理示意图

石灰反应产生的胶结物有效地填充在黏土颗粒之间的孔隙中，增强土体的密度，同时，低黏度的桐油薄膜顺应混合物颗粒的表面变化，将土颗粒与胶结物包裹在一起，成为一个整体，且桐油薄膜的拉扯作用，增强了颗粒间的紧密接触。

二　烧料礓石和烧阿嘎土加固材料研发与试验研究

研究采取的技术路线如图2－4－10。

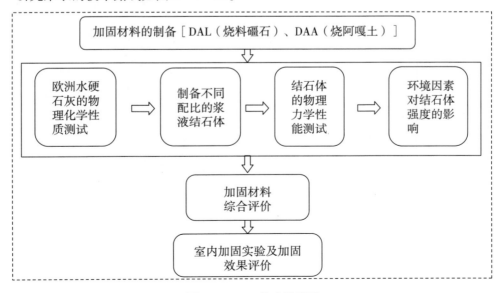

图2－4－10　技术路线图

（一）加固材料的制备

将 DAL（烧料礓石）和 DAA（烧阿嘎土）的原料分别在粉碎机中粉碎，在不同温度（700℃、800℃、900℃、1000℃、1100℃、1200℃等温度）下焙烧 3h。然后将其置于球磨机中研磨，过 200 目筛备用。

（二）加固材料物理化学性质测试

DAL 和 DAA 是高温焙烧时生成两种胶凝材料，一种是气硬性胶凝材料 CaO，另一种是水硬性胶凝材料 β – $CaSiO_3$ 和 $Ca_2Al_2Si_2O_8$。测试结果见表 2 – 4 – 6。

（三）加固材料的物理力学性质测试

将 1000℃ DAL 及 DAA 分别掺加适量石英砂和粉煤灰制作 40mm×40mm×160 mm 试块进行解结石体的物理力学性能测试及耐候试验，制作 70mm×70mm×70mm 的试块进行龄期的弹性波速测试及含水率及孔隙率变化，同时与欧洲水硬石灰 NHL2、NHL5 进行比较，测试结果见表 2 – 4 – 7。

表 2-4-6　不同温度 DAL、DAA 与欧洲水硬石灰的 X-射线衍射分析结果对比

样品编号	分析条件	半定量分析结果(%)							
		石英 (SiO_2)	方解石 ($CaCO_3$)	氧化钙 (CaO)	氢氧化钙 ($Ca(OH)_2$)	硅酸钙 ($\beta-CaSiO_3$)	硅酸铝钙 ($Ca_2Al_2Si_2O_8$)	长石 (钙长石+钠长石)	黏土
L-0	未烧样品	12.7	79.8					4.4	3
L-1	700℃-3h	16.4	77.2					4.4	2
L-2	800℃-3h	6.1		33.5	5.7	52.6	6.2		2
L-3	900℃-3h	3.3		32	4.1	52.3	8.7		2
L-4	1000℃-3h	1		26.6	5.9	55.7	13.6		2
L-5	1100℃-3h	1		27.7		54.4	22	1.2	2
L-6	1200℃-3h			19.3	9.7	47.3	23.5	1.7	
L-7	1300℃-3h			11.3		62.7	30		2
L-8	1400℃-3h			9.3	11.9	47.2		1.6	
A-0	未烧样品	12.7	79.3	—	—	—	—	4.4	3
A-1	700℃-3h	16.7	59.3	—	—	13.3	10.6	(绢云母)12.1	1
A-2	800℃-3h	14.5	14.3	32.1	—	21.2	17.8		1
A-3	900℃-3h	14.4	—	38.4	—	27.8	19.2		1
A-4	1000℃-3h	10.4	—	42.5	—	29.4	17.6		
A-5	1100℃-3h	7.2	—	44.6	—	30.1	18.0		
A-6	1200℃-3h	4.9	—	39.8	—	34.6	20.7		
A-7	1300℃-3h	—	—	35.8	—	38.5	25.7		
A-8	1400℃-3h	—	—	33.9	—	40.6	25.4		
NHl2				23.92	56.82	18.26			1
NHl3.5				39	27.09	32.91			1
NHl5				45.01	20.22	33.76			1

表 2 - 4 - 7   加固材料的物理力学性质测试结果

测试项目	测试结果
结石体的收缩变形测试	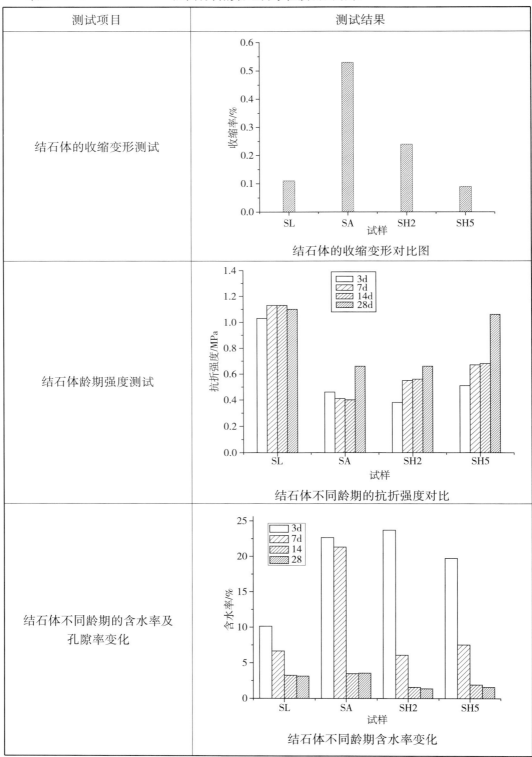
结石体龄期强度测试	
结石体不同龄期的含水率及孔隙率变化	

测试项目	测试结果
固化温度对结石体强度的影响测试	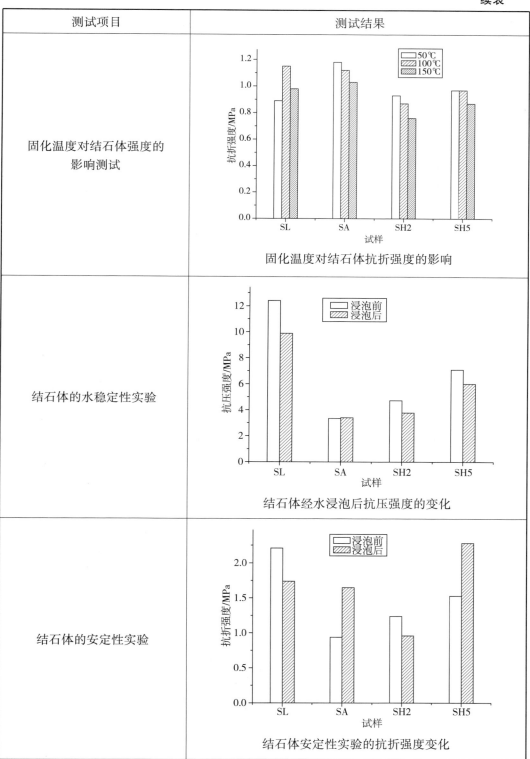
结石体的水稳定性实验	
结石体的安定性实验	

固化温度对结石体抗折强度的影响

结石体经水浸泡后抗压强度的变化

结石体安定性实验的抗折强度变化

测试项目	测试结果
结石体的耐碱性实验	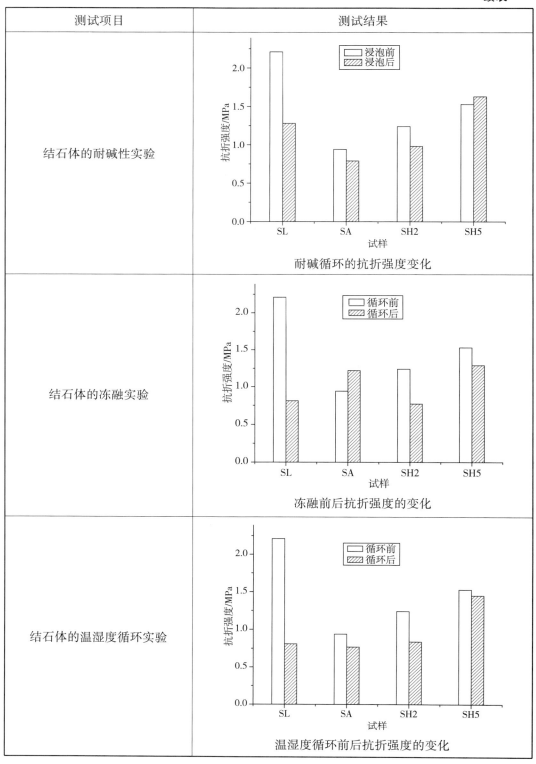 耐碱循环的抗折强度变化
结石体的冻融实验	冻融前后抗折强度的变化
结石体的温湿度循环实验	温湿度循环前后抗折强度的变化

续表

测试项目	测试结果
结石体波速随龄期变化	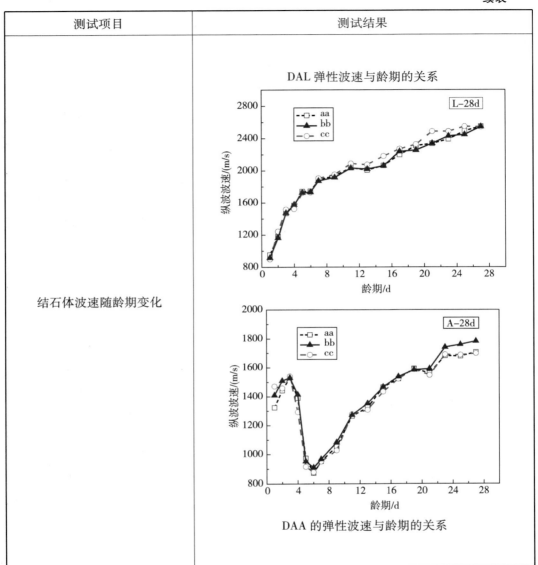

（四）加固材料实验

将采集的南京报恩寺遗址地宫土中分别添加 15% 的 DAL、DAA 及 30% 的 DAL、DAA，依表 2－4－8 的材料及配比制作成 50mm×50mm×50mm 的试块，进行环境适应性研究，测试不同环境条件下的物理力学性能，以比较加固后的耐候性能。

表 2 - 4 - 8　　　　　　　　　　　　　　　材料及配比

样品编号	材料及配比
J	遗址土重塑样，成型后干密度 1.51g/cm³
JL15	遗址土样中添加质量比 15% 的 DAL，成型后干密度 1.48 g/cm³
JL30	遗址土样中添加质量比 30% 的 DAL，成型后干密度 1.45 g/cm³
JA15	遗址土样中添加质量比 15% 的 DAA，成型后干密度 1.43 g/cm³
JA30	遗址土样中添加质量比 30% 的 DAA，成型后干密度 1.37 g/cm³

1. 耐水性测试

依照表 2 - 4 - 8 中的材料及配比，在遗址土样中分别加入 15% 和 30% L 及 15% 和 30% A，制作 50mm × 50mm × 50 mm 规格的结石体，经自然干燥后，置于盛满水的水槽中，观察试块在水中的变化，经历 200 小时后，分别测试干试块和湿试块的抗压强度，并与遗址土重塑样进行比较，测试结果见图 2 - 4 - 11、图 2 - 4 - 12。

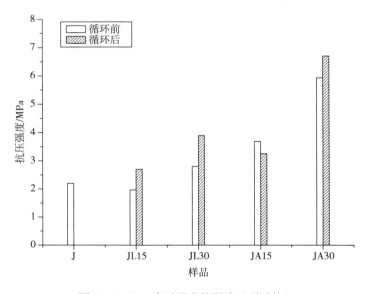

图 2 - 4 - 11　水对强度的影响（干试块）

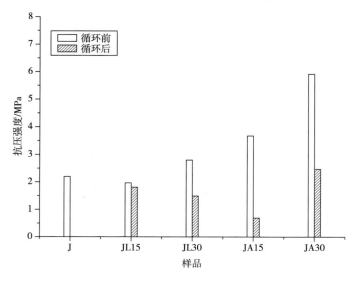

图 2 - 4 - 12　水对强度的影响（湿试块）

2. 温度循环变化对强度的影响

依照材料配比，在遗址土样中分别加入 15% 和 30% L 及 15% 和 30% A，制作 50mm × 50mm × 50 mm 规格的结石体，经自然干燥后，置于 80℃ 烘箱中 12 小时后，再在室温下（20℃）放置 12 小时，如此经历 15 个循环后，测试其抗压强度，并与遗址重塑样进行比较，测试结果见图 2 - 4 - 13。

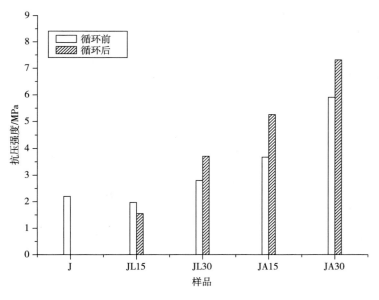

图 2 - 4 - 13　温湿度循环对强度的影响

3. 湿度循环变化对强度的影响

依照材料配比，在遗址土样中分别加入 15% 和 30% L 及 15% 和 30% A，制作 50mm ×
50mm × 50 mm 规格的结石体，经自然干燥后，置于相对湿度 80% 的养护箱中 12 小时
后，再在室内（相对湿度 40%）放置 12 小时，如此经历 15 个循环后，测试其抗压强
度，并与遗址重塑样进行比较，测试结果见图 2 − 4 − 14。

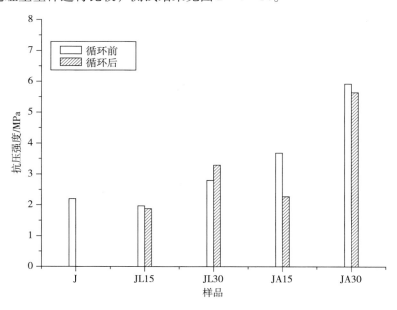

图 2 − 4 − 14　湿度循环对强度的影响

4. 温湿度循环变化对强度的影响

依照材料配比，在遗址土样中分别加入 15% 和 30% L 及 15% 和 30% A，制作 50mm ×
50mm × 50 mm 规格的结石体，经自然干燥后，置于 80℃ 烘箱中 12 小时后，再在相对
湿度 80% 的养护箱中 12 小时，如此经历 28 个循环后，测试其抗压强度，并与遗址重
塑样进行比较，测试结果见图 2 − 4 − 15。

5. 冻融实验

依照材料配比，在遗址土样中分别加入 15% 和 30% L 及 15% 和 30% A，制作 50mm ×
50mm × 50 mm 规格的结石体，经自然干燥后，置于 −30℃ 的低温冰箱中 12 小时后，再
在相对湿度 80% 的养护箱中 12 小时，如此经历 28 个循环后，测试其抗压强度，并与
遗址重塑样进行比较，测试结果见图 2 − 4 − 16。

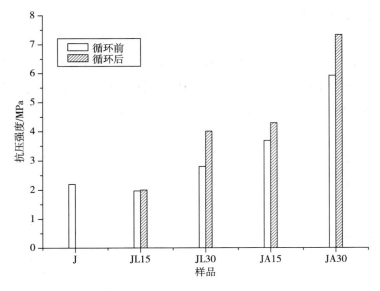

图 2 - 4 - 15　温湿度循环对强度的影响

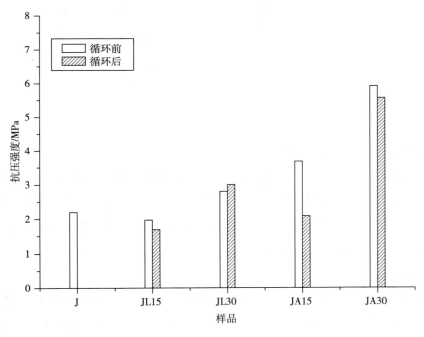

图 2 - 4 - 16　冻融循环对强度的影响

通过对加固材料 DAL 及 DAA 实验测试，可知：

DAL 和 DAA 材料是本身具有很好的耐水性和耐候性的无机保护加固材料，根据不同的烧结温度，强度和水硬、气硬可调，具有很小的收缩性，适合于潮湿环境下不同强度遗址的灌浆、修补和缝隙的黏结等；遗址土中分别加入 15%、30% 的 DAL 和 DAA

后，从根本上改变了遗址土的物理力学特性，除 15% L 外，大大提高了遗址土的物理力学性能，尤其是在潮湿环境下的耐水性能，以加入 30% DAA 的强度最高。且加入 DAL 和 DAA 后，外观和色泽与遗址土相近，总体而言，掺加 DAA 的效果优于 DAL，初步筛选出用 DAA 来加固遗址土，具体加固措施和方法根据现场试验来确定；耐候性实验表明，遗址土中分别加入 15%、30% 的 DAL 和 DAA 后分别进行温度、干湿、冻融及耐水循环实验，多个循环后对结石体的物理力学性质影响不大，说明遗址土经 DAL 和 DAA 加固后，有很好的耐候性和极好的耐水性能。

三　小结

通过对以石灰和桐油组合加固材料的筛选，烧料礓石和烧阿嘎土加固材料的研发等大量室内研究测试，可以得出以下几点结论：

（1）对比单纯石灰加固土和桐油加固土，桐油石灰混合加固土有以下优点：桐油石灰混合加固土的体积收缩率最小，随含水量的变化较为缓慢；桐油石灰混合加固土样在失水过程中土的体积变化很小。采用桐油与石灰混合加固的方法是改善遗址土的收缩特性一种有效处理方法；桐油石灰加固土的放湿含水量随放湿时间呈近乎线性降低，水分易于散失；石灰反应产生的胶结物有效地填充在黏土颗粒之间的孔隙中，增强土体的密度，同时，低黏度的桐油薄膜顺应混合物颗粒的表面变化，将土颗粒与胶结物包裹在一起，增强了颗粒间的紧密接触，具有较好的加固效果。

（2）通过测试发现，烧料礓石和烧阿嘎土材料是本身具有很好的耐水性和耐候性的无机保护加固材料，根据不同的烧结温度，强度和水硬、气硬可调，具有很小的收缩性，适合于潮湿环境下不同强度遗址的灌浆、修补和缝隙的黏结等。地宫遗址土中分别加入 15%、30% 的烧料礓石和烧阿嘎土后，从根本上改变了遗址土的物理力学特性，除 15% 烧料礓石外，大大提高了遗址土的物理力学性能，尤其是在潮湿环境下防雨蚀性能，以加入 30% 烧阿嘎土的强度最高。且加入烧料礓石和烧阿嘎土后，外观和色泽与遗址土相近。耐候性实验表明，遗址土中分别加入 15%、30% 的烧料礓石和烧阿嘎土后分别进行温度、干湿、冻融及耐水循环实验，多个循环后对试块物理力学性质影响不大，说明遗址土经烧料礓石和烧阿嘎土加固后，有很好的耐候性和极好的耐水性能。

（3）初步筛选出桐油石灰加固土和烧阿嘎土或烧料礓石作为模拟地宫现场加固试验的主要加固材料。

第五节　水环境防治对策研究

引起地宫水环境问题的主要因素有大气降水和地下水，要保护地宫长期安全稳定，就必须治理水环境，消除不良影响因素。通过对遗址地宫水环境问题的调查、现场试验、水文与水文地质资料的分析，认识了降水分配与地下水变化的基本规律，基本查明了报恩寺遗址地宫所在地区大气降水特征、水文条件及水文地质条件，分析了地宫渗水、开裂、坍塌及粉化等病害的成因及形成机理，为有效治理水环境、遏制降水、地下水对地宫的危害提供了科学依据。

一　降水对地宫的危害防治

降水对报恩寺遗址的直接影响主要有：①降水直接灌入遗址区；②形成地表坡面流对遗址区地面造成冲刷；③雨水汇集在低洼带浸泡遗址，甚至进入地宫。据现场调查，降水的灌入会使地宫水量增多，长期浸泡使地宫下部地层软化，降低其稳定性。因此，防治降水入渗、控制地宫及其周围地层含水量是遗址保护的关键问题。

针对大气降水对地宫保护造成影响的三种途径，对其防治宜采取遮挡、雨水疏导排泄、减少入渗等措施。

（一）降水遮挡

（1）临时性遮挡措施

在南京报恩寺遗址恢复建设工程完成之前，地宫保护降水防治可采用暂时性遮挡措施，即采用防雨棚。由于现有的防雨棚存在缺陷，须在现有基础上进行一下改进。

遮雨棚的大小的确定，应当以地宫为中心向外遮雨范围不小于 10m 为宜。这样才能保证遮挡大气降水的效果。由于现有雨棚西侧和南侧遮雨范围太小，遮雨效果不好。因此，将雨棚向西、向南做适当加宽，以避免雨水直接进入地宫防雨范围。

（2）永久性遮挡措施

为了彻底解决大气降水对地宫保存的不利影响，按照报恩寺遗址地宫和塔基大小，尽可能地增大保护棚的遮挡范围，将目前的保护棚扩大 4 倍，使得遗址地宫和塔基位于遗址保护棚的中心位置，由于遗址地宫水来源为遗址土中过饱和水渗出所致，因此加大保护棚可有效地阻止降水导致遗址土过饱和渗出。

（二）降水疏导排泄

中国古代建筑的防雨、防水、排水设施顺应自然规律，设计相当合理，应传承和发扬这种优秀的设计理念和设计方式，因势利导做好降水疏排。具体技术要求如下：

（1）用地宫原地层黏性土将地宫口填高，恢复到原来高度为宜。若原来的具体高度无法确定，则应保持地宫口为附近50m范围内的最高点。

（2）地宫口周围地面向四周倾斜，地面坡度1%。

（3）临时遮雨棚周边设置临时性排水设施，将雨水顺利导入城市排水管网安全排放，或者铺设专用管道将雨水排入秦淮河。

（4）地宫防雨排水设施设计须融入报恩寺排水体系设计，统筹规划，统一设计。

（三）降水入渗防治

在做好降水收集疏导排泄的同时，要确保地宫周边地面不产生积水，做好地宫口周围15m范围内地面防渗。具体要求如下：

（1）地面填土全部使用当地的黏性土，黏粒含量大于50%，渗透系数小于 1×11^{-7} m/s。

（2）施工时黏土保持最佳含水量，表层20cm黏土加入适量纤维，以防地表黏土失水龟裂。

（3）黏土须尽可能夯实，地面向四周微顷，保持1%的地面坡度，坡面自然排水流畅，不产生积水。

二　地下水对地宫影响减缓措施

根据地下水对地宫造成损害性影响的调查结果，结合报恩寺遗址水文地质条件和文物保护的特殊性，减缓或遏制地下水对地宫保护的不良影响，治理地宫地下水环境宜采用的措施有：地面防渗以减少降水入渗补给来源；铺设卵石层以隔断毛细水上升通道。

（一）地面防渗以减少降水入渗补给来源

遗址区的地下水来源于降水入渗和来自南部雨花台山区的地下水渗流，而雨花台山区的地下水也来自大气降水入渗。所以，遗址区的地下水归根结底源于降水入渗。由此可见，防治降水入渗是减少地下水渗流、减缓地下水对地宫影响的源头治理措施。

大面积的防治降水入渗难以实施，必要性也不大。针对地宫防水，只要做好 50m 范围内的地面防渗，就能收到良好的效果。

（二）铺设卵石层以隔断毛细水，并在地宫底部以下安装自动抽水装置

在地宫底部铺设厚度为 0.6m 的卵石层（地面以下 8.3m～9.3m；地宫底部以下 1m 左右），以隔断地层下部的毛细水作用。当雨水渗入过多，并达到一定高度时，自动抽水装置，将雨水抽出地宫内。雨水抽出装置可在地宫加固时暗埋在加固体内。

三　小结

针对降水对地宫的影响，制定了降水遮挡、雨水疏导排泄、减少入渗等措施；针对地下水对地宫的影响，制定了地面防渗、设置截渗墙和铺设卵石层以隔断毛细水上升通道等措施，同时，还制订了地宫与出土文物组合保护的防水方案。

第六节　模拟遗址地宫保护加固现场试验

根据南京报恩寺遗址地宫的保存现状和对该遗址的保护设计中"不改变文物原状"的原则，尽量采用传统的工艺和材料，保证文物环境的原始状态，在采用新技术和新工艺时，遵循"先试验再使用"等的原则及指导思想，针对地宫遗址病害的特点和遗址土物理化学特性，进行了加固材料的室内筛选实验和模拟地宫加固现场试验研究。

一　模拟地宫现场加固试验

（一）模拟地宫加固前概况

2011 年 11 月对模拟地宫进行现场勘查，经过两年的自由破坏，模拟地宫坍塌严重，模拟地宫四周有多条纵横交汇的裂隙，横向裂隙的间距大多集中在 45～55cm 之间，最小间距在 22cm 左右，最大间距在 73cm 左右。竖向裂隙的间距一般都在 35～48cm 之间，其中最大间距达到 75cm。裂隙的张开度在 0.5～3cm 之间。裂隙在地宫的南侧发育尤为严重，形状多呈锯齿状，且裂隙的张开度都很大，在 2.5cm 左右。地宫的东西两侧多为呈

锯齿状的环向裂隙，越靠近地宫口处裂隙的张开度越大，下切深度也越大。地宫的北侧纵向裂隙发育严重，且纵向裂隙张开度都很大，张开度大约在2.5cm，且靠近地宫口处张开度都很大，下切深度也逐渐增大。模拟地宫内部有多条竖向裂隙切割，且都是从地宫口开始切割至人工填土层。延伸至地宫口的裂隙大都与地宫内的竖向裂隙相连，切割地宫口周围土体形成多处危险体，存在坍塌的可能性（详见图2-6-1和图2-6-2）。

井壁坍塌现状1　　　　　　　　　　　　井壁坍塌现状2

井底积水　　　　　　　　　　　　井表面裂隙

井壁贯通裂隙　　　　　　　　　　　　表面裂隙

图2-6-1　模拟地宫主要病害

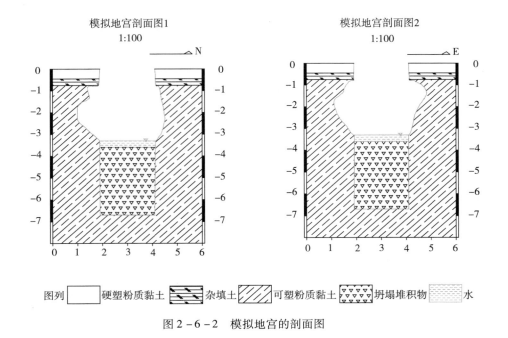

模拟地宫剖面图1
1:100

模拟地宫剖面图2
1:100

图列 □ 硬塑粉质黏土 ▨ 杂填土 ▧ 可塑粉质黏土 ▽ 坍塌堆积物 ▤ 水

图 2-6-2　模拟地宫的剖面图

（二）现场试验

　　根据模拟地宫破坏现状，在借鉴土遗址加固经验的基础上，针对南方潮湿环境下的土遗址加固做了大量的现场试验，就材料的筛选、配比进行试块制作，最终确定最佳的加固材料和材料的配比（图 2-6-3 ~ 图 2-6-6）。

图 2-6-3　拌制土样

图 2-6-4　制作试块

图 2－6－5　拆模 　　　　　　　　　图 2－6－6　养护

通过上述试验结论和技术人员现场讨论，最后确定为五种最为可行的混合加固材料和配比即：

（1）黏土料礓石混合材料，料礓石含量为 30%；

（2）黏土白灰混合材料，白灰含量为 8%；

（3）黏土水泥混合材料，水泥含量为 10%；

（4）黏土水泥白灰混合材料，水泥含量为 10%，白灰含量为 8%；

（5）黏土桐油白灰混合材料，白灰含量为 6%、桐油含量为 5%。

（三）加固流程

针对模拟地宫的破坏情况，结合模拟地宫的特殊性，按照以下流程进行加固。

（1）工作平台的搭设：由于模拟地宫经过两年的自由破坏，模拟地宫坍塌严重，模拟地宫四周有多条纵横交汇的裂隙，为了防止在工作时对周围土体的扰动故搭设工作平台。

（2）扩大井壁、清除底部堆积物：由于模拟地宫开挖 2009 年开挖时直径为 2.2m，因为原地宫的直径为 2.8m，所以模拟地宫直径也要扩大到 2.8m，然后对堆积物进行清除，直至原始深度。

（3）脚手架拆除：对原来搭设的三角脚手架进行拆除，方便下步操作。

（4）开挖渗水井、安设潜水泵：在地宫底部开挖直径 50cm，深 1m 的渗水井并且安设潜水泵，目的是把渗入地宫的水及时排出。

（5）铺设鹅卵石：在地宫底部铺设厚 15cm 的鹅卵石（鹅卵石直径为 5cm），使渗入地宫的水能够顺畅的流入渗水井。

（6）搭设井字形脚手架：方便于夯筑、支模使用。

（7）制作玻璃纤维树脂杆材围笼（类似钢筋笼）：

打锚杆：采用φ25玻璃纤维制品，按照横向间距50cm、竖向间距30cm，锚固在原状井壁内的深度应不小于1m。

竖筋：采用φ25玻璃纤维杆体，两竖筋间距为50mm，绑扎在锚杆上。

箍筋：采用φ12玻璃纤维杆体，水平间距为300mm，绑扎在竖筋上。

塑料网片：塑料网片绑扎在竖筋和箍筋上。

所有联结固定均采用专用扣件完成。

（8）支模：采用钢制模具，直径为2.2m，模具支顶受力点和井字脚手架连接。

（9）材料的拌制：按照试验和设计好的5种配比进行拌制，材料随拌随用切勿隔天使用。

（10）夯筑：夯筑时采用分层人工夯筑的方式，并且按照划分的5个区域5种材料同时夯筑。

五种材料分别为：a黏土料礓石混合材料，料礓石含量为30%；b黏土白灰混合材料，白灰含量为8%；c黏土水泥混合材料，水泥含量为10%；d黏土水泥白灰混合材料，水泥含量为10%，白灰含量为8%；e黏土桐油白灰混合材料，白灰含量为6%、桐油含量为5%。

（11）表面处理：夯筑完成后对井壁表面凹凸不平部位进行处理，保证井壁表面光滑和垂直度。

（12）养护：夯筑完成后进行养护，对井口采用保温材料进行覆盖防止冻融，影响加固效果，其次定期对模拟地宫渗入的水进行排出防止渗水过多对加固好的地宫浸泡。

图2-6-7 搭设工作平台

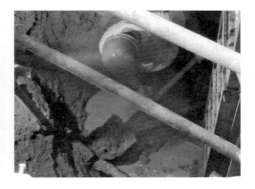

图2-6-8 清除底部坍塌堆积物

图 2 - 6 - 9　扩大井壁

图 2 - 6 - 10　吊运堆积物

图 2 - 6 - 11　拆除三角脚手架

图 2 - 6 - 12　开挖渗水井

图 2 - 6 - 13　开挖好的渗水井

图 2 - 6 - 14　安装潜水泵

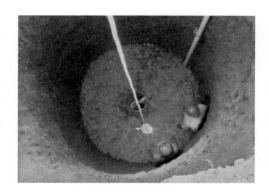

图 2 - 6 - 15　底部铺设鹅卵石

图 2 - 6 - 16　搭设井字脚手架

图 2 - 6 - 17　制作玻璃纤维树脂围笼

图 2 - 6 - 18　绑扎塑料网片

图 2 - 6 - 19　支模

图 2 - 6 - 20　筛土

图 2 - 6 - 21　材料拌制

图 2 - 6 - 22　拌和石灰和土料

图 2 - 6 - 23　掺加桐油

图 2 - 6 - 24　拌和好的混合土

图 2 - 6 - 25　分层夯筑 1

图 2 - 6 - 26　分层夯筑 2

图 2 - 6 - 27　分层夯筑 3

图 2 - 6 - 28　表面处理 1

图 2 - 6 - 29　表面处理 2

图 2 - 6 - 30　表面处理 3

图 2 - 6 - 31　加固完成后的模拟地宫

图 2 - 6 - 32　加固养护

二　加固效果评估

为评估和验证模拟地宫加固效果，在 2011 年 2 月 20 日，模拟地宫加固 3 个月后，我们到现场进行了加固效果的评估与测试。

（一）加固表面效果评估

我们对不同配比加固材料的加固表面效果进行现场观察，加固后不同加固材料的效果如下图 2 – 6 – 33 ~ 图 2 – 6 – 39：

图 2 – 6 – 33　模拟地宫整体加固效果

图 2 – 6 – 34　添加 8% 石灰加固后的表面效果

图 2 – 6 – 35　添加 5% 桐油和 6%石灰加固效果

图 2 – 6 – 36　添加 30% 料礓石石灰加固效果

图 2 – 6 – 37　添加 10% 水泥的加固效果

图 2 – 6 – 38　添加 10% 水泥和 8% 石灰加固效果

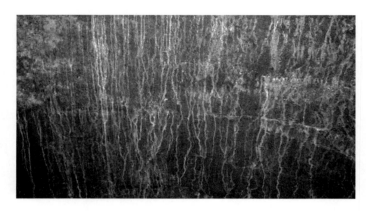

图 2 – 6 – 39　添加石灰加固后模拟地宫下部白色留痕

从图 2 – 6 – 33 可以看出，模拟地宫的整体未发生形变、开裂和坍塌现象，总体加固效果良好。对比各种添加材料的加固效果，从照片可以发现，添加了桐油石灰加固土的部分再模拟地宫加固表面已经生长了一层厚厚的霉菌，严重影响加固外观，而掺加白灰的加固土在地宫下部较为潮湿的部位有白色的留痕，影响加固外观。图 6 – 36 左侧为添加烧料礓石加固土的加固效果，而右侧为桐油石灰加固土的加固效果，从图中可以看出有明显的接茬，右侧部分可见生长的霉菌，添加烧料礓石和水泥的加固效果较好，从地宫底部来看也具有很好的耐水性，而添加 30% 料礓石的加固土的颜色与地宫本身土的颜色最为接近。

（二）现场加固强度测试

1. 测试原理

使用 HT – 225 型回弹仪回弹法对南京报恩寺模拟地宫加固效果进行了测试。回弹法是无损检测砖体、混凝土强度的最常用方法之一，也是现阶段采用最为普遍的现场检测砖体和混凝土抗压强度的技术，由于其使用仪器构造简单、操作较简便、测试值在一定条件下与强度有较好的相关性、测试费用低廉等特点，该方法被工程检测、监督及各施工组织单位在现场工程中广泛采用。其原理是用弹簧驱动弹击锤，并通过弹击杆弹击混凝土表面时产生的瞬时弹性变形的恢复力，使弹击锤带动指针指示出弹回的距离，以回弹值（弹回的距离与冲击前弹击锤至弹击杆的距离之比，按百分比技术）作为与混凝土抗压强度相关的指标之一，来测定抗压强度。

HT – 225 型回弹仪符合国际标准《GB9138 – 88 回弹仪》、《JJG817 – 93》国家计量检定规程、《JGJ/T23 – 2001》技术规程。HT – 225 型回弹仪用于检测 10 – 60Mpa 范围内的砼抗压强度，系统标准能量为 2.207J。

2. 测试方法

对模拟地宫不同加固方法的表面，选取 160mm × 160mm 的正方形区域，划分成 40mm×40mm 的网格，在网格中心进行回弹测试，每个区域进行 16 次测试。

3. 测试结果

各个区域回弹结果见图 2 – 6 – 40 ~ 图 2 – 6 – 45。

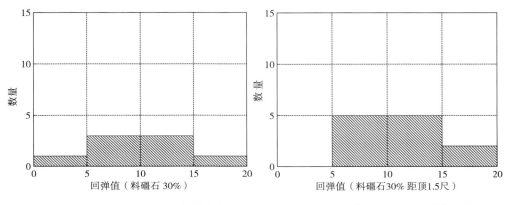

图 2 – 6 – 40　料礓石 30% 回弹值分布　　　图 2 – 6 – 41　料礓石 30% 回弹值分布

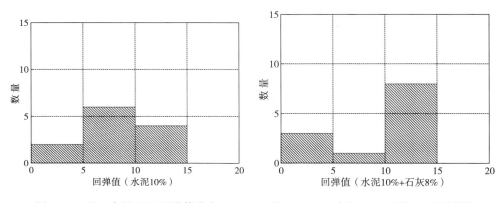

图 2 – 6 – 42　水泥 10% 回弹值分布　　　图 2 – 6 – 43　水泥 10% ＋石灰 8% 回弹值分布

图 2 – 6 – 40 ~ 图 2 – 6 – 45 为各个区域测试结果的直方图，总体而言，添加 10% 水泥加固土、添加 10% 水泥、8% 石灰的回弹值最高，添加 30% 的烧料礓石加固土的强度次之，添加 8% 石灰加固土、添加 5% 桐油和 6% 石灰加固土的回弹值最低。

（三）添加加固材料比选分析

从表面加固效果来看，添加 10% 水泥的加固土和烧料礓石的加固效果较好，从加固强度来看，水泥加固土和烧料礓石的效果较好。烧料礓石为我国古代所用传统建筑材料，具有水、气两硬材料，加固后在强度不断升高的同时，也吸收 CO_2，在加固土中形成一定的孔隙，和水泥加固土相比，有颜色更为遗址土接近和具有较好的透气性的优点，因此，我们选择烧料礓石加固土为南京报恩寺遗址地宫加固用材料。

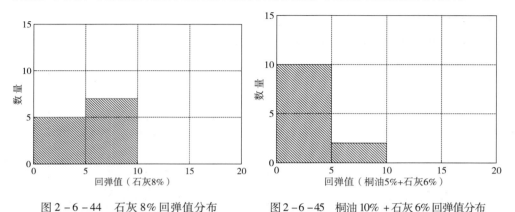

图 2 - 6 - 44　石灰 8% 回弹值分布　　　　图 2 - 6 - 45　桐油 10% + 石灰 6% 回弹值分布

三　小结

（1）通过上述研究发现，用耐久性好的玻璃纤维笼作为模拟地宫的主要支撑，采用锚杆锚固、掺加一定比例烧料礓石遗址土夯补措施加固模拟地宫，在加固后的一年多来未发生明显形变、坍塌等问题，说明以上措施用来加固遗址地宫是可行的。

（2）与桐油石灰加固土相比，烧料礓石加固土具有明显的优势，可选为遗址地宫加固材料。

第七节　遗址地宫和塔基保护加固技术方案

一　遗址地宫和塔基保护加固工程勘察测绘

经实地调查测绘，报恩寺遗址地宫的现状如图 2 - 7 - 1。目前八角塔基仅东北侧出外露，其他均被现代建筑所覆盖（图 2 - 7 - 2）。图 2 - 7 - 1 中所示的墙体为保护棚围墙，经考古发掘，目前在保护棚内的遗址普遍存在表面风化、干缩裂缝、坍塌、地表水冲蚀和地下水浸泡等病害（图 2 - 7 - 3、图 2 - 7 - 4）。地宫考古发掘后发生局部的坍塌，管理部门及时采取了临时支护措施制止了坍塌的蔓延（图 2 - 7 - 5）。

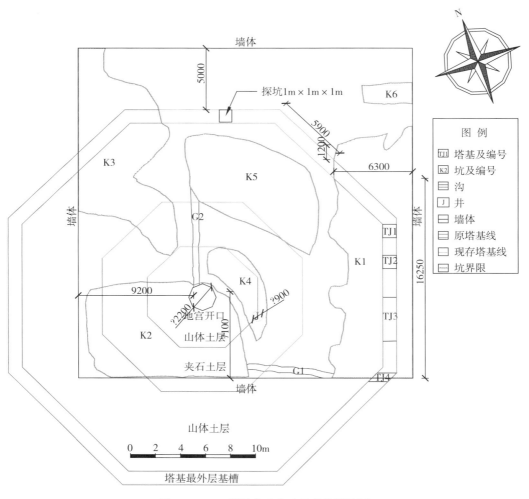

图 2 - 7 - 1　报恩寺地宫遗址现状测绘图

图 2 - 7 - 2　现代建筑覆盖地宫塔基

图 2 - 7 - 3　保护棚内遗址现状

图 2 - 7 - 4　保护棚内遗址现状　　　　图 2 - 7 - 5　被临时支护的地宫

（1）最北侧塔基

最北侧塔基是所有塔基中保存最好的，目前部分被木板（三合板）覆盖，由于雨水浸泡，表面产生龟裂，表层风化严重。基槽顶部边缘有横向裂隙发育，干缩作用所诱致，间距 10 ~ 20cm，张开度 0.5 ~ 1cm，长度 5 ~ 15cm，无充填。白灰层出露，局部可见青砖，表面片状剥离，剥离厚度 2cm。如图 2 - 7 - 6 ~ 图 2 - 7 - 9。

图 2 - 7 - 6　塔基现状 1　　　　　　图 2 - 7 - 7　塔基现状 2

图 2 - 7 - 8　平行展布的干缩裂隙　　　　图 2 - 7 - 9　内部青砖及遗址表面粉化

（2）K1

地表水冲刷产生冲沟状坑，目前下雨后仍有地表水径流，局部仍有积水。由于坑内积水浸泡、干缩，产生龟裂，坑周边发育众多裂隙，裂隙较小，张开度不大。发掘出土的墙基，因遭受积水浸泡，局部已倾倒坍塌（尽管有临时木板支撑）。如图 2 - 7 - 10 ~ 图 2 - 7 - 13。

图 2 - 7 - 10　地表水冲刷形成的坑　　　　图 2 - 7 - 11　内部的塔基发生坍塌

图 2 - 7 - 12　干缩后形成的龟裂纹　　　　图 2 - 7 - 13　坑壁不断剥落坍塌

（3）TJ1

底部因地表水入渗进入洼处形成冲沟，冲刷、浸泡塔基。塔基左边发育裂隙，长度50cm，张开度0.5～1cm。右边出现较大坍塌。表面风化严重，片状剥离发育。如图2－7－14～图2－7－15。

图2－7－14　考古发掘断面坍塌　　　　图2－7－15　坍塌后诱发后侧塔基发育裂隙

（4）TJ2

表面风化严重，考古发掘后在风化、干缩等作用下开裂。顶部发育3条裂隙，张开度不大，右侧发育1条自上而下的深大贯通裂隙，张开度2～3cm，切割较深，濒临坍塌。如图2－7－16～图2－7－19。

 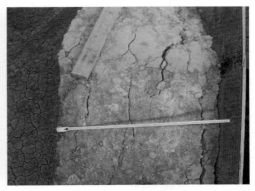

图2－7－16　TJ2现状　　　　　　　图2－7－17　塔基顶部卸荷及干缩裂隙

图 2 - 7 - 18　卸荷裂隙贯穿塔基　　　　图 2 - 7 - 19　塔基本临时支护（仍发生变形）

（5）TJ3

表面风化严重，顶部沿临空处发育数条裂隙，张开度 2～4cm，切割较深，将顶部切割得较为破碎。临空处风化相当严重，土层中夹有较大的块石，比较破碎，局部发育深大裂隙。片状剥离发育，剥离厚度 2cm。如图 2 - 7 - 20～图 2 - 7 - 23。

图 2 - 7 - 20　TJ3 现状　　　　　　　图 2 - 7 - 21　贯通性卸荷裂隙发育

图 2 - 7 - 22　顶面卸荷裂隙与干缩裂隙

图 2 - 7 - 23　塔基松散岩土体

（6）TJ4

表面风化严重，呈凹凸不平状。顶部发育 1 条裂隙，张开度小，立面菱形状裂隙发育，裂隙长 10~100cm，张开 0.5~2cm。如图 2 - 7 - 24~图 2 - 7 - 25。

图 2 - 7 - 24　TJ4 现状

图 2 - 7 - 25　贯通性卸荷裂隙发育

（7）K2

考古发掘后坑壁风化速度加速，片状剥离发育。大棚将雨水引出后又回灌进入坑内，坑内水产生径流，冲刷形成冲沟。地表水及地下水的冲刷、浸泡诱发产生大规模坍塌。同时坑壁边缘裂隙发育，濒临坍塌。现场有水流入内，对地宫竖井的安全产生巨大影响。如图 2 - 7 - 26~图 2 - 7 - 31。

图 2 - 7 - 26　K2 现状

图 2 - 7 - 27　贯通性卸荷裂隙发育

图 2 - 7 - 28　贯通性卸荷裂隙发育

图 2 - 7 - 29　贯通性卸荷裂隙发育

图 2 - 7 - 30　贯通性卸荷裂隙发育

图 2 - 7 - 31　贯通性卸荷裂隙发育

（8）K3

探坑，形成积水区，底部干缩龟裂。坑壁发育较多裂隙，将坑壁切割的较破碎，粗颗粒较多，坍塌较为严重。南部有山体土层出露，局部可见青砖。内部杂草旺盛，生物病害严重。如图 2 - 7 - 32 ~ 图 2 - 7 - 35。

图 2 - 7 - 32　K3 现状

图 2 - 7 - 33　坑底龟裂纹和坑壁粉化

图 2 - 7 - 34　形成的积水

图 2 - 7 - 35　坑壁逐渐开裂坍塌

（9）K4

有一井，井深 7.5m，井径 90cm，坑高 70cm。坑壁干缩产生较多细小裂隙，表面风化严重，表层较为破碎。如图 2 - 7 - 36 ~ 图 2 - 7 - 37。

图 2 - 7 - 36　K4 现状

图 2 - 7 - 37　坑壁粉化剥落

（10）K5

探坑，坑壁干缩，表面风化严重，细小卸荷裂隙密布，粗颗粒较多，片状剥离发育，剥离厚度 0.5～1cm，坑壁较为破碎。坑底干缩龟裂。如图 2 - 7 - 38～图 2 - 7 - 39。

图 2 - 7 - 38　K5 现状

图 2 - 7 - 39　坑壁粉化剥落、裂隙切割

（11）K6

坑长 12m，均宽 1.2m，深 38cm，坑壁风化裂隙发育，风化严重，表面凹凸不平，发育几处小洞。坑底有积水痕迹（目前较为湿润），局部干缩龟裂。如图 2 - 7 - 40。

图 2 - 7 - 40　K6 现状

（12）G1

探沟，考古发掘后风化速度加快，风化严重，沟壁因风化产生较多细小裂隙，较为破碎。如图 2 - 7 - 41。

（13）G2

探沟，考古发掘后风化速度加快，风化严重，沟壁因风化产生较多细小裂隙，较为破碎。如图 2 - 7 - 42。

图 2 - 7 - 41　G1 现状　　　　　　图 2 - 7 - 42　G2 现状

（14）地宫竖井

距离地宫较近的范围内，紧邻地宫的南面和西面形成凹陷，凹陷沿地宫边缘开始，范围沿地宫已有半圈，凹陷区域距离地宫口约 3m 左右，西面凹陷最远处距离地宫口约 3.75m，凹陷坡角距北面土顶层有 1m 多深，由于水流的作用，南面凹陷高程较高于西面，西面凹陷较深。紧邻地宫的东西向和南北向有互为垂直的相连的排水沟，由于凹陷，只留下南北向的一部分（约 5m）和东西向的一部分。且南北向排水沟靠近陡坎处有明显的环向裂隙（图 2 - 7 - 43）。为临时保护井体，采取了临时支护和定期抽水（间隔 24h）的方式。

地宫内坍塌比较严重，坍塌后所测地宫深为 4.21m，地宫的北面坍塌最严重，最深坍塌处达 48cm，地宫内已用脚手架、钢圈和木板进行临时支护，上部坍塌处已用沙袋进行填充，地宫的下部和底部被坍塌物填充（图 2 - 7 - 44 ~ 图 2 - 7 - 46）。

图 2 - 7 - 43 地宫竖井现状

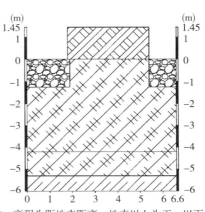

注：高程为距地表距离，地表以上为正，以下为负。

▨ 粉质黏土 ▨ 夯土 ▨ 井壁坍塌堆积 ▨ 沙袋填充

图 2 - 7 - 44 地宫竖井展开图

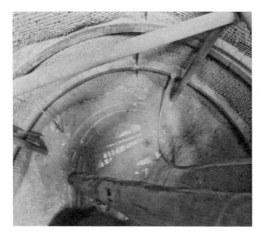

图 2 - 7 - 45 地宫竖井内部

图 2 - 7 - 46 井体临时支护

二 遗址地宫和塔基保护加固方案设计

针对报恩寺遗址地宫中存在的各类病害，经过现场详细调查和室内实验研究，依据模拟地宫加固试验的成果，提出以下保护方案。

（一）雨水入渗防治

（1）在南京报恩寺遗址保护规划完成之前，地宫保护降水防治可采用暂时性遮挡措施，即采用防雨棚。由于现有的防雨棚存在缺陷，须在现有基础上进行一下改进。遮雨棚的大小的确定，应当以地宫为中心向外遮雨范围不小于 10m 为宜。这样才能保证遮挡大气降水的效果。由于现有雨棚西侧和南侧遮雨范围太小，遮雨效果不好。因此，将雨棚向西、向南做适当加宽，以避免雨水直接进入地宫防雨范围。

（2）中国古代建筑的防雨、防水、排水设施顺应自然规律，设计相当合理，应传承和发扬这种优秀的设计理念和设计方式，因势利导做好降水疏排。具体技术要求如下：用地宫原地层黏性土将地宫口填高，恢复到原来高度为宜。若原来的具体高度无法确定，则应保持地宫口为附近 50m 范围内的最高点；地宫口周围地面向四周倾斜，地面坡度 1%；临时遮雨棚周边设置临时性排水设施，将雨水顺利导入城市排水管网安全排放，或者铺设专用管道将雨水排入秦淮河；建议地宫防雨排水设施设计须融入报恩寺排水体系设计，统筹规划，统一设计。

（3）在做好降水收集疏导排泄的同时，要确保地宫周边地面不产生积水，做好地宫口周围 15m 范围内地面防渗。具体要求如下：地面填土全部使用当地的黏性土，黏粒含量大于 50%，渗透系数小于 $1 \times 11^{-7} m/s$。施工时黏土保持最佳含水量，表层 20cm 黏土加入适量纤维，以防地表黏土失水龟裂。黏土须尽可能夯实，地面向四周微顷，保持 1% 的地面坡度，坡面自然排水流畅，不产生积水。

（二）夯土回填

采用当地粉质黏土与水硬性石灰的混合物作为夯土的主材，具体夯筑工艺和要求待试验完成后再行确定。在塔基附近，回填高度低于塔基顶面 10~20cm，以便有效的展示塔基建筑形制和空间布局。在地宫竖井附近要进行支模以复原坍塌井体的形制。

（三）场地平整

夯土回填完成后，要进行场地的平整，使得场地形成围绕地宫竖井的排水体系。

即从地宫竖井向外倾斜1%的排水坡度。

（四）塔基加固

经过夯土回填确保了残存塔基的稳定，对现存塔基表面和体内发育的裂隙进行注浆，注浆浆液采用水硬性石灰浆液，水灰比0.5～0.6，采取多次注浆的方式，注浆完成后，表明进行复旧处理。

（五）地宫竖井井体加固

（1）井底坍塌物清理

通过垂直运输，将前期井壁坍塌的土体清理出去。一直清理至底部生土层。

（2）临时支护措施拆除

自上而下逐步拆除现有的临时支护结构物，将井内的脚手架平台调整为正方形结构，以便后续的垂直运输和井壁围护结构的施工。

（3）底部修筑集水坑和围护结构基础

按照设计图的要求，在井底部开挖并修筑集水坑，集水坑的外侧基础即为围护结构的基础。具体结构形式和尺寸详见设计图纸。

（4）修筑井壁整体围护结构

围护结构的形式为筒形，主筋采用直径22mm的螺纹玻璃纤维杆体，内外两层，间距300mm；箍筋采用直径12mm的玻璃纤维杆体，间距300mm；连接围护结构与井壁土体的杆体采用直径22mm的螺纹玻璃纤维杆体，锚孔直径20mm，采用击入式打入，锚固段不低于1000mm，具体结构形式和间距见设计图；结构体中间采用当地土与烧料礓石混合（烧料礓石占30%）夯筑，每次夯筑不超过300mm，间隔时间不低于2h，夯筑时需采用整体模具进行支撑。

（5）自动抽水装置安装

在加固地宫时，采取预埋的方式，在遗址地宫加固体中走线，在底部预埋自动抽水装置，当积水井中的水达到一定水位高度时，自动启动抽水装置。

（6）井壁表面处理

以上工程措施完毕后，对井壁表面接茬缝及不平整的地方进行修补处理。

三 加固工程量

报恩寺遗址地宫的抢险加固措施工程数量见表2－7－1：

表 2 - 7 - 1　　　　　　　　　　主要工程数量表

序号	项目名称	计量单位	工程数量
第一部分　　雨水入渗防治			
1	雨水入渗防治	项	1
第二部分　　回填加固工程			
1	夯土回填	m³	300.5
2	场地平整	m²	715.9
第三部分　　塔基加固			
1	裂隙注浆	m	11
2	表面防风化加固	m²	11
第四部分　　地宫竖井加固工程			
1	坍塌体清理	m³	5.7
2	集水坑修筑	m²	2.7
3	整体围护结构	m³	44.9
4	脚手架	m²	47

四　保护工程实施计划及建议

（一）保护工程实施计划

保护工程计划于 2012 年实施。2012 年 6 月 ~ 2012 年 7 月，完成现场试验及施工图设计工作；2012 年 8 月 ~ 2012 年 12 月，完成地宫遗址抢险加固施工。

（二）保护工程相关措施及建议

（1）工程实施过程中，工程施工单位应与遗址管理单位人员及考古人员密切配合，严防遗址因工程施工不当而造成遗址外观改变或造成考古信息的丢失；

（2）施工取、弃土应符合遗址保护要求，严禁随意取、弃土；车辆及施工人员不得在施工场地内随意行走，尽量减少因车辆碾压振动、人员践踏对遗址的破坏。每一处工地的施工车辆、人员的行走路线，取、弃土位置及要求均应由项目负责人在现场事先确定，相关规定应纳入合同条款中；

（3）搭设施工脚手架在保证施工安全的同时，还必须满足遗址本体及环境安全的要求，严禁安装施工设备时对遗址造成破坏；

（4）施工时应对有坍塌危险的部位进行临时支护，基础加固需开挖基槽时，应视土体完整情况小断面间隔开挖，并采取必要的支护措施；

（5）施工前应进行施工勘察；

（6）各项工程材料应符合质量要求，必须需经检验合格方可使用。施工用浆液应随配使用，严禁使用过期的浆液。各项施工工序经检验合格后方可进行下一道工序，确保工程质量；

（7）各施工部位应有施工前、后的工程照片；锚杆、注浆施工，应按照隐蔽工程施工的要求做好施工记录及质量检查记录；

（8）施工期间，气温不宜过高和过低，尽量在20℃左右；

（9）工程施工前应认真进行现场核对，如发现遗址遭受到新的破坏或现场状况与设计不符时，应及时联系设计单位，进行设计变更后方可进行施工；

（10）施工期间，做好施工组织管理工作；

（11）工程施工除应符合本设计要求外，尚应符合国家现行的有关规范、规则。

第八节　结　论

通过对报恩寺遗址地宫、塔基保护技术研究可以得出如下几方面结论：

（1）根据遗址温湿度、土壤含水率、地下水位等因子监测结果可知，报恩寺遗址区域温度日较差变化明显，平均相对湿度70%～80%。降水主要集中在7、8、9月份，占年降水量的38%。地宫内温度随着外界温度变化而变化，受到外界温度变化影响明显，越靠近地宫口变化越明显，随着深度的增加变化逐渐减小。地宫内相对湿度较高，在60%以上，自上而下湿度逐渐升高，湿度变化趋势与降水和地下水位变化一致，受到降水和地下水位影响明显。地宫内土壤水分含量随时间变化不是很明显，但是，随位置变化明显，随着地宫深度增加逐渐增加。

（2）通过对水文地质条件的调研，基本查明了遗址区地下水的分布、埋藏深度和地下水的补给、径流、排泄条件，获得了含水层的水理性质及水文地质参数、现有古井的出水量和水质特征。对遗址区模拟地宫和2号、3号古井采取抽水试验、水位恢复试验，可知，遗址区含水层渗透系数 K 井采取抽水试验 $^{-6}$ m/s 左右。根据双环渗透试验，可知，遗址区地表土层垂向渗透系数 $K_v \approx$ 右。根据双环 $^{-6}$m/s ~ 2.8×10^{-5}m/s。

（3）由遗址土体物理性质、水理性质、力学性质分析结果可知，报恩寺遗址地宫土体的各项指标具有很好的规律性，其相互关系也具有规律性。

（4）通过对遗址地的无损探测分析可知，报恩寺遗址区地层结构较简单，由上层杂填土和下伏粉质黏土层构成，在勘察范围内地层面波波速及映像图未出现明显异常现象，说明在勘查位置地层岩性均匀且正常，应不存在不良地质现象；地质雷达探测的范围内无大的异常体，局部地区有不均匀层位；报恩寺遗址保护工程场地在深 0.5 ~ 0.8m 以下地层含水量基本稳定，场地在深 0.5 ~ 0.8m 位置有一层位，0.5 ~ 0.8m 以下部位地层基本均匀，含水量基本稳定，局部有异常体存在；地宫表面温度无论是最大值还是最小值都出现在距离地宫口比较近的位置，推测温度对地宫风化破坏影响较小；遗址区地层随深度的增加土的体积含水量不断增大，而且在同一天，早晨土的体积含水量略大于下午。

（5）加固材料研究方面，完成了遗址土、桐油加固土、石灰加固土和桐油石灰加固土 4 种土样的收缩特性、渗透特性、放湿特性、微观结构的测试项目和土水特征曲线分析，试图通过有机与无机的有效结合，疏水作用和钝化作用相结合来提高潮湿土遗址的水稳定性。

（6）由病害现状调查结果可知，地宫内坍塌比较严重，地表水、地下水均对其具有一定的影响；裂隙的产生破坏了土体的完整性；地宫的安全系数为 0.917，在开挖完毕后产生破坏，处于不稳定状态，需要对地宫进行加固。通过对模拟地宫现状评估、变形监测、数值分析说明模拟地宫侧壁坍塌的主要原因是超孔隙水压力的产生。

（7）针对降水对地宫的影响，制定了降水遮挡、雨水疏导排泄、减少入渗等措施；针对地下水对地宫的影响，制定了地面防渗、设置截渗墙和铺设卵石层以隔断毛细水上升通道等措施，同时，还制定了地宫与出土文物组合保护的防水方案。

（8）针对变形、裂隙、稳定性等病害，分别制定了对遗址区内的探方采取回填保护，对塔基体内的裂隙采取裂隙注浆，表面粉化病害采取表面防风化，对地宫竖井井体首先清理井底坍塌物，然后修筑集水坑和围护结构等保护加固方案。

（9）针对地宫遗址病害的特点和遗址土物理化学特性，进行了加固材料的室内筛选实验和模拟地宫加固现场试验技术研发。研究证明遗址土经 DAL 和 DAA 加固后，有很好的耐候性和极好的耐水性能。

第三章　脆弱易损出土文物
预防性保护技术研究

第一节　研究目的和意义

南京报恩寺遗址地宫及地宫内出土文物腐蚀情况十分严重，文物的保护处理工作需要相当长的时间。这些出土文物在现有保存和展示环境下极易遭受进一步的损害，如玻璃净瓶表面已经出现剥落损害、潮湿的丝织品出现颜色变深并趋于腐烂、银板鎏金阿育王塔饱水木质内胎遭受霉菌腐蚀的威胁、香料逐渐粉化及舍利失去光泽等。因此，遵从《中华人民共和国文物保护法》所要求的文物保护修复最小干预原则，以"稳定"和"洁净"调控南京报恩寺遗址地宫出土文物保存或展示微环境为手段，减缓自然或人为环境因素对这些出土文物的损害，从源头上预防保护文物，是非常迫切和必要的。

脆弱易损出土文物预防性保护技术研究，旨在应用现代环境监测技术、馆藏文物保存环境专用监测技术和微环境调控技术，研究分析南京报恩寺遗址地宫出土文物的保存现状特征，实验研究典型文物的最佳保存环境条件，形成预防性保护技术方案；重点研发阿育王塔、宋代丝织品、舍利、香料、玻璃器等脆弱易损文物的预防性保存或展示的保护装置，示范应用于这些出土文物，以达到长期保存珍贵文物的目的。

1930年在意大利罗马召开的关于艺术品保护国际研讨会上第一次提出"预防性保护"的概念，即对博物馆文物保存环境实现有效监控。同时，这次会议还肯定了实验室研究对文物研究的意义，在国际范围内达成了文物科学保护的共识。对馆藏文物保存环境进行有效的监测和控制，抑制各种环境因素对文物的危害作用，努力使文物处于一个稳定、洁净的安全生存环境，尽可能阻止或延缓文物的物理和化学性质改变乃至最终劣化，从源头上预防性地保护珍贵文物，达到长久保护和保存珍贵文物的目的，是当今世界文物保护领域的发展趋势[42,43]。

改革开放 30 年以来，我国的馆藏文物保存环境科研工作获得了很大的加强和快速发展，开展一系列专项研究，尤其是 2006 年底组织开展的国家科技支撑计划课题"馆藏文物保存环境应用技术研究（2006BAK20B01）"和"珍贵文物保存环境控制关键技术研究（2010BAK67B15）"，主要针对展柜/储藏柜文物保存微环境采样检测和连续监测技术、调控材料和设施、评价技术和规范等方面开展实验研究，获得了一批研究成果。同时还开展了博物馆文物保存环境检测、文物充氮保存、藏展材料筛选评估技术等研究。这些研究工作，率先在国内对馆藏文物保存环境检测评价体系、调控功能材料和技术进行了一定深度的研究，并对环境调控系统及其评估体系进行了预研究，为馆藏文物保存环境的进一步研究奠定了坚实的基础。

馆藏文物保存环境连续监测工作，是掌握环境质量、了解变化规律、及时采取调控改善措施的必须手段。随着技术的日益进步，各种极限测定方法和便携式或在线监测仪相继问世，已经为博物馆的环境监测提供了较为齐全和先进的手段，如直接检测［现场采样，然后在实验室利用气相色谱（GC）或色谱/质谱（GC/MS）连用方法分析］、间接检测（如 CCCs 系统）。珍贵文物预防性保护的主要措施是使文物长期处于一个稳定、洁净的安全生存环境。因此，应用高效、对文物友好安全的调湿剂、吸附剂等被动调控功能材料，或采用有动力的调湿器、净化器等主动调控装置来控制博物馆文物保存微环境，是当前馆藏文物保存"洁净"环境的主流研究方向。文物展柜/储藏柜等博物馆微环境质量，是影响馆藏文物长久良好保存的最为直接和至关重要的因素，也是预防性地保护珍贵文物的关键所在。因此，必须研究确立一种积极的馆藏文物保存环境质量控制理念，从文物展柜的制作材料和结构、开启方式和照明系统、微环境调控技术和方式、环境质量监测和评估等方面进行集成研究，实现对博物馆微环境的有效监控与整治，抑制各种环境因素对文物的危害作用，努力使文物处于一个安全生存环境，尽可能阻止或延缓文物的物理和化学性质改变乃至最终劣化，以达到预防性长久保存馆藏文物的目的。

第二节　文物基本情况与保存现状

2008 年 7 月至 2009 年 4 月，南京市博物馆对地宫进行了考古发掘，发现地宫内埋藏有石函，石函内安置铁函，铁函内安放有丝绸包裹的木胎银质鎏金七宝阿育王塔、金馆银椁、佛骨舍利，以及丝绸制品、玻璃、香料等 170 余件（套）珍贵文物。七宝阿育王塔的出土是继陕西法门寺、杭州雷峰塔地宫考古后又一次重要发现。

一　银器与鎏金银器

南京报恩寺遗址地宫出土的银器与鎏金银器有 18 件（套），包括七宝阿育王塔（图 3 - 2 - 1）、银椁（图 3 - 2 - 2）、金棺（图 3 - 2 - 3）、银函（图 3 - 2 - 4、图 3 - 2 - 5）、净瓶、镂空香盒等。银器与鎏金银器的总体保存状态较为稳定，部分器物有变色的现象。由于原有胶结材料老化，七宝阿育王塔塔身装饰的珠宝大多出现开胶脱落的现象；塔内檀香木胎出现霉变和变形的现象。

图 3 - 2 - 1　七宝阿育王塔

图 3 - 2 - 2　银椁

图 3 - 2 - 3　金棺

图 3-2-4　外层银函　　　　　　　　　　图 3-2-5　内层银函

二　佛顶骨舍利

据典籍记载，佛顶骨舍利为佛祖释迦牟尼涅槃后留下的最为珍贵的头顶骨真身舍利，世间仅存一枚。舍利原指佛教祖师释迦牟尼佛，圆寂火化后留下的遗骨和珠状宝石样生成物。舍利子印度语叫做驮都，也叫设利罗，译成中文叫灵骨、身骨、遗身，是一个人往生经过火葬后所留下的结晶体。不过舍利子跟一般死人的骨头是完全不同的，它的形状千变万化，有圆形、椭圆形，有的呈莲花形，有的呈佛或菩萨状；它的颜色有白、黑、绿、红的，也有各种颜色；舍利子有的像珍珠、有的像玛瑙、水晶；有的透明，有的光明照人，就像钻石一般。佛顶骨是指释迦牟尼佛头顶涌起自然成髻部分的舍利。

2008 年 8 月至 11 月，装有佛顶骨舍利的七宝阿育王塔由报恩寺遗址地宫出土。佛顶骨舍利的保存状态完好（图 3-2-6）。2010 年 6 月，中国佛教界在南京栖霞寺为这枚长眠地下 1400 余年的佛顶骨舍利举行了盛世重光大典。

三　纺织品文物

南京报恩寺遗址地宫出土的纺织品文物有 77件（套），包括织物 66 件、丝绵包块 5 件、串铜

图 3-2-6　佛顶骨舍利

钱用丝绸绳1根、串铜钱用丝线1束、串铜钱用丝带3条、菱形丝织碎片若干。根据纺织品文物的保存状态，大致可分为常规类（图3-2-7）、固结类（图3-2-8）、饱水类（图3-2-9）、泥金类（图3-2-10）、墨书类（图3-2-11）等。丝织品文物的总体保存较为完整，但固结类丝织品有近二十件，印绘类丝织品有近三十件，部分织物处于饱水状态。部分用于包裹香料的织物，由于四角长期处于包扎状态，所以不同程度地存在放射状的皱褶现象。部分折叠放置的巾帕由于叠放时间较长及外部环境等的影响，折叠的部位已发生破损。另外，文物表面污染情况严重，尤其是黑色污染物较多。每件文物面积虽小，但病害种类基本都多达数种，情况繁杂，主要病害有破裂、残缺、皱褶、晕色、饱水、糟朽、污染、粘连、褪色、印绘脱落等。

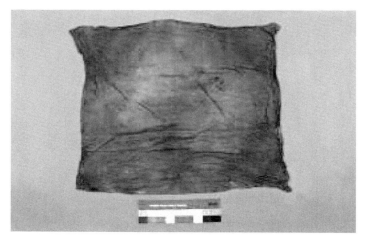

图3-2-7 常规类纺织品

图3-2-8 固结类纺织品

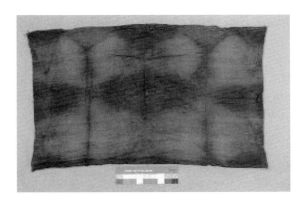

图 3 - 2 - 9　饱水类纺织品

图 3 - 2 - 10　泥金类纺织品

图 3 - 2 - 11　墨书类纺织品

四　玻璃质文物

南京报恩寺遗址地宫出土的玻璃质文物有 5 件。其中，两件玻璃瓶出土于铁函内

（图 3 - 2 - 12、图 3 - 2 - 13），一件水晶盏（图 3 - 2 - 14），一件玻璃盏（图 3 - 2 - 15）与一件玻璃净瓶（图 3 - 2 - 16）出土于七宝阿育王塔内。玻璃质文物保存较为完整，但部分文物存在残破、断裂、表面风化、表面剥落、附着等病害。

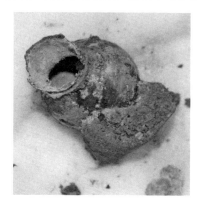

图 3 - 2 - 12　TH1 葫芦形玻璃瓶

图 3 - 2 - 13　TH5 葫芦形玻璃瓶

图 3 - 2 - 14　TN4 水晶盏

图 3 - 2 - 15　TN5 玻璃盏

图 3 - 2 - 16　TN9 净瓶

五 香料

南京报恩寺遗址地宫出土的香料有 12 件，主要发现于铁函和七宝阿育王塔内的包裹、容器内。香料主要有两类，均为天然植物香料：一类呈植物根茎状，为木本植物香料（图 3 - 2 - 17）；另一类为黄白色块状，为树脂香料（图 3 - 2 - 18）。香料的保存状态较好，但部分香料出现了粉化的现象。

图 3 - 2 - 17　木本植物香料　　　　图 3 - 2 - 18　树脂香料

第三节　文物保存环境现状

一　报恩寺遗址地宫出土文物保存状况概述

报恩寺遗址地宫考古发掘工作完成后，南京市博物馆对出土文物进行了清理和保护，随后在博物馆内对文物进行了保存和展示。2009 年 5 月 1 日起，《圣塔佛光——金陵长干寺地宫出土文物特别展》在南京市博物馆大成殿开展，展示了七宝阿育王塔等银器与鎏金银器、铁函、石函、纺织品文物、玻璃质文物、香料等报恩寺遗址地宫出土珍贵文物。除展出的文物外，剩余的文物保存于南京市博物馆库房内。金棺银椁与佛顶骨舍利在一级品库房的冰柜内低温保存，部分纺织品在周转库房的冰柜内低温保存。

2010 年 6 月 12 日，佛顶骨舍利与七宝阿育王塔在南京栖霞寺举行的佛顶骨舍利盛世重光庆典活动中展出，随后佛顶骨舍利一直保存于南京栖霞寺。2012 年，佛顶骨舍利在香港和澳门接连展出：2012 年 4 月 25 日至 4 月 30 日，舍利在香港红磡体育馆安奉和供游人瞻礼；5 月 1 日至 5 月 3 日，在澳门东亚运动会体育馆安奉和瞻礼。

二 大成殿展厅基本情况

大成殿（图3－3－1）属于古建筑，内部无恒温恒湿的空调设备，展厅内的温度靠建筑本身的保温隔热作用以及在展厅内的几台立柜式空调来调节，空调仅在开馆时期开启。为了更好地保护报恩寺遗址地宫出土的珍贵文物，南京市博物馆向专业展览装饰公司定制了一批金属玻璃展柜，其中存放阿育王塔及丝织品的展柜定制采用一套制氮机充氮回路＋多台电子调湿机回路的系统来调控这些展柜内的环境，后由于该套制氮调湿系统运行不稳定而停用制氮系统，经改造继续使用电子调湿器调控展柜内湿度（图3－3－2、图3－3－3）。大成殿内的七宝阿育王塔展柜采用了光纤灯照明（图3－3－4），其他大多数中心柜和桌柜采用了内部光纤照明和外部射灯补光相结合的照明方式。展柜和文物定期进行清洁，文物的清洁工作由文物保护工作人员完成。

图3－3－1　大成殿

图3－3－2　展柜内的温湿度探头

图3－3－3　展柜内的调湿器

图 3 - 3 - 4　展柜内的光纤照明

三　文物库房基本情况

南京市博物馆的文物库房位于博物馆办公楼的地下二层至地上二层，基本按照文物质地分类，分一级品库房、遗址库房、陶瓷器库房、总账库房、专墓库房、书画库房、周转库房等。除书画库房位于办公楼二层、周转库房位于办公楼一层外，大部分库房建于地下，分地下一层（专墓库房）和地下二层（一级品库房、遗址库房、陶瓷器库房、总账库房）。报恩寺遗址地宫出土文物基本存放于地下二层的一级品库房和一层的周转库房内。地下文物库房无恒温恒湿空调，基本依靠建筑本身的保温隔热作用维持温湿度的稳定，同时在部分库房内配备了除湿机（图 3 - 3 - 5），在环境湿度偏高情况下根据需要开启。库房内使用金属密集文物架和金属储藏柜（图 3 - 3 - 6）存放文物，照明为普通日光灯。在一些库房内则放置了数显式温湿度仪（图 3 - 3 - 7），用于监测环境温湿度。

图 3 - 3 - 5　库房内的除湿机

图 3 - 3 - 6　金属密集储藏架

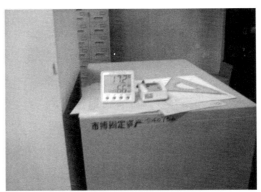
图 3 - 3 - 7　数显式温湿度仪

　　南京市博物馆保管部工作人员按照部门规章制度的规定对符合入藏标准的文物，由库房保管员填写入藏凭证，办理入库登记手续，认真核对记录藏品的数量和现状，并由藏品总账管理员将新收藏品登入藏品总登记账。保管人员不定期观察、测量和记录库房温湿度数据，随时观察文物的保存状况，保持与文物保护人员的联系，对藏品进行养护。

第四节　文物保存微环境监测

一　概述

　　馆藏文物保存环境监测评估工作，是掌握环境质量、了解变化规律、及时采取调控改善措施的必须手段。随着技术的日益进步，各种进口或国产的极限测定方法、便携式或在线监测仪、无线传感监测器相继问世，为文物保存环境的在线或离线监测提供了多种技术手段，如直接检测（多种便携式监测仪或自动监测仪）、采样分析检测［现场采样，然后在实验室利用气相色谱（GC）或色谱/质谱（GC/MS）连用方法分析］、间接检测（如腐蚀试片便面分析、多种压电晶体传感器和 CCCs 系统）。

　　针对南京报恩寺地宫出土文物保存的实际情况，预防保护工作首先应该从环境监测开始。环境中引发文物损坏的有害因素较多，作用机制十分复杂，对馆藏文物所处环境的温度、湿度、光照、紫外线强度等环境参数进行长期监测，建立长期的环境参数数据库，研究馆藏文物与环境影响因素之间的关系，创造最佳的馆藏文物保存环境，实现对馆藏文物蜕变损坏的有效监测，是文物保护的一项长期性的基础工作。为此，本课题组针对南京市博物馆展示和存放报恩寺遗址地宫出土珍贵文物的大成殿展厅和文物库房，选择重点监测展柜或储藏柜及其文物，示范搭建比较完备的馆藏文物保存环境监测系统。

二 无线传感监测系统搭建

无线传感监测仪系统，是针对可移动文物保存环境的特殊需求，采用先进的无线传感网络技术和成熟的环境因素监测技术所形成的整套环境多因素监测系统。推荐应用具有自主知识产权的室内环境因素分布式实时监测系统（专利名称《文物存护环境多参数智能化实时监测系统及方法（200910219228.9）》），同时允许遵照统一接口通讯协议的其他国产或进口无线传感监测仪接入系统。该无线监测系统能够实现温度、湿度、光辐射、二氧化碳、VOC、空气浮尘等多种环境因素数据的实时监测和智能数据采集，并以 GPRS 形式传输至监测站数据中心。

报恩寺遗址地宫出土文物保存环境无线监测系统的组成结构主要包括数据采集监测点、中继、网关、系统中间件、系统数据库和终端业务软件等。系统的主要功能是实现实时监测文物保护环境的变化，并通过无线通信技术将监测参数传输到博物馆馆内监测站，以达到及时预警的目的，同时保存全部监测数据。

自 2011 年 8 月 11 日起，课题组在南京市博物馆文物库房和大成殿展厅及展柜内布设了多个环境监测探头（图 3 - 4 - 2），这些探头 24 小时连续记录监测着报恩寺遗址地宫出土文物的保存环境，监测时间间隔为 10 分钟，探头布设监测以来获得了一大批宝贵的原始资料，为分析文物的保存环境状况提供数据，为改善文物保存环境质量提供依据。

三 监测结果

（一）温湿度状况

基于文物预防性保护原则，国家科技支撑计划课题"馆藏文物保存环境应用技术研究（2006BAK20B01）"针对温湿度控制提出了"适宜、稳定"的控制目标和准则，

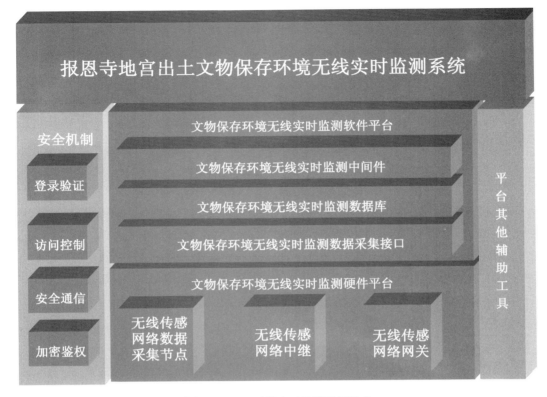

报恩寺地宫出土文物保存环境无线实时监测系统

安全机制	文物保存环境无线实时监测软件平台	平台其他辅助工具
登录验证	文物保存环境无线实时监测中间件	
访问控制	文物保存环境无线实时监测数据库	
安全通信	文物保存环境无线实时监测数据采集接口	
加密鉴权	文物保存环境无线实时监测硬件平台	

无线传感网络数据采集节点　　无线传感网络中继　　无线传感网络网关

图 3 – 4 – 1　无线实时监测系统组成

即通过有效的质量管理、监测、评估与调控干预使文物保存环境中的温湿度控制在适宜的指标下，并最大限度地保持其平稳性。"适宜"是指在文物收藏单位当地自然气候条件下文物长期适应且平衡的、未对文物产生危害的温湿度指标。"稳定"是指减小文物保存环境中温湿度的日波动，季节波动，防止温湿度的剧烈脉冲波动，保持其在"适宜"温湿度条件下的"稳定"。

　　温湿度的"适宜"性指标是对温湿度的一种静态评估。某一时刻的温湿度是一个定值，为了评价这个指标是否"适宜"，可以将所测数据与相应的标准值或人为确定的温湿度边界范围进行比较，是否达到"适宜"的指标。对于大量的监测数据，人们往往以简单的平均值和最大最小值来进行评估[44]，虽然这也能说明很多问题，但平均掩盖了各个检测值间的差异；温湿度分开评价人为割裂了温湿度间的耦合性。为此，研究中探讨采用"温湿度合格率（P）"和"温湿度分布图"来进行评价。

　　"温湿度合格率"即同时满足温湿度"适宜"指标范围的监测值个数占所有监测值个数的比例。

　　"温湿度分布图"即是将温度作为横坐标，湿度作为纵坐标，将各个监测数值在这

图 3 - 4 - 2 监测探头布设

个温湿度平面中用点表示出来。用所定义的温湿度范围将坐标平面分割成 9 个区域，则可比较各监测点各个温湿度区域中的检测数的频率，以此来进一步分析各检测点的温湿度状况。

由于南京报恩寺遗址地宫出土了各种质地的文物，鉴于南京市博物馆所处的地理位置及其常年的温湿度变化情况，根据 ASHRAE - 2007 美国采暖、制冷与空调工程师协会提出的对于普通文物的温湿度波动范围，设定温湿度理想波动控制范围为 ±2℃ 和

±5%。可接受的温湿度范围大于理想温湿度范围，设定为 ±5℃，±10%。按照上述标准范围计算得到的温湿度合格率见表 3 − 4 − 1。

表 3 − 4 − 1　　　　　　　　　各监测点处温湿度合格率

位置	理想范围 （20℃~24℃，50%~60%）	可接受范围 （17℃~27℃，45%~65%）
鎏金银净瓶展柜内	9.87%	36.63%
玻璃杯展柜内	7.06%	36.16%
阿育王塔展柜内	3.62%	30.15%
香料展柜内	13.35%	41.93%
鎏金莲花宝子香炉展柜内	5.59%	37.49%
临时库房冰箱内	0.00%	0.00%
1 楼临时库房	20.65%	45.50%
B2 精品库房	5.53%	28.16%
泥金盘凤纹红罗帕展柜内	6.66%	38.91%
墨书供奉物记绸帕展柜内	13.99%	38.95%
大成殿展厅内	4.25%	20.80%

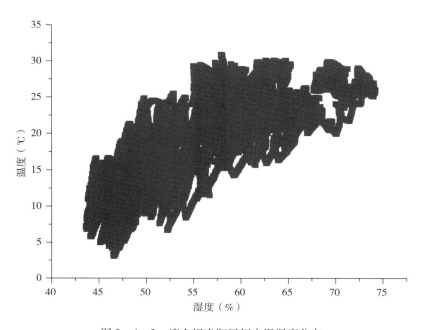

图 3 − 4 − 3　鎏金银净瓶展柜内温湿度分布

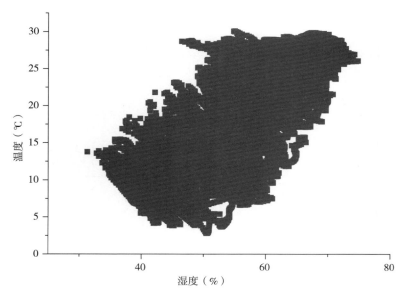

图 3 - 4 - 4　玻璃净瓶展柜内温湿度分布

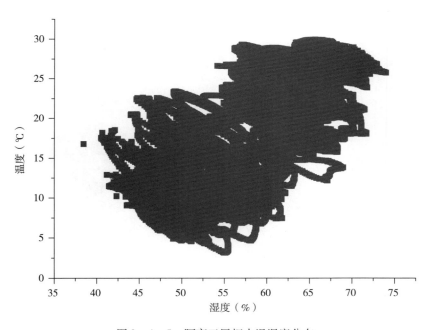

图 3 - 4 - 5　阿育王展柜内温湿度分布

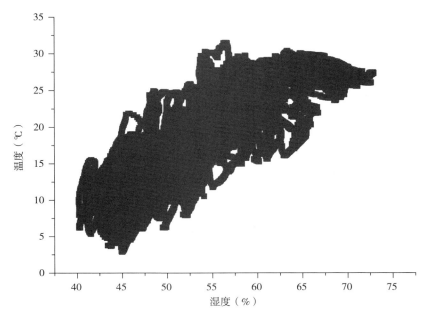

图 3-4-6 香料展柜内温湿度分布

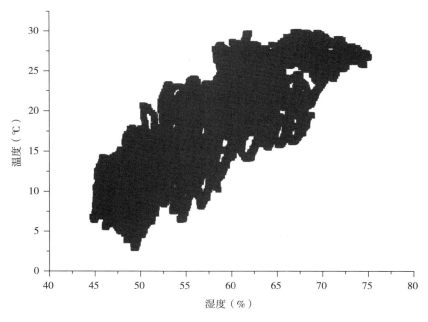

图 3-4-7 鎏金莲花宝子香炉展柜内温湿度分布

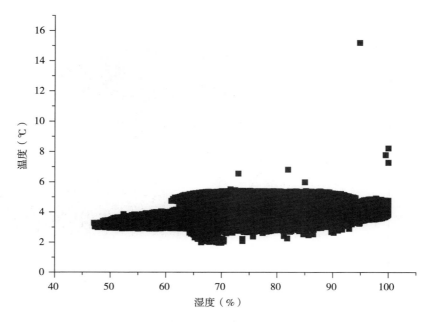

图 3 - 4 - 8　临时库房冰箱内温湿度分布

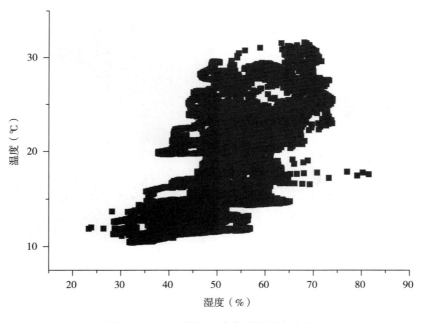

图 3 - 4 - 9　1 楼临时库房内温湿度分布

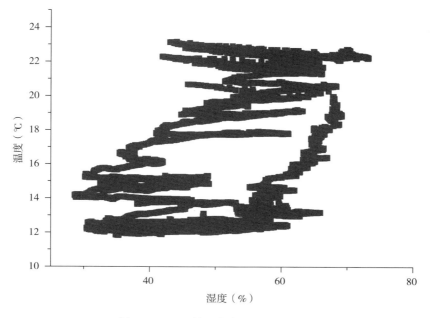

图 3 - 4 - 10 精品库房内温湿度分布

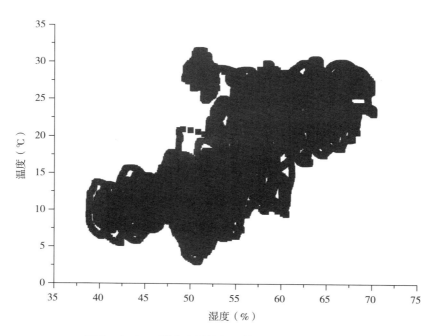

图 3 - 4 - 11 泥金盘凤纹红罗帕展柜内温湿度分布

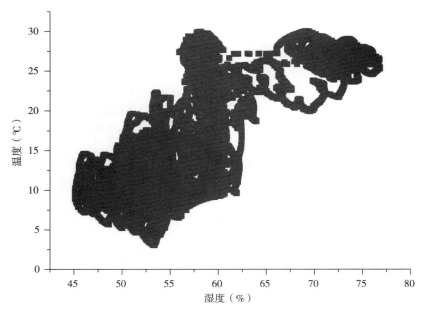

图 3 - 4 - 12　墨书发愿文绸帕展柜内温湿度分布

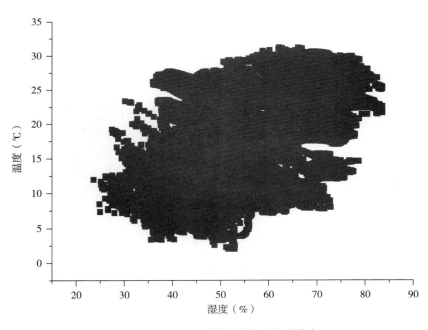

图 3 - 4 - 13　大成殿展厅内温湿度分布

从表 3 - 4 - 1 可知，各监测点的温湿度并不十分理想，落在理想范围内的比率大部分低于 10％；而落在可接受范围内的比率也仅在 50％ 以下。比较各个位置的差别，临时库房冰箱内，由于温度比较低，其本身设定的温度就不在可接受范围内，所以在上述设定的合格范围内，其合格率为 0%。大成殿展厅内由于受外界影响比较大，所以其在可接受范围内的比率最低。文物库房内相对封闭，建筑的保温隔热效果较好，因此，其在理想和合格范围内的比率较高。泥金盘凤纹红罗帕展柜和墨书发愿文绸帕展柜内配有电子调湿器，可以看出，其温湿度在可接受范围内的比率要大于其他展柜，说明调湿器起到了一定的调控作用。

从上述温湿度分布图中可以看出，造成温湿度数值不在理想范围和可接受范围内的原因是由于温度的波动引起的，各监测点处的湿度基本在可接受范围（45% ~ 65%）内，而温度受外界一年四季的波动而变化较大，文物库房内由于建筑保温隔热效果较好，所以其在可接受范围内的比率较高。展厅内受外界影响较大，其温湿度分布范围都比较大。

温湿度的"稳定"性指标是一种动态的评估，是评价温湿度的波动大小。"稳定"性指标在"适宜"的基础上增加了时间因素。通常的评价方法是计算温湿度一个周期内的最大最小值，通过两者的差值来表征波动的幅度；或者直接用时间与温湿度做图，观察温湿度的波动曲线。这些方法能在一定程度上反应温湿度的稳定性，但对于长期监测的评估缺乏统一的定量化指标。

温湿度的波动情况可大致分为三种情况：1. 短时期脉冲式的大幅波动，这往往与不当人为操作有关，可以通过加强管理来避免；2. 围绕某一平衡温湿度频繁波动，这与恒温恒湿系统的调节方式有关，这种波动可以采用将文物放入储藏柜等方式减小波动；3. 环境中温湿度受周围环境影响的日波动，这种波动是文物保存展示过程中最普遍的一种波动，应该是文物保存环境中最关注的一类波动，相关标准也提出文物保存环境中温湿度的日波动幅度[45]。

文物保存环境温湿度的稳定性包括短期的平稳性（如每天的平稳性）和中长期的平稳性（季节平稳性，展览期间的平稳性）。针对温湿度的日波动情况评估，可以采用计算每天监测点温湿度的最大最小和平均值来表征，将每天温湿度的最大、最小、平均值做图即可得到温湿度的日波动图。同时可以通过计算，得到每天的温湿度波动幅度及监测期间的平均日波动与最大、最小日波动，对监测点的温湿度稳定性进行评估。

针对中长期的温湿度波动情况，本工作尝试设计采用波动指数的形式来表示。波动指数是指每天温湿度平均值差值的平均值，具体计算公式如下所示：

波动指数 $$VI = \frac{\sum_{i=2}^{m} |A_i - A_{i-1}|}{n - 1}$$

式中：A_i——第 i 天的温度或湿度平均值；

　　　　n——监测周期的天数。

　　波动指数可以表示温湿度日平均值的波动情况，波动指数越大，说明波动越严重。如果受外界影响较大，外界突然降温或升温，必然会导致波动指数的上升，相反如果建筑的保温隔热效果或展柜的密封度较好，外界的温湿度波动对展厅或展柜内的影响就小，波动指数就下降，因此波动指数可以反映了监测期间中长期温湿度的稳定性。

　　对各监测点的温湿度波动情况进行评估，以短期的每天温湿度日波动为评估对象，计算了各监测点的温湿度的日波动的最大值、最小值和平均值，见表 3-4-2。

表 3-4-2　　　　　　　　　　温湿度日波动情况汇总

监测点	项目	平均值	最大值	最小值
鎏金银净瓶展柜内	温度差/℃	5.19	12.66	0.75
	湿度差/%	1.44	10.84	0.28
水晶盏展柜内	温度差/℃	4.91	12.21	0.82
	湿度差/%	6.91	20.66	1.25
阿育王塔展柜内	温度差/℃	3.44	12.77	0.80
	湿度差/%	5.65	17.08	1.13
香料展柜内	温度差/℃	5.39	12.81	0.66
	湿度差/%	2.07	6.72	0.57
鎏金莲花宝子香炉展柜内	温度差/℃	4.29	11.68	0.87
	湿度差/%	1.74	6.54	0.65
临时库房冰箱内	温度差/℃	1.38	13.21	0.00
	湿度差/%	31.66	43.97	0.00
1 楼临时库房	温度差/℃	0.90	5.75	0.00
	湿度差/%	5.39	27.81	0.00
B2 精品库房	温度差/℃	0.20	0.96	0.00
	湿度差/%	3.43	27.07	0.00
泥金盘凤纹红罗帕展柜内	温度差/℃	3.64	11.60	0.56
	湿度差/%	2.37	7.16	0.46
墨书发愿文绸帕展柜内	温度差/℃	3.48	10.62	0.46
	湿度差/%	2.10	10.89	0.47
大成殿展厅	温度差/℃	3.98	14.27	0.69
	湿度差/%	13.83	37.34	3.08

结果显示每天的温度波动库房＜展厅＜展柜。由于库房内人员活动比较少，对温度的扰动比较小，所以，其每天的平均温差较小。而展柜内的温度主要受展厅温度的影响，另外，展柜内的灯光照明加剧了展柜内温度的波动，所以展柜内每天的温差要大于展厅。从每天的湿度波动情况看，由于受外界温湿度的影响和游客的扰动，大成殿展厅内的湿度波动最大，每天的湿度波动均值达到了13.83%；相对密闭的展柜对环境的湿度波动起到了很好的缓冲作用，展柜内的湿度波动明显减小；两个有电子调湿器的展柜内湿度的日波动略小于其他展柜，说明调湿器起到了一定的湿度调节作用。

各监测点的温湿度波动指数如表3–4–3所示：

表3–4–3　　　　　　　　　　各监测点温湿度波动指数

位置	温度波动指数	湿度波动指数
鎏金银净瓶展柜内	0.74	0.57
水晶盏展柜内	0.77	1.99
阿育王塔展柜内	0.75	1.51
香料展柜内	0.77	0.82
鎏金莲花宝子香炉展柜内	0.73	0.65
临时库房冰箱内	0.04	1.57
1楼临时库房	0.54	2.41
B2精品库房	0.09	2.32
泥金盘凤纹红罗帕展柜内	0.78	1.06
墨书发愿文绸帕展柜内	0.76	0.62
大成殿展厅内	0.81	4.29

展柜内各监测点的温度波动指数均在0.75附近，而文物库房内的湿度波动指数均在0.55左右，说明展柜和展厅内季节性的温度波动较库房内的大，这是由于展厅是每天开馆的，受外界温度波动影响较大。从湿度波动指数分析，大成殿展厅内的湿度波动最大，其余各处的湿度波动指数基本一致，在1附近。

（二）光照水平

2011年8月9日，课题组使用杭州新叶XYI–III全数字照度计和北师大UV–A 365/420型紫外辐照计对南京市博物馆大成殿展厅及部分文物展柜内的光照水平进行了检测。

表 3 - 4 - 4　　　　　　　　　　光照水平检测结果

编号	位置	检测部位	照度 /Lx	紫外辐照强度 /μWcm⁻²	紫外含量 /μWlm⁻¹
1	大成殿展厅		26.5		
2	阿育王塔展柜	顶部朝上	154.7	0.04	2.52
		中上部朝上	495.0	0.07	1.39
		中部朝上	212.0	0.04	1.84
		中下部朝上	152.1	0.00	0.00
		底部 朝上	44.1	0.00	0.00
3	泥金盘凤纹红罗帕展柜	展台朝上	22.3		
		文物平面	560.0		
4	香料展柜	文物平面	69.1	0.04	6.08
		文物平面	1040.0	0.05	0.48
		文物平面	1233.0	0.38	3.04
		文物平面	2280.0	0.29	1.26
		文物平面	133.0	0.08	6.02
5	鎏金莲花宝子香炉展柜	文物平面	142.0		
		文物平面	181.0		
		文物平面	928.0		
		文物平面 侧向	380.0		
		文物平面 侧向	458.0		
6	墨书发愿文绸帕展柜	文物平面	700.0		
		文物平面	240.0		
		文物平面	20.8		
		文物平面	149.7		
		文物平面	60.0		
7	水晶盏展柜	文物平面	76.8		
		文物平面	139.1		
8	鎏金银净瓶展柜	文物平面	285.0		
		文物平面	247.0		

光照作为一种能量对馆藏文物的保存是不利的，它能加速文物的老化，因此需要对其进行必要的控制。根据国际博物馆学会（ICOM）的博物馆照明推荐亮度要求及我国国家标准《博物馆照明设计规范》（GB/T 23863 - 2009）：对光非常敏感的藏品照度 < 50 Lx，年累计照度 < 50000 Lx·h/年；对光敏感的展品照度 < 150 Lx，年累计照度 < 360000 Lx·h/年；对光不敏感的藏品照度 < 300 Lx。紫外光作为光学辐射中能量较大的部分，《博物馆照明设计规范》要求紫外线含量小于 20μW/lm。

南京市博物馆大成殿展厅内的照度基本符合标准的要求，但是部分展柜内的灯光照度过高，如香料展柜内的照度最大高达 2280Lx，墨书发愿文绸帕展柜内的照度最大也高达 700Lx，这对于对光非常敏感的有机文物的保存是非常不利的。部分展柜内的照明条件不均匀，如香料展柜内检测到的最小照度为 69.1Lx，但最大照度却为 2280Lx，相差十分巨大。大成殿展厅内的紫外照度均低于 10μW/lm，符合标准的要求。

（三）污染气体浓度

2010 年 5 月 23 日，课题组采用英国产 400FM 型甲醛测定仪和美国产 ppbRAE PGM - 7240 手持式 VOC 气体检测仪检测了南京市博物馆大成殿展厅、部分展柜及文物库房的甲醛浓度和 VOC（挥发性有机化合物）浓度；并运用上海博物馆研发的无动力扩散采样器，选择了多个监测点，对其中的酸性气体、碱性气体和臭氧进行采集后，用 Dionex ICS 3000 离子色谱仪进行了分析。

表 3 - 4 - 5　　　　　　　　　甲醛、VOC 浓度检测结果

位置	甲醛浓度（ppm）	VOC 浓度（ppb）
地下二层一级品库房	0.08	210
地下二层库房走道	0.04	187
大成殿 展厅	0.07	266
阿育王塔展柜内	0.12	311
丝绸展柜内	0.07	451

表 3 - 4 - 6　　　　　　　　　　　酸性、碱性污染气体及臭氧检测结果

编号	位置	臭氧 （$\mu g/m^3$）	乙酸 （$\mu g/m^3$）	甲酸 （$\mu g/m^3$）	NO_2 （$\mu g/m^3$）	SO_2 （$\mu g/m^3$）	NH_3 （$\mu g/m^3$）
1	地下二层精品库房	4.37	60.92	43.07	9.94	5.36	57.23
2	地下二层库房走道	11.29	30.27	19.39	2.90	0.75	55.71
3	一层周转库房	13.80	53.76	45.31	24.68	1.73	30.57

甲醛是主要的现代装饰装修材料所散发出的一种污染物，在空气中氧化成甲酸后，对文物的危害更大。我国室内空气质量标准（GB/T 18883 - 2002）要求甲醛浓度应低于 $0.10mg/m^3$，即 0.08ppm。而对于馆藏文物保存环境国外推荐标准则为低于 $0.005mg/m^3$。

VOC 是指挥发性有机化合物，它是多种低分子量有机化合物的总称，这些化合物对文物具有潜在的影响。我国室内空气质量标准（GB/T 18883 - 2002）要求 VOC 浓度应低于 $0.6mg/m^3$（8 小时均值），相当于 300ppb。

此次检测的文物库房内甲醛和 VOC 浓度总体较低，基本达到室内空气质量标准。大成殿展厅区域内甲醛和 VOC 浓度较低，基本达到室内空气质量标准，但个别展柜内甲醛和 VOC 浓度略高于展厅区域。未经筛选的展柜展示材料可能释放甲醛，密封的展柜使甲醛无法散发，造成展柜内甲醛浓度高于外部的现象。

对于馆藏文物保存环境，甲酸、乙酸主要由装饰装修材料挥发、降解所致，也有可能是文物保护修复过程中所用化学药品残留在文物上，在展出过程中散发。过量的甲酸、乙酸会使文物受到腐蚀，通常文物保存环境中要求：羰基化合物浓度（包括甲酸、乙酸等化合物浓度的总和）＜$100\mu g/m^3$。此次检测结果显示各监测处甲酸、乙酸浓度总体在标准范围内。

NO_2、SO_2 是主要的大气污染气体，对于馆藏文物保存环境，它主要来源于室外的燃煤及汽车尾气，我国室内空气质量标准（GB/T 18883 - 2002）要求 NO_2 浓度 0.24 mg/m^3（1h 均值），SO_2 浓度 0.50 mg/m^3（1h 均值），而馆藏文物保存环境要求更严格，建议为一级标准：NO_2 $5\mu g/m^3$，SO_2 $1\mu g/m^3$；二级标准：NO_2 $10\mu g/m^3$，SO_2 $5\mu g/m^3$；三级标准：NO_2 $20\mu g/m^3$，SO_2 $10\mu g/m^3$。此次检测结果表明各监测点处 NO_2、SO_2 浓度总体均在标准范围内，但是周转库房的 NO_2 浓度异常偏高，达到 $24.68\mu g/m^3$，可能与周转库房所处的地理位置有关。周转库房位于办公楼一层，且位置离办公楼大门相对较近，空气质量易受室外环境的影响，造成 NO_2 浓度偏高。

NH_3为空气中主要的碱性气体，我国室内空气质量标准（GB/T 18883 – 2002）要求 NH_3 浓度 0.20 mg/m³（1h 均值）。由于南京市博物馆的文物库房大多建于地下，NH_3 浓度略高，说明氨的污染主要来自于库房的墙壁等建筑材料内。

臭氧是一种强氧化剂，对各类文物均有较强的氧化腐蚀作用，因此在文物保存环境中应严格控制臭氧的浓度。一般建议分为：一级标准 2μg/m³；二级标准 10μg/m³；三级标准 25μg/m³。南京市博物馆文物库房内臭氧浓度在二级标准至三级标准之间，基本满足文物保存环境的需求。

（四）CO_2 监测结果

课题组在大成殿展厅内布设了一台 CO_2 无线监测仪，对展厅内的 CO_2 进行了监测。以 2012 年 1 月 26 日为例，二氧化碳波动情况如图 3 – 4 – 14 所示。监测结果显示，在早晨九点至九点半左右有两个高峰，随后趋于平缓。由于人体呼吸会产生二氧化碳，通过对二氧化碳的监测可以了解到展厅内人员的多少。早晨九点左右，有大量游客进入展厅参观，因此，二氧化碳浓度明显升高，游客参观完后，其二氧化碳浓度逐渐下降。

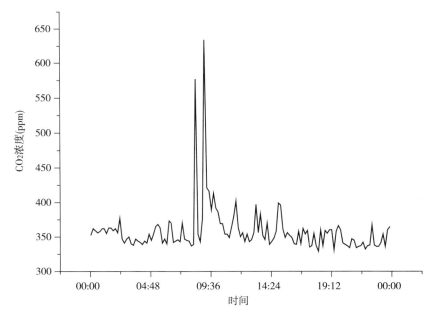

图 3 – 4 – 14　2012 年 1 月 26 日大成殿展厅内 CO_2 浓度波动

第五节　评估意见

1. 南京市博物馆所藏报恩寺遗址地宫出土珍贵文物种类繁多，有金属、纺织品、香料、玻璃等，各类质地的文物对保存环境的要求各不相同，大成殿展厅陈列展示和文物库房保存两类功能的环境控制方式具有复杂性，需要结合自身特点综合考虑文物的预防性保护工作。

2. 南京市博物馆在文物预防性保护方面具有一定的意识，保管部有专门的业务人员采用简易温湿度表，不定期检查和监测文物保存环境状况，并对展厅及库房进行定期清洁等养护工作。这些工作为开展进一步的文物预防性保护技术改进及风险预控管理工作奠定了良好的基础。

3. 现场检测和调研表明，南京市博物馆在检测期间的馆藏文物保存环境基本满足文物保存的要求。但是，本次检测结果仅代表检测期间的环境质量状况，尚不能代表气象环境条件比较复杂的博物馆全年文物保存环境状况。同时检测发现，因多种原因致使展厅、展柜、库房内部分检测点温湿度波动较大，或污染物浓度偏高，或照度偏高。因此需要依照"稳定、洁净"原则加强对馆藏文物保存环境的调控。

4. 南京市博物馆现有环境监测手段比较简单，仅配备少量精度不高的简易温湿度表，无法全面、实时感知馆藏文物保存环境中温度和湿度变化状况，更不能对环境中污染物和光照水平进行科学监测。因此有必要在馆内建立一套文物保存环境监测系统及其管理机制，以实现对重点展厅、重点展柜和文物库房等文物保存温度、湿度、污染物、照度环境质量的及时感知和风险预控。

5. 南京市博物馆的环境调控手段尚不齐全，大成殿展厅和文物库房配备有各式空调设施，通常凭经验由人工协调开启使用；文物库房配备有除湿机，通常凭经验由人工开启使用；文物展柜均没有配备最为常用而有效的被动调控材料或调湿设施。因此需要综合管理，根据需求完善博物馆环境调控措施，达到有效调控博物馆环境的目的。

6. 南京市博物馆制定了一系列文物管理和保护制度，但在博物馆环境预防性保护及文物风险预控方面，尚需要结合本单位特点，建立一整套文物预防性保护管理机制，制定相应的藏品保护监察管理制度，设立博物馆环境监控岗位职责，形成藏品保护管理、协调、监测、分析、处理、预案等一系列风险预控机制，全面提升该馆文物预防性保护水平。

第六节　出土脆弱易损文物保护展示柜研发与示范

一　概述

本项目立项启动时，南京报恩寺遗址地宫出土的部分文物，已经经初步保护处理于 2009 年 5 月 1 日起在南京市博物馆朝天宫大成殿内陈列展出，其余文物则收藏于南京市博物馆文物库房中，丝织品则保存于冰柜之中。

根据本课题各项研究任务对这些脆弱易损文物病害分析评估、丝织品文物环境主控因素研究以及保存环境现状监测评估等研究的结果，为营造"稳定、洁净"的文物保存环境，预防保护好这些珍贵文物，需要研究开发适宜的文物展览或收藏保管专用设施。

本项南京报恩寺遗址地宫出土脆弱易损文物保护展示柜技术系统研发与示范研究任务，根据文物预防性保护需求和南京市博物馆的要求，针对阿育王塔陈列展览需求改造现有展柜的密封性及其环境监控性能，针对出土舍利、香料、玻璃器、水晶件等小型文物研发高密封度小型穹隆形储存/展示柜，针对丝织品文物陈列展览研发被动调控高密封度桌柜，针对待处理丝织品文物研发被动/主动调控高密封度储存/展示柜。除了上述研发文物展示/储藏柜示范应用之外，还在南京栖霞寺保存展示出土舍利中示范应用了原国家科技支撑计划"馆藏文物保存环境应用技术研究"课题研究成果之一的方形密封小保存展示柜、被动调控材料，以及无线传感环境实时监测系统等，有效地保护了这批脆弱易损珍贵出土文物。

二　阿育王塔陈列柜改造

南京报恩寺遗址地宫于 2008 年 7 月至 2009 年 4 月考古发掘之后，南京市博物馆于 2009 年 5 月 1 日起在该馆朝天宫大成殿内举办了《圣塔佛光——金陵长干寺地宫出土文物特别展》，展出了南京报恩寺遗址地宫出土的部分文物。该展的文物展柜经招标定制，为金属玻璃模块结构现场拼装式展柜。其中，阿育王塔陈列中心柜和 2 只丝织品桌柜，设计采用了一套充氮调湿保护系统，期望对阿育王塔和丝织品实时缺氧保护和

75%湿度平稳调控。

但是，该制氮和调湿系统分为充氮和恒湿两个独立循环部分（见图3－6－1），设计上存在严重缺陷，不能有效发挥保护作用。充氮部分中由氮气发生器产生浓度大于99%的氮气，高纯度合格氮气由一个氧气传感器检测输入氮气储气罐，储气罐输出氮气经减压成低压气体，通过水箱加湿通入展柜内。由于高纯度氮气几乎不含任何水分，不利于文物保存，而该氮气系统设计氮气直接通过水箱加湿通入展柜，每次通入展柜接触文物的氮气湿度接近100%，显然也不利于展柜内微环境的湿度值控制和稳定性调控。调湿部分另形成一个独立气体回路，由各展柜配置的1台MCG4电子调湿器循环调控，由温湿度传感器采集展柜内微环境湿度数据传给MCG4主控制器进行湿度调节。由于该套充氮调湿系统的制氮系统本身不稳定且噪声大，加上过水高纯度氮气湿度接近100%，调湿回路系统不能有效发挥展柜内微环境湿度值调节和平稳调控作用，防止阿育王塔及饱水木构件多种病害发生。

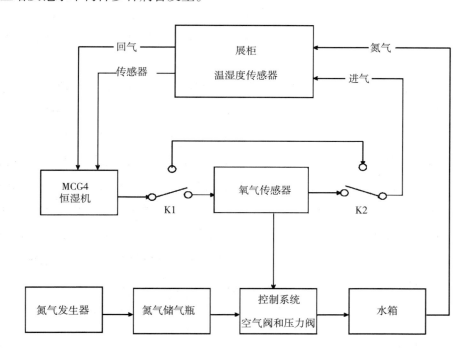

图3－6－1　充氮调湿系统原理图

同时，由于金属质地的阿育王塔内部包含有饱水木胎，未干燥处理丝织品也含有高水分，因此金属文物干燥保护需求，与饱水木构件及丝织品高湿度需求不能同时满足。另外，南京市博物馆朝天宫大成殿展厅无24小时运行的恒温恒湿空调系统，仅安装了2台立式舒适性控温空调，且仅在开馆时人工控制启用。不时常开启，古建筑内环境与室外环境有频繁的交换，因此展厅环境监测表明，殿内的温湿度随着室外变化的波动较大，平均湿度多在60%以上，部分监测点的湿度最高值超过了80%，致使展厅内大多数文物展柜内的温湿度波动与展厅内基本无异，对陈列文物的保存极为不利。因此，改善和调控文物展柜内微环境达到"稳定、洁净"水平，对于保护这些珍贵文物是必要的手段。

为此，课题组提出并实施了金属质地阿育王塔与其内饱水木胎分离保护处理措施，在金属质地阿育王塔内制作新的干燥金丝楠木木胎，原饱水木胎另行单独保护处理。同时，南京市博物馆提出废除充氮保护系统，提出技术要求请展柜生产厂家对阿育王塔陈列展柜进行密封性和微环境调控改造，加强了玻璃门密封和展柜内顶部照明层密封，提高展柜内密封度达到每天换气率仅0.0058。展柜内微环境湿度调控，沿用原配置的1台MCG4电子调湿器循环调控；同时在展柜内设置温湿度无线传感器，实现对展柜内微环境的24小时实时监测和预控。自2009年10月起的展览时间里，该改造阿育王塔展柜已经对展柜外的湿度波动起到了良好的缓冲作用。

图 3 – 6 – 2　改造后的阿育王塔展柜

三　出土小件文物被动调控密封保存展示柜研发

在南京报恩寺遗址地宫出土的170余件（套）珍贵文物中，有多件佛骨舍利、玻璃器皿、各式香料等小件文物，其中部分在南京市博物馆朝天宫大成殿展厅中展览，一般采用在展柜内裸置陈列方式，没有特别保护措施，不利于长久保存。研究和经验表明，这些脆弱珍贵文物需要密封、稳定保存，可以防止香料挥发，避免温湿度波动而引发玻璃器或舍利开裂或材质裂化等。鉴于国家科技支撑计划"馆藏文物保存环境应用技术研究（2006BAK20B01）"课题所研发的小型密封展示柜技术和微环境被动调控技术，以及在法门寺地宫出土舍利保存和展示中的有效应用，考虑进一步提高校展柜密封度、启闭性、展陈美观性和尺寸通用性，确定设计研发新型穹隆形小型储存/展示柜。目标是让这些小件文物长期保存于密封保存柜内，文物随小保存柜按需保存于库房中或一并移动放置于文物展柜内展出，以保障珍贵文物长久保存于洁净、稳定的微环境之中。

　　研发的小型穹隆形储存/展示柜设计图见图3-6-3，研制的实物见图3-6-4、图3-6-5。该展柜由整体铝合金铣切加工展柜底座和玻璃罩座圈、特殊硼化玻璃吹制穹顶玻璃罩、尼龙滑块、特制密封启闭锁紧机构、展示台面等构成，可内置除氧剂、调湿剂、防霉剂等微环境调控材料。

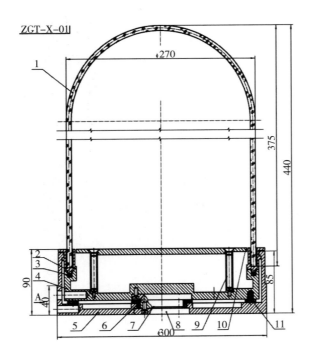

图3-6-3　小型穹隆形储存/展示柜设计图

图 3 - 6 - 4　研制的小型穹隆形储存/展示柜

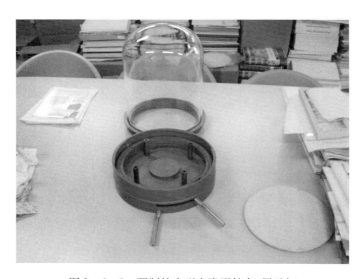

图 3 - 6 - 5　研制的小型穹隆形储存/展示柜

（1）密封性方案

展柜底座和玻璃罩座圈采用整体铝合金铣切加工无缝隙；特制整体玻璃罩；玻璃罩与座圈以密封硅胶固定并密封；底座与座圈之间设计用"日"字形硅胶密封圈密封，通过旋转机构相互咬合紧固，确保整个展柜系统的高密封性。

（2）启闭性和安全性

密封容器及在容器内使用除氧剂，通常会造成容器内负压，致使开启不便。为解决该问题，设计采用旋转紧固机构，在展柜底座与玻璃罩座圈之间设置有尼龙旋转滑块，借助特制的启闭工具，确保两者之间的轻松旋转咬合紧固和开启，同时也提高了展柜的安防性能。

（3）展陈美观性

小件文物一般会放置于中心柜内陈列展览，观众可以四周观看。为此，将小型保存展示柜设计为圆形，玻璃罩采用高透光度、高强度、壁厚均匀的硼化玻璃管一次性吹制，使观众透过外展柜和小展柜 2 层玻璃观看其中文物的变形度降低到最小。展柜铝合金件全部采用电化铝表面处理，色彩均匀且非常耐磨。

（4）通用性

小展柜底径 300mm，高 440mm；玻璃罩内展陈空间直径 240mm，高 350mm，能够满足南京报恩寺遗址地宫出土的佛骨舍利、玻璃器皿、各式香料以及金棺银椁等小件文物的长期保存，能够在不取出文物的条件下将小保存柜长久保存于文物库房或移动到展厅的大展柜内展览，最大可能地保持小展柜内文物环境的"洁净、稳定"质量。

四 待处理丝织品被动/主动调控密封柜研制

在南京报恩寺遗址地宫出土的 170 余件（套）珍贵文物中，有 77 件丝织品文物，大多为经过保护修复处理，发掘出土后保存于文物库房的冷柜中（见图 3 - 6 - 6）。环境监测发现，此类家用冷柜以温度控制为主，对文物保护至关重要的湿度无控制功能，冷柜内因控温制冷机反复启动和关闭，造成柜内湿度人为波动，不利于文物的长期保存。为此，本着文物预防性保护要求控制微环境"稳定、洁净"并且以湿度控制位优先的原则，为待处理丝织品保存设计带不锈钢抽屉柜、可使用被动调控材料或主动调控方式的、高密封性的升降开启保存展示柜。待处理丝织品被动/主动调控密封柜设计图见图 3 - 6 - 7。

图 3－6－6　库房中用于保存待处理文物的冷柜

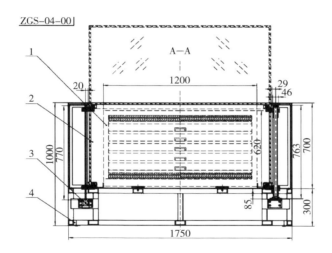

图 3－6－7　待处理丝织品被动/主动调控密封柜设计图

（1）保存展示柜结构设计

该待处理丝织品被动/主动调控密封柜研发的目的，一是可以用于在文物库房保存或处理丝织品文物，二是也可以今后移动到展厅用于文物展览。因此，在结构设计上需要考虑库房保存和文物展览应用双重功能。为此，设计该保存展示柜总高度为 1000mm，可以满足库房中文物取用和展览俯视观摩；柜体中的不锈钢抽屉柜不作固定可以取出，今后在柜内配置一个文物展台就可用于文物展览。按照南京市博物馆尽可能不用动力主动调控的建议，设计该保存展示柜内微环境可采用调湿剂被动调控，在不锈钢抽屉柜内设置摆放调控材料的抽屉，方便摆放和更换；同时，在展柜内底板上预留了主动调控的进、出气孔和同步传感器监测孔，方便今后使用主动调控装置。

（2）密封性方案

展柜底座采用坚实的矩形钢材，确保整体稳固。1440×980×700mm 大玻璃罩采用 45 度角磨边粘接，保障玻璃罩的密封性；玻璃罩与特制铝合金底框使用硅橡胶固定和密封。底座表面设计用整块 2mm 厚不锈钢板，除了预留的主动调控闷头孔之外，不作任何钻孔；展柜底板上密封覆盖特制铝合金门框，和对应的玻璃罩固定底框用"日"字形密封圈压紧密封。可使该展柜的密封度达到每天换气率仅 0.03，检测结果见图 3－6－8。

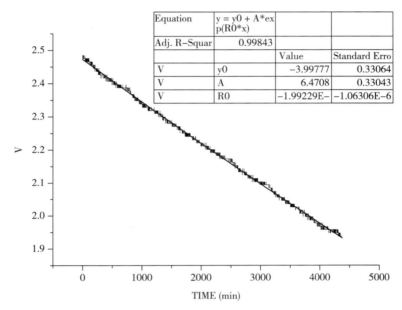

图 3－6－8　待处理丝织品被动/主动调控密封柜换气率检测结果

（3）启闭性和安全性

为了获得良好的密封性、安全性和展示性，该保存展示柜设计使用进口无反射（5+1.52+5）mm 夹膜安全玻璃制作 1440×980×700mm 的大玻璃罩。夹膜安全玻璃材料可以满足文物展柜安防需求，无反射玻璃可以满足柜外照明的需求。该玻璃罩测算重量约 160 公斤，安全开启只能使用动力装置。为此，在展柜短边两侧，设计安装 4 组美国进口直线电机，用于提升和降落大玻璃罩；为保障展柜内不锈钢抽屉柜取出和抽屉中文物取用，该玻璃罩的升降高度距离需达到 690mm。为确保该大高度升降距离，直线电机选用不仅要考虑总的提升力，还要考虑 4 个直线电机的同步控制性，为此还设计使用了 2 组直线导轨，研制一台移动式一机多用型升降启闭控制器（箱），满足今后多只保存柜使用。

（4）通用性

在南京报恩寺遗址地宫出土的 77 件丝织品文物，绝大多数尺寸小于 900×630mm，仅 22－2 号方孔纱帕（730×730mm）、43 号缂色绢地塔罩（1800×100mm）、TH9 号罗巾（1100×600mm）、23－2 号墨书罗巾（1100×940mm）、29－6 号罗面绢里袄（960×900mm）共 5 件纺织品尺寸大于 900×630mm。为保障整个展柜的体量、运输和使用安全性，设计展柜内不锈钢抽屉柜存放文物底板尺寸 1000×700mm，可满足大多数丝织品文物保存（少数大于 900×630mm 的文物建议另考虑保存方式）。由于待处理文物保存展示柜内的环境湿度需要在 75% 左右，不锈钢材料可以满足柜体不生锈的需求，同时设计不是用易生锈的金属导轨，采用尼龙滑块满足抽屉的使用，在不锈钢抽屉柜的上下 2 层，增设 2 个摆放微环境调控材料的抽屉（见图 3－6－9）。

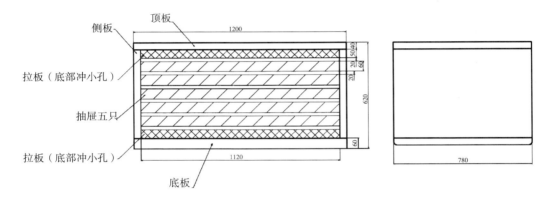

图 3－6－9　不锈钢抽屉柜设计图

五　丝织品文物陈列被动调控密封桌柜

在南京报恩寺遗址地宫出土的 77 件丝织品文物，有 2 件丝织品文物用 2 只大桌柜自 2009 年 5 月 1 日起在该馆朝天宫大成殿内举办的《圣塔佛光——金陵长干寺地宫出土文物特别展》展出，当时与阿育王塔陈列柜一并采用一套充氮调湿保护系统，期望对阿育王塔和丝织品实时缺氧保护和 75% 和 65% 湿度平稳调控。因该套充氮调湿系统的制氮系统本身不稳定且噪声大，加上过水高纯度氮气湿度接近 100%，调湿回路系统不能有效发挥展柜内微环境湿度值调节和平稳调控作用，因而废除了制氮系统，仅采用电子调湿气调控展柜内微环境。检测发现，该 2 只丝织品展览桌柜内部设置了不可调的光纤照明，照度严重偏高达 700lx（见表 3－4－4、图 3－3－4），电子调湿器的湿度平稳控制效果有限，展柜内湿度波动高达 21%，不利于丝织品文物的长期保存。因此，需要重新考虑适宜的展柜系统。按照展出丝织品文物尺寸，设计同款 2 种尺寸的丝织品文物陈列被动调控密封桌柜，其设计图见图 3 - 6 - 10。

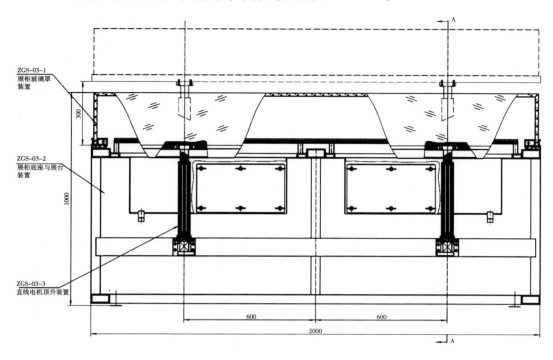

图 3 - 6 - 10　丝织品文物陈列被动调控密封桌柜设计图

（1）展览桌柜结构设计

该类桌柜主要用于文物展览，故设计该桌柜高度为 1000mm，适宜大小观众俯视参观。按照展出丝织品文物最大尺寸 1800 × 100mm（43 号绛色绢地塔罩）和其他大于900 × 630mm 文物，依照现有展柜长度，设计大小 2 个桌柜的尺寸为：长宽高 = 2000 ×700 × 1000mm 和 2000 × 1400 × 1000mm 各 1 只，展示空间高 300mm，采用进口无反射（5 + 1.52 + 5）mm 夹膜安全玻璃制作玻璃罩。设计该保存展示柜内微环境采用调湿剂被动调控，在展柜底板下部设置调控材料摆放箱，展台面四周留有空气交换缝；同时，在调控材料摆放箱上还预留了主动调控的进、出气孔和同步传感器监测孔，方便今后使用主动调控装置。

（2）密封性方案

展柜底座采用坚实的矩形钢材，确保整体稳固。玻璃罩采用 45 度角磨边粘接，保障玻璃罩的密封性；玻璃罩与特制铝合金底框使用硅橡胶固定和密封。展台面下调控材料摆放箱与台面密封连接，除了预留的主动调控闷头孔之外，调控材料摆放箱也是用密封圈密封；展台框上密封覆盖特制铝合金框，和对应的玻璃罩固定底框用"日"

字形密封圈压紧密封，确保整个展示空间的高密封度。

（3）启闭性和安全性

为了获得良好的密封性、安全性和展示性，该保存展示柜设计使用进口无反射（5＋1.52＋5）mm夹膜安全玻璃制作桌柜玻璃罩。夹膜安全玻璃材料符合文物展柜安防需求，无反射玻璃可以满足柜外照明的需求。展柜玻璃罩采用4组美国进口直线电机驱动升降启闭，升降启闭控制与待处理丝织品被动／主动调控密封柜共用一台移动式一机多用型升降启闭控制器（箱）。

六　南京报恩寺地宫出土舍利在栖霞寺保存展示示范

2010年6月，中国佛教界在南京栖霞寺为南京报恩寺地宫出土佛顶骨舍利举行盛世重光大典，市政府要求将这枚长眠地下1400余年的佛顶骨舍利在南京栖霞寺长期供奉并保存。

为有效保存和展示这件珍贵文物和佛教圣物，课题组应用"十一五"国家科技支撑计划"馆藏文物保存环境应用技术研究（2006BAK20B01）"课题研究成果之一的方形密封小保存展示柜、除氧剂和调湿剂等被动调控材料，"稳定、洁净"调控舍利保存展示微环境，有效地保护了这件珍贵出土文物（图3-6-11）。2011年4月，又增加1只方形密封小保存展示柜（图3-6-12），用以在南京栖霞寺保存展示颗粒舍利，至今保存完好。

图3-6-11　佛顶骨舍利保存展示示范　　　图3-6-12　颗粒舍利保存展示示范

参考文献

［1］谭前学．西安何家村窖藏金银器．文化密码，2008，（7）：36~38．

［2］王仓西．从法门寺出土金银器谈"文思院"．文博，1989，（6）：52~54．

［3］杨忙忙，任彩元，任新来等．法门寺金银器的科学保护与技术研究［J］．考古与文物，2006，（3）：82~86．

［4］夏玉宇主编，化学实验室手册（第二版），北京：化学工业出版社，127．

［5］夏玉宇主编，化学实验室手册（第二版），北京：化学工业出版社，123．

［6］王晶，王新刚，刘艳霞．月桂基咪唑啉缓蚀剂的合成及缓蚀性能［J］．大连铁道学院学报，2006，27（3）：80~85．

［7］魏宝明．金属腐蚀理论及应用［M］．北京：化学工业出版社，1984．

［8］曹楚南．腐蚀电化学原理［M］．北京：化学工业出版社，第三版，2008．

［9］蔡兰坤，张东曙，祝鸿范，等．防止银器文物变色的唑系复合缓蚀剂——I．缓蚀剂成膜处理工艺与防变色性能的评定［J］．华东理工大学学报，2002，28（3）：263~268．

［10］马涛，张贵才，葛际江，等．改性咪唑啉缓蚀剂的合成与评价［J］．石油与天然气化工，2004，33（5）：359~361．

［11］徐瑞芬，何晓囡，张鹏，等．纳米 TiO2/硅丙复合乳液的光催化抗菌性能研究［J］．精细化工，2005，22（3）：168~170．

［12］奚三彩，赵丰．古代丝织品的病害及其防治研究［M］．南京：河海大学出版社，2008：175

［13］法门寺出土唐代纺织品科学揭展和保护［J］．中国文化遗产，2004（3）：73

［14］白崇斌，杨秋颖，范宾宾，等．陕西白水出土宋代丝绸的揭展保护［J］．文物保护与考古科学，2005，17（1）：32~35．

［15］吴顺清，魏彦飞，陈光利，等．一种高含水低强度文物丝绸的分离揭取方法［P］．中国专利：101407711A，2009－04－15．

［16］吴顺清．生物化学技术在古代丝织品保护应用研究［R］．荆州：荆州文物

保护中心，2009：32。

［17］Nati Salvadó, et al., Identification of reaction compounds in micrometric layers fromgothic paintings using combined SR – XRD and SR – FTIR, Talanta, 79（2009）. 419 ~ 428

［18］Céline Daher, et al., A joint use of Raman and infrared spectroscopies for the identification of natural organicmedia used in ancient varnishes. Journal of Raman Seprctroscopy. 2009.

［19］Heginbotham, A.; Millay, V.; Quick, M. The Use of Immuno – Fluorescence Microscopy（IFM）and Enzyme – Linked Immunosorbent Assay（ELISA）as Complementary Techniques for Protein Identification in Artists′ Materials. J. Am. Inst. Conserv. 2006, 45, 89 ~ 106.

［20］钱小萍主编. 中国传统工艺全集·丝绸染织［M］. 郑州：大象出版社，2005：190 ~ 191.

［21］黄启善. 广西古代玻璃研究概述. 广西考古文集（第二辑）——纪念广西考古七十周年专集. 广西壮族自治县文物工作队编. 科学出版社，2005.

［22］干福熹等. 中国古代玻璃技术的发展. 上海：上海科学技术出版社，2009.

［23］建筑材料研究院，清华大学. 中国社会科学院考古研究所. 中国早期玻璃器检验报告. 考古学报，1984，（4）：449 ~ 457.

［24］张福康，程珠海，张志刚. 中国古琉璃的研究. 硅酸盐学报，1983，11（1）：67 ~ 75.

［25］Shi Meiguang, He Ouli, Zhou Fuzheng. Chemical composition of ancient glass unearthed in China. In：Proceeding of XV international congress on glass, sec. Archeaometry. Leninggrad, 1989, 7 ~ 13.

［26］定县博物馆：河北定县发现两座宋代塔基. 文物，1972，（8）：39.

［27］齐东方，张静. 萨珊式金银多曲长杯在中国的流传与演变. 考古，1998，（6）：63 ~ 73.

［28］安家瑶. 玻璃器史话. 北京：中国大百科全书出版社，2000.

［29］内蒙古文物研究所等. 辽国公主驸马合葬墓发掘简报. 文物，1987，（11）；《辽陈国公主墓》. 文物出版社，1993.

［30］天津市历史博物馆考古队. 天津蓟县独乐寺塔. 考古学报，1989，（1）.

［31］Charieston, R. J., A Croup of Neear Eastern Glass, B. M., volXXXI, 1942, pp. 212 ~ 218, pl. I, c.

［32］T. Pradell , J. molera , N. Salvadó, A. Labrador. Synchrotron radiation micro –

XRD in the study of glaze technology. Applied Physics A：Materials Science & Processing，Volume 99，Number 2，407~417，DOI：10. 1007.

［33］Cristina Boschetti，Cristina Leonelli ，Anna Corradi，Paola Iacumin，Marco Martini，Emanuela Sibilia，Sara Santoro，Barbara Sassi. Glass – working evidences at Dürres，Albania：An archaeological and archaeometric study. Journal of Cultural Heritage. 2008，9：33~36.

［34］周双林. 文物保护用有机高分子材料及要求. 四川文物，2003，（3）：94~96.

［35］Sasha Chapman ，David Mason. Literature Review：The Use of Paraloid B–72 as a Surface Consolidant for Stained Glass ，Journal of the American Institute for Conservation，Vol. 42，No. 2，Objects Issue（Summer，2003），pp. 381~392.

［36］贾文忠. 古玩保养与修复. 北京：北京出版社，2000，175~181.

［37］Neal A. Vogel，Rolf Achilles，The Preservation and Repair of Historic Stained and Leaded Glass，National Park Service，1993.

［38］王蕙贞编著. 文物保护材料学. 西安：西北大学出版社，1995.

［39］和玲编著. 艺术品保护中的高分子化合物，北京：化学工业出版社，2003.

［40］杨忙忙. 古琉璃器的保护研究与修复技术. 考古与文物，1998，（6）：82~86.

［41］Rolf Wihr. Studies in Conservation，11/1961，Volume 6，138~139.

［42］吴来明，周浩，蔡兰坤. 基于"洁净"概念的馆藏文物保存环境研究［J］. 文物保护与考古科学，2008，20（增刊）：136~140.

［43］吴来明，徐方圆，黄河. 博物馆环境监控及相关物联网技术应用需求分析［J］. 文物保护与考古科学，2011，23（3）：96~102.

［44］徐方圆，吴来明，解玉林. 武汉博物馆文物保存环境检测研究［J］. 文物保护与考古科学，2007，19（1）：8~17.

［45］陈元生，解玉林. 博物馆文物保存环境质量标准研究［J］. 文物保护与考古科学，2002，14（增刊）：152~191.

后　记

本课题获得科技部"十一五"国家科技支撑计划专项资金的资助，得到国家文物局、江苏省文物局、南京市文物局、江苏省科委、南京市科委的大力支持，落实了配套经费一百万元，保障了课题的正常开展。

课题启动和研究过程中，国家文物局对本课题给予了充分重视和支持，相关司处领导多次召集会议，研究课题的内容及方向。本课题邀请了全国文物保护技术力量雄厚的中国文化遗产研究院、敦煌研究院、上海博物馆、中国丝绸博物馆四家单位作为合作单位，协助南京市博物馆开展遗址地宫保护、阿育王塔等出土文物保护以及脆弱易损出土文物预防性保护技术研究工作。两年多的课题开展过程中，国家文物局博物馆与社会文物司、科技与信息处、国家文物局课题办公室全程给予关心与指导，并派第三方评估咨询组对课题开展了三次阶段性评估咨询和一次中期成果评估，以牛宁为组长的第三方评估组，组织专家陆寿麟、黄克忠、姜怀英、铁付德、马涛、杨军昌、吴顺清、孙双林、龚德才、胡东波、徐胜怀、高中明、李银忠等专家组成的团队对报恩寺课题任务书的执行情况、研究的最佳技术路径、研究进度控制、经费合理规范使用等方面提出了大量宝贵的意见和建议，为本课题的完成起到重要的作用。北京化工大学王明明教授协助课题管理，制定了课题管理手册和实施计划书，为各子课题单位明确了每个阶段的重点工作，对把握课题的质量起到积极的作用。在课题研究与相关示范保护过程中，得到了中国国家博物馆、兰州大学、中科院研究生院、北京化工大学、浙江大学、浙江理工大学、华东理工大学、上海保艺展览展示用品有限公司的积极参与配合，传统工艺大师杨统环对阿育王塔的修复与保护给予全力支持。概而言之，本课题有一个非常好的团队，每一位参与者按照分工的不同，携手完成共同的目标。本课题的圆满完成，是多个单位精诚合作的结果，是集全国文物保护领域研究力量科技攻关的典型。课题负责人白宁、马清林，子课题负责人王旭东、吴来明等都为课题顺利完成做了大量的工作，王军及邱晓勇为课题的组织、管理作了大量基础性工作，中国国家博物馆潘路、杨小林、马燕如为出土文物的保护提供了重要的技术咨询与帮助。本课题凝结了领导、专家、课题组全体成员和参与人员的努力与期望。

　　本书的第一章由张治国、周旸、沈大娲、宋燕、赵丰、王菊琳、王昌燧、周雷、王颖竹、栾莉、于宁等撰写；第二章由郭青林撰写；第三章由徐方圆、吴来明撰写；马清林、王旭东、李最雄、吴来明、赵丰修订了全文，王军为本书做了校稿和统稿工作。

　　课题完成后，文物出版社主动承担了课题报告的编辑出版工作，总编辑葛承雍教授、陈峰副编审为本书的设计、编辑、校对等出版事项付出了大量的劳动。

　　在此，对所有关心、支持本课题开展的单位与个人表示诚挚敬意和感谢！

　　本书中的疏漏与不足之处，敬请批评指正。

编　者
2013 年 12 月